1 MONTH OF
FREE
READING

at

www.ForgottenBooks.com

By purchasing this book you are eligible for one month membership to ForgottenBooks.com, giving you unlimited access to our entire collection of over 1,000,000 titles via our web site and mobile apps.

To claim your free month visit: www.forgottenbooks.com/free1240992

ISBN 978-0-332-75833-6
PIBN 11240992

Seb. RUMOR - BLASONE VICENTINO   Tav. I.

From: Miscellanea di Storia Veneta, Tom. V
published by .the R. Dep. Veneta di Storia Patri

IL BLASONE VICENTINO

DESCRITTO ED ILLUSTRATO

———————

Narra Giovanni da Schio: In un ameno paesetto del Vicentino io villeggiava, quando un giorno con un amico (era questi il Monaco Benedettino Giordani fratello del celebre Pietro) dilettandomi al passeggio, m'inoltrai per una viuzza selvaggia senza saper come, assorto mentre era nel disputare sulla grande importanza storica, che hanno gli stemmi di cavalleria. Questi discorsi erano eccitati dalla lettura di fresco fatta nella *Gazzetta di Venezia* a proposito di uno scudo di Carlo Uboldi, e di un periodico inglese (*Quarterly Review,* 1836). Io sentiva con questo libro la necessità, in cui sono le scienze storiche dell'affacendarsi a raccogliere prima che del tutto spariscano, ed a render ragione degli stemmi, testimoni di avventure ignorate, e di altre asserite. L'amico mio pieno di pregiudizî su questo proposito oppugnava il giornale inglese e me, ed armato del martello del novantasette, spazzava senza misericordia gli stemmi in un ai sigilli sepolcrali delle chiese, ed in ispecialità gettava alle fiamme i libri, che parlano di essi nell'arte araldica. La viuzza selvaggia intanto ci aveva condotto dietro alla Chiesa di Longàre.

« Oh! qui disse l'amico, ben altro che raccogliere stemmi, sarebbe un bello studio per te lo insegnare, ov'era la rosta, famosa per le molte ceffate che si diedero a tenerla, o a ritogllerla i due popoli di Padova e di Vicenza, vaghi a ber l'uno meglio dell'altro nel più torbido Medoaco; dovresti quà mostrare, ove si stanziavano i soldati di presidio, imperciocchè non veggo antica reliquia, che ci dimostri qual ricetto ci avessero, non certo in quei bastioni, che sono casematte, qua, qua...., e così seguiva l'amico trionfando della mia poca erudizione, la quale gli rispondea con incerte novelle. La viuzza selvaggia intanto sempre più torcendosi al monte, giunse d'improvviso ad una vastissima grotta, sul cui fianco un limpido ruscelletto sgorgava. Mentre là noi seduti godevamo l'amenità del sito, gitto l'occhio, e che vedo? scolpito sulla porta della caverna lo stemma degli Scaligeri. Maravigliavasi l'amico mio, maravigliavami io stesso, e trionfando alla mia volta dell'opportuna scoperta: eccoti, sclamava, a che importa la conoscenza degli stemmi. Questa insegna, su quest'ampia grotta vicina alla rosta, in capo alla via montana, che menava tempo già fu da Vicenza a Longàre, ti dice con quasi certezza che questo era il quartiere dei difensori.

« L'amico mio negli studi suoi cercava la verità; ma questa volta nell'incontrarsi in essa arrossiva, come fa il giovinetto quando s'avviene nell'amica sua, ove non credea di trovarla. Io tel concedo, mi rispose egli dopo la sua prima confusione, se non ti fosse noto che questo segno è lo stemma degli Scaligeri, tu non verresti nelle tue giuste conghietture. Ma se la cognizione degli scudi dei grandi è utile a sapersi, che giova a noi quella dei piccoli? Che vale al mondo conoscere perchè sieno infardate di un colore o di un altro le targhe degli ottimati inglesi ? Perchè, mentre siamo poveri d' infinito numero di dottrine, ingolfarsi nell' intérpretare questo immenso numero di sfingi ?

« Ed io ripigliava : noi ritorniamo a-bomba : io tel ridico: la storia moderna è legata agli stemmi, da cui riceve luce o la manda. Tu credi che le notizie degli stemmi grandi portino frutto, e non quello dei piccoli, il che vale come l'agognare l'interpretazione dei geroglifici che sono sulle piramidi, o sugli obelischi, e non a quelli, che sono sulle stele od altri piccoli monumenti. Gli stemmi sono lettere nate quando erano rare quelle dell'alfabeto, il cui significato, benchè dentro allo scudo di un piccolo gentiluomo, può richiamare la storia di una grande nazione o confermarla. Tu ridi? Alle prove: eccoti nella città più vicina. Questo è il Duomo, questo e S. Corona, Chiese che sono scrigni di monumenti a Vicenza preziosi e soli, dopo che furono distrutti i templi di S. Lorenzo (1) e di San Bartolomeo. Vedi qua abbondanza di stemmi fecondi di notizie. Ma prima di tutto fatti a questo dei Bissari, il più antico ch'io mi conosca in Vicenza, nè di più anziani ad esso ne conta molti l' Italia. Egli è del secolo XIII, tagliato a due colori, ma netto dalle biscie che oggidì lo distinguono. Queste biscie erano però anche nel secolo XIII la *insegna*, non l' *arma parlante* dei Bissari (che il dire arma parlante, a mio credere, è un espressione non solo moderna, ma eziandio impropria) e bada che sono scolpite ai lati dello scudo fuori di esso, quasichè mostrarci volessero ch'era prossimo allora l'uso di porre le insegne dentro le armi, uso non per anche

(1) Il tempio di S. Lorenzo non fu distrutto, meglio dire devastato. Fu invece distrutto il tempio di S. Michele ch'era pure ricchissimo di monumenti e ricordi patrii.

approvato da tutti quelli, che portavano lo scudo. Il Muratori che nella sua dissertazione LIII. va tentone cercando di stabilire il tempo, in cui le insegne entrano negli scudi, se avesse conosciuto questo monumento lo avrebbe citato con una riga, e del suo discorso ne avrebbe risparmiate quaranta. Molti Vicentini furono alle crociate: e chi tel dice, se non questi stemmi che portano il venerando segno di quelle guerre sul cimiero. Non vi è d'uopo ch'io ti dichiari il nome di casato che reca quella *scrofa azzurra e grossa*, in campo bianco, perchè per me tel narra il poeta che in cima stassi de' tuoi pensieri. (Inf. 17).

« Ma usciamo da questa chiesa, e facciamoci a quel capannello, ove si vede un cocchio di un'antica famiglia, un cui ramo pur mo' si è disseccato. (Porto). Io vidi dentro quest'anticaglia, che non una carrozza, ma sembrami una stia, andarsene in giro una vecchierella che, senza saper ella nemmeno il perchè, vestiva i suoi servi alla Marcataglia della Casa di Sassonia, e portava lo scudo di quei principi inquartato nel suo.

« Or odi istoria. Anni ed anni molti or sono passati, dacchè un guerriero di questa gente si slanciò contro il nemico del tempio e dell'impero. Un fiume divideva i combattenti. Egli lo guada, e in un batter d'occhio prigioniero conduce il capo dei ribelli ai piedi di Carlo V. che potè allora soltanto soffocare la lega di Smalcalda, e premiare con le insegne del vinto il Cavaliere Vicentino. Chi ti avrebbe detto, s'io non era conoscitor di quello scudo, che qua si avvicendava tra i barattieri la sorte di un monumento di storia grandissima? Vedi su questa porta i gigli bianchi. Erano Ghibellini i Loschi, e come Eccellino portavano i gigli d'argento, e sopra il cimiero l'aquila, quando apersero a Federico le porte della loro patria. Antonio Loschi, celebre letterato e secretario di molti pontefici, tolse quell'uccello e assunse invece a simbolo della Dea protettrice de' suoi studî la civetta.

« Ma se questi monumenti non ti provano, che la gloria municipale nella storia universale, eccotene molti altri, che ti ricordano quella degl' Italiani che fecero capo da noi. Ferito a morte sotto questo scudo posa Azzolino degli Uberti figlio del gran Farinata.

« Scacciati dalle suddite Alpi Apuane i Malaspina alzarono su d'una cappella votiva della Cattedrale il loro stemma.

« Quella scacchiera portarono in Vicenza li Sessi quando esuli lasciarono lo scettro di Reggio.

« Se un ramo dei Calvacabò, tiranni di Cremona, avesse avuto altra gloria, da questa infuori di una bizzarra insegna parlante, esso non si sarebbe estinto a Vicenza ignorato dal conte Litta nelle sue celebri famiglie.

« Gli Anguisola puri ancora del sangue del Farnese alzarono i loro monti in quest'atrio, e quella fascia con tre mosche ce la lasciò Ettore Fieramosca. Ben sei pigro se non leggesti ancora la disfida di Barletta.

« Quel giglio degli Alidosi si trapiantò qui da noi, quando Imola caduta in mano dei Borgia, il cardinal di Pavia lo inaffiò del suo sangue. E finalmente oggidì i figli del gran capitano equitante sulla piazza dei S. S. Giovanni e Paolo a Venezia fanno sventolare sui Berici come sugli Orobii la triorchide loro bandiera.

« L'amico mio, ammutolito sotto il furore di tutte queste mie entusiastiche esclamazioni, stavami ascoltando a bocca aperta, e dopo avermi confessato ch'erasi persuaso di conservare gli stemmi, mi aggiunse che la storia italiana è sì feconda di accidenti e di novelle che non si può dispregiare monumento alcuno delle sue arti, perchè ognuno c' insegna qualche sua impresa, ognuno ci rivela qualche alloro suo spesso ignorato, tanto se si rinvenga sul Campidoglio, quanto in fondo alla viuzza selvaggia di Longàre, o in mezzo ai trivî, ludibrio dei barattieri» (1).

Dopo queste sapienti osservazioni, credo inutile di aggiungere parola per rilevare la importanza storica degli stemmi, e quindi la necessità di conservarne la memoria, e vengo senz'altro alla descrizione dei codici che servirono di fonti al presente lavoro.

Il codice più antico risale al secolo XVII, è cartaceo, ed appartenne, per quanto si crede alla nobil famiglia Revese. Ha centimetri 20 × 14 di dimensione, conta 345 pagine e contiene 237 arme di famiglie vicentine, disegnate e miniate con molta esattezza e buon gusto. A piedi di ogni arma l'Autore, ch'è anonimo, ne segnò la descrizione araldica che, naturalmente, non corrisponde al linguaggio oggi introdotto e accettato dalla Consulta e dalle accademie.

Dopo il codice Revese, in ordine di tempo, abbiamo le *Arme e cognomi delle nobili famiglie che furono e sono aggregate al Consiglio della magnifica città di Vicenza raccolte, delineate e dipinte da Valentino dall'Acqua cittadino Vicentino l'anno CIƆ IƆ CCLIX.* Simile al precedente (21 × 14), si compone di sole 38 pagine numerate, con sei stemmi per pagina, che però non sono preceduti o seguiti da qualsiasi notizia storica o descrizione araldica. Le arme sono 217, alcune ripetute per le mutazioni subìte nel corso degli anni, come quella dei Loschi, di cui l'Autore dà cinque varianti.

Lo stesso Valentino Dall'Acqua nel 1761 raccoglieva, per incarico del conte Scipione Porto-Barbaran,

---

(1) Da Schio. Gli Stemmi Vicentini. — Vicenza, Burato, 1873, in 8° pag. 14

le *Arme et sottoscritioni fatte nelli Portici in honore della Beata Vergine Maria sopra il Monte Berico di Vicenza,* dì quei cento e cinquanta portici (interrotti ad ogni decina da ripiani o cappelle) che hanno nel giro degli archivolti i nomi delle famiglie o delle Società che li fecero erigere, e ne portano dipinti nelle serraglie gli stemmi. E quest'opera del Dall'Acqua (26 $\times$ 19) è doppiamente preziosa perchè con le arme di molte famiglie cittadine ci conserva ancora quelli di corporazioni e di società da lungo tempo sparite. Gli stemmi qui riprodotti sono disegnati e coloriti con diligenza d'artista provetto, com'era infatti il nostro Valentino, fratello al valente Cristoforo, che lasciò tante incisioni giudicate anche oggidì fra le migliori.

Un altro esemplare di questo lavoro (21 $\times$ 16) preparò lo stesso Autore l'anno dopo, e lo dedicò al conte Lorenzo Barbieri patrizio Vicentino. I due codici che si conservano alla patria Biblioteca, non hanno che poche varianti fra di loro, forse dovute a posteriori correzioni. Le più notevoli sono quelle degli stemmi Benetelli e Cordellina, dove il colore del campo è affatto diverso.

I Padri Serviti, addetti alla custodia del Santuario di Monte Berico, possedono una terza raccolta degli stemmi dei portici (24 $\times$ 16). Non ha nome di autore, nè l'anno in cui venne fatta, ma probabilmente rimonta al 1828, quando il porticato fu restaurato, e le iscrizioni e le armi ridipinte. Fu anzi in quest'occasione che ai nomi degli edificatori vennero aggiunti i nomi di coloro che assunsero a loro spese il restauro o la riedificazione dei singoli portici.

Un'ultima raccolta, in doppio esemplare, venne finalmente eseguita dal patrio Municipio nel 1878 in seguito a nuovi restauri (29 × 22); ma quest'ultima in luogo di superare artisticamente le precedenti, riuscì sotto ogni rapporto infelice. I colori araldici sono frequentemente errati, e s'incontrano ogni momento emblemi, figure e pezze mutate, soppresse od aggiunte a capriccio. In quest'anno, cinquantesimo anniversario dei fatti d'arme avvenuti a Vicenza nel memorando 1848, si compì ancora una volta un più sapiente e durevole restauro dei portici, ritornando così in onore gli stemmi artisticamente disegnati da Valentino Dall'Acqua. Li dipinse con somma diligenza Riccardo Zampese.

Una copiosissima raccolta d'arme vicentine compilò in tre volumetti (16 × 9) il marchese Vincenzo Gonzati morto il 9 ottobre 1849. Sono 397 gli stemmi del Gonzati, disegnati soltanto a penna, senza pretesa, alcuni anzi delineati proprio alla buona. Tuttavia egli fece opera utilissima avendoci tramandate molte arme dagli altri o dimenticate o non conosciute.

È vero che il suo lavoro non accenna alle fonti; ma chi non lo sa che nessuno più di lui vide ed ebbe alle mani tanta copia di documenti di storia cittadina?

L'opera del marchese Gonzati pare volesse tradurre in più ampie proporzioni, con eleganza di disegno e vivezza di colori, il figliuolo suo Lodovico, Canonico Arcidiacono della Chiesa Cattedrale; ma gli stemmi da lui disegnati e miniati in foglio (38 × 19) non sommano a quaranta, e appartengono tutti alle principali famiglie.

Quale base ad uno studio sul *Blasone Vicentino*, che però rimase un desiderio, principiò una raccolta coscienziosa nel 1865 il conte Giovanni da Schio. Egli infatti valendosi dell'opera abilissima di Antonio Negretti, riunì in due splendidi volumi (28 × 19) molti stemmi vicentini desunti da monumenti della città e della pro-

vincia: da palazzi, case, sepolcri, altari, diplomi e codici
Il lavóro è artistico. Ogni stemma, coi colori dell'originale,
o disegnato semplicemente in nero, quando questi mancano, ha segnato di fronte il luogo d'onde fu rilevato.
In tal guisa nel *Blasone* dello Schio abbiamo 210 stemmi
autentici, dei quali non pochi tratti da monùmenti dei
secoli XIII, XIV e XV, perciò meritevoli di esser con-
siderati anche dal lato della storia e dell'arte

Da questo lavoro possiamo intanto ricavare i seguenti
dati: È del 1277 lo stemma scolpito a S. Co:ona sul
sepolcro di Regle dal Gallo morto in quell'anno; del
1290 quello dei Bissari scolpito a S. Corona sul sepolcro
di un Rodolfo figlio di un Gualdinello; del 1298 quello
sopra una tomba della famiglia Barbarano, pure a
S. Corona, e del 1300 quello sopra l'urna di Fiore
Porcastri, Abbadessa di S. Pietro, nel chiosiro del convento omonimo.

Rimontano alla prima metà del secolo decimoquarto
gli stemmi sui sepolcri esterni della Chiesa di S. Lorenzo,
dove furono sepolti Marco da Marano e Benvenuto da
Porto, e l'arma sulla fronte della tomba della famiglia
Ferreto, parimenti in S. Lorenzo, che il conte Carlo
Cipolla ritiene anteriore alla morte dello storico e poeta
Ferreto Ferreti avvenuta nel 1337. Risalgono invece
alla seconda metà di questo secolo gli stemmi dei Zoga e
dei Sarego, il primo nella terza cappella a destra en-
trando nel Duomo, fondata da Michele dalla Zoga
l'anno 1380; il secondo nell'atrio della chiesa di San
Vincenzo, nel monumento di Simone Sarego, posto
l'anno 1389.

Poi abbiamo gli stemmi: dei Proto nella loro cappella al Duomo, dove Giampietro fu sepolto l'anno 1412;
dei Thiene nella loro cappella a S. Corona sul monumento

edificato per Giovanni, Vicerè di Napoli, l'anno 1415; dei Repeta nel chiostro di S. Pietro, fabbricato circa l'anno 1444 ai tempi della Abbadessa Verde Repeta; di una Guglielmina Zuglian del 1456, che era a San Paolo, in una pietra sepolcrale; dei Loschi nella loro cappella al Duomo fabbricata l'anno 1463; dei da Valdagno, un tempo a S. Corona, nel sepolcro di Nicolò del 1466; e gli stemmi finalmente dei Pagliarini sul sepolcro di Girolamo, e dei Nievo sul sepolcro di Angelo, nella distrutta chiesa di S. Bortolo, l'uno e l'altro del 1480.

Apparisce quindi evidente che la illustrazione che il conte da Schio si era proposto di fare al suo *Blasone*, sarebbe riuscita importante per la storia nostra, ed é ben giusto deplorare che la morte abbia impedito all'uomo egregio di condurre a termine questa e tante altre opere di grande utilità e di molta erudizione.

Questi i codici che si conservano nella Biblioteca della città e che riportano stemmi vicentini.

Negli anni 1886 - 1890 il commendatore Giambattista di Crollalanza pubblicava il suo *Dizionario storico blasonico delle famiglie nobili e notabili italiane estinte e fiorenti* (1) Di molte famiglie nostre, circa 250, dà la descrizione araldica dell'arme.

Inspirato all'opera del Crollalanza nel 1892, per fausta ricorrenza famigliare, pubblicai il *Dizionario blasonico Vicentino* (2) dove descrissi 300 stemmi di 273 famiglie. Duolmi di essere stato nella prefazione a questo mio lavoro, troppo severo nel giudicare il Crollalanza,

---

(1) Rocca San Casciano. Tip. Cappelli, 1886-90. Volumi tre.
(2) Vicenza. Tip. S. Giuseppe, 1892, in 8° pag. 47, per le Nozze Rumor-Girotto.

non perchè in verità non siano gravi gli errori, specialmente storici, e notevoli le lacune, le storpiature e le
inesattezze, ma perchè, è giusto notarlo, non possono
andare esenti da errori e da lacune opere così ampie e
di carattere generale. Sono ad ogni modo ben lieto di
poter oggi rendere il dovuto omaggio alla memoria del
defunto Autore e al figliuolo suo, il cavaliere Goffredo
di Crollalanza, che continua con tanto onore le tradizioni paterne.

Del resto ero lontano io stesso dell'aver fatta opera
perfetta, e dovetti ben presto persuadermene. Volendo
conciliare varianti, anche leggere, fra i varî codici riuscii
a fare cosa nè completa nè esatta. Non mi sconfortai
per questo, e lasciando completamente da banda ciò
ch'era fatto ricominciai il lavoro. Presi a soggetto il
prenome di ogni famiglia, ponendovi a lato in carattere
corsivo le varie forme latine, con cui esse famiglie sono
ricordate nei libri del Consiglio Nobile dei cinquecento,
o in altre pubbliche carte o monumenti. Coi registri
però del Consiglio non potei risalire oltre il 1510, perchè sventuratamente in quell'epoca un incendio appicato
dai banditi al pubblico archivio, ne distrusse le carte.
Per qualche famiglia mi aiutò a spingermi più in alto
la Matricola del Collegio Nobile dei Giuristi, e ne ap-
profittai.

Ommesse affatto le origini favolose, che erano
venuti ricamando attorno a qualche prosapia i genealo-
gisti adulatori del secolo XVII, riportai, colla maggiore
esattezza che mi fu possibile, le date in cui o le famiglie,
o singoli personaggi ottennero da Imperatori, o da Principi titoli comitali o nobiliari. Per quelle famiglie poi che
vennero dal di fuori a metter sede fra noi, notai anche
l'epoca in cui furono ascritte alla cittadinanza Vicentina.

E quando mi fu dato di sapèrlo, non lasciai di accennare dove ogni famiglia avea casa nella nostra città, e sepolcri nelle nostre Chiese, ricordandone pure con brevi cenni i più distinti personaggi.

Finalmente a riempire come si poteva la lacuna prodotta dalla mancanza dei vecchi registri del Consiglio posi in fine del mio lavoro un elenco delle famiglie antiche della nostra patria, di cui è cenno nelle cronache del Pagliarino

Naturalmente la descrizione degli stemmi ebbe il primo posto, dopo aver annunciato il prenome delle singole famiglie E ad ogni famiglia descrissi le armi che trovai nei Codici descritti in diplomi e pergamene, citando luogo a luogo la fonte da cui io le avea desunte.

Le armi delle famiglie nobili Bassanesi illustrai nel Giornale araldico-genealogico-diplomatico fino dal 1893, e per queste rimetto il lettore a quello studio. (1).

Confido in tal guisa di non aver fatto opera del tutto inutile per lo studio dell'araldica in generale e per quello della storia municipale in particolare.

D. Sebastiano Rumor

(I) Rumor. Armi delle famiglie nobili Bassanesi. Bari, 1893. (Estratto dal Giornale Araldico-genealogico-diplomatico. Anno XX. Num. 12).

ABRIANI (*De Abriano, De Abrianis*)

(*Non si conosce lo stemma*).

Abriano e Benvenuto fu Francesco da Isola di Malo ottennero la cittadinanza vicentina con ducale 30 Luglio 1408.

Questa famiglia fu poi ascritta al Consiglio Nobile di Vicenza. Nel 1510 aveva due posti. Un Paolo, carmelitano, nel secolo XIII, fu buon letterato e traduttore dei classici latini.

ACQUA (dall') (*Ab Aqua*)

D'azzurro, a tre fascie ondate d'argento. Cimiero : Un liocorno d'oro nascente. *In tutti i codici.*

Alias. Di verde, a tre fascie increspate d'argento. Dal *libr. Parti 1530-1570 dell'Archivio dei giuristi.*

Venne da Lodi ed è estinta. Ascritta al Consiglio Nobile di Vicenza. Nel 1510 aveva sette posti. Era pure ascritta al nobile Collegio dei Giudici. Avea abitazione a Porta Nova. *Aurelio Dall'Acqua,* giurista, lasciò una larga sostanza per la istituzione di una mensa Aureliana in favore delle . vergini vicentine da marito. Eresse l'altar maggiore della Chiesa Cattedrale, ai piedi del quale ordinò di esser sepolto.

AGLIO (dall') (*Ab Aleo*)

Di rosso, a tre capi d'aglio d'argento colla coda in alto. *Cod. Schio.*

Lo Schio trasse questo stemma da una casa in contrada di S. Paolo, al Civ. Num. 1437 ; ma di questa famiglia non si hanno memorie.

ALCAINI (*Alcaini, Alchaynus*)

(*Non si conosce lo stemma*).

Francesco Alcaini bergamasco domandò per sè e posteri la cittadinanza Vicentina il 29 dicembre 1667.

Giambattista comperò il 31 Dicembre 1703 un posto in Consiglio Nobile da Licurgo dal Gorgo.

ALEARDI (*de Aleardo*)

(*Non si conosce lo stemma*).

Venne da Altavilla. Ascritta al Consiglio Nobile di Vicenza. Nel 1510 aveva due posti. Era pure ascritta al nobile Collegio dei Giudici. Avea sepolcri in S. Corona e in Duomo. *Lodovico Aleardi* letterato e poeta nel secolo XVII.

ALESSANDRINI (*Alexandrinus*)

(*Non si conosce lo stemma*).

Gaspare comperò un posto in Consiglio da Andrea Gianfiliaci il 31 Luglio 1566 e Agostino lo vendette a Marcantonio di Camillo Cisotti il 17 settembre 1588

ALIANI (*de Alianis*).

(*Non si conosce lo stemma*).

Famiglia ascritta al Consiglio Nobile di Vicenza. Nel 1510 aveva un posto.

ALIDOSIO

D'argento, all'aquila col volo abbassato di nero, accollata di una corona d'oro, e caricata nel cuore di un giglio dello stesso. *Cod. Revese e Lodovico e Vincenzo Gonzati.*

Un ramo di questa famiglia, celebre nell'Emilia, si vuole discendente dagli antichi Duchi di Ravenna, ebbe la cittadinanza Vicentina. A Rizzardo Alidosio furono dai Veneziani assegnate le possessioni dette la Cà Impenta, già confiscate a Leonardo Trissino, in cambio di altre ch'egli avea in Brescia.

Il Castellini annovera questa famiglia tra « le nobilissime che danno gran chiarezza e splendore alla città di Vicenza » a tempi suoi.

ALMERICO (*De Aymerico, De Almerico*)

Di rosso, a tre bande d'oro, col capo d'azzurro, caricato da una collina di tre cime d'oro. *Cod. Revese.*

Alias. La stessa, ma col capo sostenuto da una riga d'oro. *Cod. Schio.*

Alias. Spaccato; nel 1.° d'argento, ad una collina di tre cime di verde; nel 2.° di nero, a tre bande d'oro, alla fascia dello stesso attraversante sullo spaccato. *Cod. Dall' Acqua.*

Alias. Spaccato; nel 1.° d'azzurro alla collina di tre cime d'oro; nel 2.° bandato d'oro e di rosso. *Cod. Vincenzo e Lodovico Gonzati.*

Famiglia ascritta al Consiglio Nobile di Vicenza Nel 1510 avea quattro posti. Era pure ascritta al nobile Collegio dei Giudici. *Domenico* di Matteo nel 1534 avea titolo di conte, fu sepolto nell'atrio del Duomo. *Paolo* di Domenico, canonico della Chiesa Cattedrale, Referendario di Pio IV, di Pio V e di Gregorio XIII fu creato nobile cittadino romano. Eresse la famosa Rotonda Palladiana, dove ospitò Lucrezia Gonzaga. Morì il giorno 6 Marzo 1589 e fu sepolto nella Chiesa di S. Sebastiano.

Gli Americo aveano sepolcri a Santa Corona e a San Michele, ed eressero la Chiesa di S. Caterina fuori di Porta Monte.

ALTAVILLA (*de Altavilla*)

(*Non si conosce lo stemma*).

Bortolo fu Giacomino da Altavilla co' suoi discendenti ottenne la cittadinanza Vicentina con ducale 15 Maggio 1410.

Famiglia ascritta al Consiglio Nobile di Vicenza. Nel 1510 vi possedeva un posto. Era pure aggregata al nobile Collegio dei Giudici.

AMADEI o AMADIO

D'azzurro, al girasole di rosso, gambuto e fogliato di verde, nutrito in una campagna di verde, accompagnato nel canton sinistro del capo da un sole figurato d'oro. *Port. del Monte Berico.*

ANDRIAN

Spaccato ; nel 1.º di . . . . . . caricato a destra di un leone rampante, a sinistra da un castello sormontato da due torri merlate; nel 2.º palato . . . . . . di dieci pezzi. *Cod. Schio.*

Famiglia Vicentina. Fioriva nel secolo XVI. Avea sepolcro a San Giacomo.

ANGARAN (*dalle stelle*). (*De Angarano, Angaranus*)

D'azzurro, alla fascia d'oro, accompagnata da tre stelle di otto raggi dello stesso, due in capo ed una in punta. *In tutti i codici meno L. Gonzati.*

Alias. La stessa, alle stelle d'argento. *Dall' atto di professione di Suor Elena Angaran monaca in S. Pietro. 1593.*

ANGARAN (*dal sole*)

D'azzurro, a due artigli d'aquila d'oro, passati in croce di S. Andrea, sormontati da un sole dello stesso. *Cod. Schio.*

Alias. La stessa, cogli artigli e il sole d'argento. *Cod. L. Gonzati e Baseggio.*

ANGARAN (*Nobili Veneti*)

Partito; nel 1.º d'azzurro, alla fascia d'oro, accompagnata da tre stelle di otto raggi dello stesso, due in capo ed una in punta ; nel 2.º d'azzurro, a due artigli d'aquila d'oro, passati in croce di S. Andrea sormontati da un sole dello stesso. *Cod. Revese, Dall' Acqua, V. Gonzati.*

Alias. La stessa, con due dardi d'oro, passati in croce di S. Andrea, in luogo degli artigli d'aquila. *Cod. V. Gonzati.*

Famiglia ascritta al Consiglio Nobile di Vicenza. Nel 1510 aveva otto posti Era pure aggregata al nobile Collegio dei Giudici. Ebbe titolo Comitale riconosciuto dal Governo Veneto. Nel 18 Giugno 1655 fu ascritta al Patriziato Veneto avendo offerto alla Repubblica 140 mille ducati per la guerra di Candia.

Era divisa in due rami: uno abitava in borgo S. Pietro, l'altro in S. Faustino. Aveano tomba in Duomo nella cappella Trissino.

Galiano Angaran giureconsulto fu professore all'Università.di Padova nel secolo XV, e commissario alla dieta di Vormazia.

Fabio Angaran nella supplica per ottenere il patriziato Veneto, dice che un Girolamo fratello dell'avo suo, essendo luogotenente di Bart. Alviano perì nel fatto d'armi della Motta, e che Galliano, suo avo, avvocato, fu commissario dei Veneziani a Worms. Dice ancora che Francesco suo padre e Girolamo suo fratello, l'uno e l'altro decorati di ordine cavalleresco, furono più volte a Venezia come ambasciatori di Vicenza.

ANGELICO

Di rosso, a due caprioli d'argento.

Michelangelo Angelico ottenne la cittadinanza Vicentina il 18 Marzo 1686. Aveano sepolcro in San Girolamo, e abitazione in contrà delle Vetture, ora Manin.

Michelangelo Angelico fu poeta fecondo in lingua e in dialetto rustico pavano. Fu poeta cesareo e cappellano di corte il nipote *Michelangelo*. L'uno e l'altro vissero nel secolo XVII.

ANGIOLELLI (*De Anzolellis, Angiolellus*)

'. Di verde, a tre aquile d'oro, coronate dello stesso, disposte 1 e 2. *Cod. V. Gonzati.*

Famiglia di origine bolognese. Ebbe la cittadinanza Vicentina nel 1364. Ascritta al Consiglio nobile di Vicenza. Nel 1510 aveva due posti. Era pure aggregata al nobile Collegio dei Giudici. Nel 1505 ottenne la cittadinanza di Padova. Abitavano nell'angolo tra il Soccorsetto e il Corpus Domini e aveano sepolcro in S. Corona.

Gio. Maria Angiolello del secolo XV fu viaggiatore e storico della Corte Ottomana. *Anton Maria* del sec. XVII letterato.

ANGUISSOLA (*De Angusolis, Anguscola, Angussiola*)

Spaccato inchiavato di quattro pezzi di rosso e d'argento. *Cimiero:* Una biscia d'argento. *Divisa:* Anguis sola fecit victoriam. *In tutti i codici.*

Famiglia già ascritta al Consiglio Nobile di Vicenza nel 1541. Era pure aggregata al nobile Collegio dei Giudici. La Veneta Repubblica accordò a *Gior-*

gino Anguissola di Uberto dei Conti di S. Polo e alla sua discendenza il feudo della terra di Schio. Comprovato poi l'antico godimento del titolo Comitale, la Repubblica nel 1729 ne ordinava l'iscrizione nell'aureo libro dei titolati. *Francesco Antonio* del fu Galeazzo, Generale al servizio del Re di Napoli e gran Croce dell'Ordine Costantiniano, il 28 luglio 1798 fu insignito dal Governo Italico dell'Ordine della Corona di Ferro e del titolo di Barone, che gli venne confermato con Sovrana Risoluzione 20 Ottobre 1816. Questa famiglia si estinse nel 1840 nella famiglia da Schio.

Avea sepolcri a S. Michele e a S. Corona.

ANTI

D'azzurro, al giglio d'argento.

I Deputati ammettono alla Cittadinanza di Vicenza Sebastiano Anti con i suoi discendenti il giorno 19 Settembre 1707.

Sebastiano Flaminio qu. Sebastiano Anti è aggregato al Consiglio Nobile il 29 Giugno 1773.

Negli Anti si estinse la famiglia Sola, di cui avea assunto il nome.

Aveva case in piazza Castello e alla Racchetta, dove nel 1772 con disegni di Ottone Calderari eresse un grazioso palazzino di stile classico. Aveva sepolcro a....

Sebastiano Anti-Sola fu poeta fecondo nella seconda metà del secolo scorso.

ANTONI (degli) (*Antonius, De Antoniis*)

Spaccato d'azzurro e d'argento, al fiore di pervinca del secondo fustato e fogliato di verde attraversante sul tutto, e accompagnato in capo da due stelle d'oro. *In tutti i codici meno il cod. Schio.*

Sebastiano Antonj fu Silvio è aggregato alla cittadinanza Vicentina il 19 Marzo 1718. Lo stesso ebbe a prestito un posto in Consiglio Nobile da Marcantonio Fortezza il 31 Dicembre 1724.

Avea casa a Santa Corona e sepolcro nella chiesa di Santa Corona.

Sebastiano degli Antonj poeta noto per la traduzione della Sifilide di Fracastoro fu ancora celebre medico.

ARNALDI (*De Arnaldo, Arnaldus*)

Spaccato di nero e d'oro, al dragone alato dell'uno nell'altro. *In tutti i codici.*

Alias. Spaccato di nero e d'oro, al dragone alato dell' uno nell' altro tenente nell' artiglio sinistro una banderuola di rosso al crescente d'argento. *Cimiero :* Un dragone nascente d'oro. *Cod. Lodovico e Vincenzo Gonzati.*

Famiglia antichissima. Ascritta al Consiglio Nobile di Vicenza. Nel 1510 aveva quattro posti. Era pure aggregata al nobile Collegio dei Giudici. Paolo V conferiva nel 1613 a Guido di Vincenzo Arnaldi il titolo di Conte del Sacro Palazzo Lateranese *ad personam,* e Gregorio XV con decreto 15 Giugno 1623 lo concedeva a Fabio di Vincenzo trasmissibile a suoi discendenti. Nel 10 Febbraio 1685 fu ascritta al Patriziato Veneto avendo un Vincenzo offerto alla Repubblica centomila ducati per la guerra contro il Turco. Con Sovrane Risoluzioni 1 Marzo 1820 e 13 Aprile 1829 gli Arnaldi furono confermati nei loro titoli e nobiltà.

Ebbero abitazione in piazza, in Carpagnon, in S. Paolo e ai Santi Apostoli. Sepolcri: al Duomo, in S. Bartolomeo, in S. Michele, in S. Maria della Misericordia e agli Scalzi.

Enea Arnaldi scrittore ed architetto lodato dal Milizia. Morì di anni 78 il 22 Maggio 1794.

ARNALDI-TORNIERI

Inquartato ; nel 1.º e 4.º di nero, al leone d'oro ; nel 2.º spaccato nel primo d'azzurro a tre palle d'oro male ordinate, nel secondo d'azzurro a tre sbarre d'oro, alla fascia dello stesso attraversante ; nel 3.º spaccato di nero e d'oro, al dragone alato dell'uno nell'altro. *Port. del Monte Berico.*

ARRIGONI (*Arigoni, Arrigonius, Arigonus*)

Spaccato ; nel 1.º d'oro, all' aquila di nero, coronata dello stesso ; nel 2.º bandato d'argento e di rosso ; colla fascia d'azzurro, attraversante sul tutto, caricata della sigla formata dalle lettere maiuscole romane di nero AR unite, accostate da due stelle d'oro di otto raggi. *In tutti i codici meno il cod. Dall' Acqua.*

I Deputati determinano il 29 Gennaio 1678 sulle istanze di Stefano Arrigoni esser egli capace di venir ballotato a Consigli della città.

Stefano di Giovanni Antonio comperò un posto in Consiglio da Antonio Asdrubale il 30 Dicembre 1679.

Ferdinando Maria Elettore di Baviera con diploma 2 Ottobre 1674 onorò del titolo di Conte Stefano e Marco Arrigoni con tutta la loro legittima di-

scendenza d'ambo i sessi. Furono riconosciuti dal Governo Veneto con Terminazione 18 Aprile 1796 e confermati nella nobiltà e nel titolo con Sovrane
Risoluzioni 4 Agosto 1820 e 13 Aprile 1829.

Avea sepolcri a S. Francesco Novo, a S. Pietro e a S. Biagio.

ARSIERO (*De Arserio, De Raphaelis de Arserio*)

D'azzurro, al tronco d'albero sradicato. al naturale, accostato da due fiamme di rosso; il tutto sostenuto da una
terrazza d'oro. *Cod. V. Gonzati.*

Alias. La stessa, al tronco incendiato. *Cod. Revese.*

Alias. Di rosso, a due tronchi d'oro di tre nodi a forma
di lambello, posti a capriolo rotto, accollati da una cordella
dello stesso. *Cod. Revese, dall' Acqua e V. Gonzati.*

Alias. D'azzurro, alla croce di due traverse d'oro, piantata sopra una terrazza di verde ed accostata da due fiamme
di rosso. *Cod. Dall' Acqua.*

Alias. D'azzurro, al tronco d'albero sradicato al naturale,-
accostato da due fiamme di rosso, il tutto sostenuto da una
terrazza di verde. *Portici di Monte Berico.*

Famiglia ascritta al Consiglio Nobile di Vicenza.

Nel 1510 aveva due posti. Ebbe sepolcro nella Cattedrale e in S. Corona.

ARZIGNANO (Conti d')

D'argento, alla fascia di rosso. *Cod. Revese e V. Gonzati.*

Discende dalla famiglia Conti. Potente e prepotente. Il Salici la fa co-
minciare con un Guidone circa il 1194 ed estinguere con Singhelfredo, dopo
cento e vent'anni di vita.

ARZIGNANO (*De Arzignano*)

(*Non si conosce lo stemma*).

Il Pagliarino nota che molte famiglie venute da Arzignano si chiama-
rono così.

Bernardino qu. Gio. Giacomo sedeva in Consiglio Nobile di Vicenza nel
1510.

Alessandro preparò a sè e ai suoi discendenti il sepolcro in S. Michele
l'anno 1488.

ASDRUBALE (*Asdrubale*)

(*Non si conosce lo stemma*).

Gaspare fu Annibale ebbe a prestito un posto in Consiglio dalla erede di Orazio Costozza il 1 Gennaio 1637.

AVIANI (*De Aviano*)

D'azzurro, all'aquila bicipite spiegata di nero. *Cod. Revese, Dall' Acqua* e *V. Gonzati*.

Famiglia venuta da Aviano castello di Luni. Ascritta al Consiglio Nobile di Vicenza. Nel 1510 aveva cinque posti. Era pure aggregata al nobile Collegio dei Giudici. Avea case presso la chiesa di San Marcello e sepolcro in San Biagio e in San Lorenzo.

Girolamo Aviano fu poeta giocoso lodato dal Mazzucchelli.

AZZO (*De Azzo*)

(*Non si conosce lo stemma*).

Tommaso ebbe a prestito da Alberto di Girolamo Orgian un posto in Consiglio Nobile il 31 Dicembre 1579, e comperò definitivamente il posto da Carlo Verlato il 31 Dicembre 1592. Il figlio Girolamo lo vendette a Cornelio Trissino il 31 Dicembre 1611.

BACHIN (*Bachinus*)

(*Non si conosce lo stemma*).

Prospero fu Alessio comperava da Alberto fu Gasparo Liviera un posto in Consiglio il 23 Dicembre 1567.

BALDANUZZI (*De Baldanutiis*)

(*Non si conosce lo stemma*).

Famiglia ascritta al Consiglio Nobile di Vicenza. Nel 1510 aveva un posto.

BALDINI (*Baldinus*)

D'azzurro, alla fascia d'argento, sormontata dal leone rampante d'oro, coronato dello stesso, e tre bisanti d'oro in punta, posti 2 e 1. *Cod. Revese, Dall' Acqua* e *V. Gonzati.*

Vincenzo e Taddeo fratelli Baldini fabbricatori di panni domandano per sè e discendenti la cittadinanza Vicentina il 3 Marzo 1669.

Stefano fu Taddeo ebbe a prestito da Pietro Ghislardi un posto in Consiglio Nobile il 31 Dicembre 1700.

BALZANELLO (*Balzanellus*)

(*Non si conosce lo stemma*).

Giovanni e Gabriele Balzanelli coi loro discendenti ottennero dal Consiglio la cittadinanza Vicentina il 31 dicembre 1569.

Gabrielè fu Paolo ottenne a prestito il 31 Dicembre 1572 un posto in Consiglio Nobile da Giacomo fu Paolo Malchiavello.

BALZI (*Balzi, Balcius, Baltiùs*)

D'azzurro, al pino di verde, terrazzato dello stesso. *Cod. Revese* e *Dall' Acqua.*

Alias. La stessa, al pino sradicato. *Cod. Schio.*

Alias. D'azzurro, al pino di verde, piantato sopra una collina di tre cime di verde. *Cod. I'. Gonzati.*

I Deputati dichiarano il 5 Gennaio 1670 che Sebastiano ed Andrea fu Giambattista Balzi sono aggregati alla cittadinanza Vicentina.

Carlo fu Orazio ebbe a prestito un posto in Consiglio da Daniele Ferreto il 15 Gennaio 1653. Questa famiglia era pure ascritta al nobile Colleggio dei Giudici. Confermata nobile con Sovrana Risoluzione 19 Novembre 1820. Si estinse in casa Lazise di Verona.

Avea sepolcri alla Cattedrale e a Santa Croce: Casa in Carpagnon.

BALZI-SALVIONI

Inquartato; nel 1.º e 4.º spaccato, nel I d'azzurro al vaso di fiori al naturale accostato da due leoni affrontati d'argento, nel II interzato in fascia *a)* di verde ad un ponte di tre arcate d'oro, *b)* di nero, *c)* d'argento, a tre bande di rosso; nel 2° e 3° d'azzurro, al pino di verde piantato sopra una collina di tre cime di verde. *Cod. V. Gonzati.*

BAMBALIONI (*De Bambagionis*)

Un elefante. *Da un monumento in S. Corona.*

Federico fu Sebastiano comprò il 10 Gennaio 1541 un posto in Consiglio Nobile da Galeoto da Aviano.
Avea sepolcro e monumento in Santa Corona: Casa a Santa Barbara.

BANCA (*A Bancha*)

Diviso in capriolo; nel 1.° d'oro, nel 2.° di rosso: il capriolo di nero caricato da due leoni affrontati d'oro. *Cod. Revese, Dall' Acqua* e *V. Gonzati.*

Famiglia ascritta al Consiglio Nobile di Vicenza.
Nel 1510 aveva un posto. Era pure ascritta al nobile Collegio dei Giudici. Fu confermata nobile con Sovrana Risoluzione 19 Novembre 1820. *Giovanni Filippo* nel secolo XVII fu generale colaterale della Repubblica di Venezia.
Vive in Orgiano.

DALLA BANCA AURELIANI (*De Aureliano a Banca*)

Spaccato: nel 1.° diviso in capriolo, *a)* d'oro, *b)* di rosso, al leone nascente d'oro coronato dello stesso: il capriolo di nero caricato di due leoni affrontati d'oro; nel 2.° di rosso, reticolato d'oro col capo d'azzurro.

Cimiero: Un leone nascente d'oro, tenente una scimitarra passante in fascia dietro il capo, e colla sinistra uno scettro. *Da un documento di famiglia posseduto dai Dalla Banca.*

BARBARAN (*De Barbarano, Mironi de Barbarano*)

D'argento, al leopardo illeonito colla coda biforcata rampante di nero, coronato del medesimo. *Cimiero:* Un leopardo illeonito nascente di nero. *In tutti i codici* (1).

(1) Il *Cod. Schio* e *Lod. Gonzati* danno il leopardo non coronato.

BARBARAN (*Nobili Veneti*)

D'oro, a tre fascie di rosso increspate, al leopardo illeonito d'argento rampante coronato dello stesso e attraversante
sul tutto. *Cod. Revese* e *V. Gonzati.*

Famiglia antichissima. Ascritta al Consiglio Nobile di Vicenza. Nel 1510
aveva sei posti. Era pure aggregata al nobile Collegio dei Giudici. Nel 1552
7 Maggio, ebbe il titolo Comitale dalla Repubblica, e le fu eretta in contea
la possessione di Belvedere. Un ramo di questa famiglia fu nel 20 Maggio
1665 aggregata al Patriziato Veneto, avendo offerto alla Repubblica la con-
sueta somma di centomila ducati. Fu confermata nella sua nobiltà con Sovrana Risoluzione 8 Ottobre 1818.

I Barbaran abitavano in contrà Porti, dove eressero sontuoso palazzo per
opera del Palladio. Ebbero sepolcri in S. Corona, in S. Lorenzo e in S. Michele. Giulio nel 1500 e il P. Francesco, cappuccino, nel 1600 furono pazienti
investigatori di storia patria.

Il nome di questa famiglia lo troviamo ancora congiunto a quello dei
Conti e dei Porto per rami che in quest'ultimi si estinsero.

BARBIERI (*De Barberiis*)

D'azzurro, a tre pesci nuotanti d'argento, posti uno sopra
l'altro. *Cod. Revese, Dall'Acqua, Lodovico e Vincenzo Gonzati.*

Famiglia originaria dai Sette Comuni. Il 30 Marzo 1676 i Deputati dichiarano Gio. Domenico Barbieri cittadino di Vicenza.

Paolo Emilio dottore fu ascritto al Consiglio Nobile come membro del
Collegio dei Giudici a cui apparteneva, il 4 Ottobre 1737.

Ebbe titolo Comitale dalla Repubblica Veneta, che con ducale 20 Giugno 1659 le concedeva la investitura della intera Contea e giurisdizione Civile e criminale nei comuni di Pescan, Sclavonesco e Blossàn nella Patria del
Friuli. Con Sovrane Risoluzioni 14 Luglio 1820 e 30 Dicembre 1829 nobiltà
e titolo le furono confermati.

Avea palazzo agli Scalzi e sepolcro agli Scalzi e S. Faustino.

Nel secolo XVIII si distinsero in questa famiglia il *P. Carlo* Filippino
buon letterato e poeta lodato dal Vannetti, e *Lodovico* autore di molteplici
dissertazioni fisiche e filosofiche.

BARETTA

Di rosso, alla banda d'oro, caricata di una berretta di nero.
Cod. Schio e *V. Gonzati.*

Alias. Spaccato ; nel 1.° d'oro, all'aquila spiegata di nero; nel 2.° d'azzurro, alla torre merlata d'argento, aperta e finestrata di nero, terrazzata d'oro, sormontata da una berretta d'oro e accostata da due gigli dello stesso. *Cod. Revese, Dall'Acqua* e *V. Gonzati.*

I Codici nei quali sono riprodotti gli *stemmi dei portici di M. B.* danno questo secondo stemma dei Baretta per la famiglia Guzi-Baretta, ed ha la torre di rosso.

Pierantonio Baretta domanda la cittadinanza Vicentina con Giuseppe Guzzo il 26 Agosto 1680.

Paolo Antonio Baretta di Brescia domanda di venire aggregato alla cittadinanza Vicentina il 26 Settembre 1690. Ottenne la nobiltà Vicentina solo nel 1799 e n' ebbe conferma con Sovrana Risoluzione 1 Febbraio 1821.

Ebbe sepolcro alla Cattedrale.

BARETTA (DI SCHIO)

D'oro, ad una berretta di nero. *Cod. Schio* e *V. Gonzati.*

BARISELLI (*De Barisellis*)

Spaccato di . . . . al barile di . . . . posto in fascia nel primo, accompagnato da tre stelle di otto raggi, due in capo e una in punta. *Dal Protocollo di Ottaviano de Barisellis notaio per autorità imperiale.*

Marco, Antonio, Panfilo e Sebastiano fu Giovanni Maria Bariselli ottennero per sè e discendenti la cittadinanza Vicentina il 13 Aprile 1572.

BASSANI (*De Bassiano, De Bassano, De Basciano*)

Stemma Trissino.

Famiglia antica oggi estinta. Ascritta al Consiglio Nobile di Vicenza. Nel 1510 aveva un posto. Fu donata nel secolo XV dai Trissino del loro stemma. Avea sepolcro nella chiesa del Carmine.

BEFFA (*Beffa*)

(*Non si conosce lo stemma*).

Sebastiano di Giambattista Beffa domanda la cittadinanza Vicentina il 29 Agosto 1634. Ebbe a prestito un posto in Consiglio Nobile da Girolamo Bonamente.

BELLI (*De Bellis*)

D'argento, alla collina di tre cime di verde, col capo di rosso, alla corona d'oro. *Cod. V. Gonzati.*

Famiglia venuta a Vicenza da Bergamo.
Valerio comperò l'11 Marzo 1546 un posto nel Consiglio Nobile da Bernardino fu Alberto Colzè.
Avea casa sotto il portico di S. Corona e sepolcro in S. Faustino.
Nel secolo XVI *Valerio* ebbe fama, e vive tuttora, di celebre intagliatore in pietre dure. Dalla stessa famiglia uscirono *Silvio* matematico, *Elio* medico, *Onorio* letterato e scrittore.

BELLON (*Bellonus*)

(*Non si conosce lo stemma*).

Nel 1551 avea già un posto in Consiglio Nobile di Vicenza.

BELTRAMINI (*De Beltraminis, De Beltramino*)

Spaccato di azzurro e di rosso, con la fascia in divisa d'oro, attraversante, sormontata nel capo da una stella radiosa dello stesso. *Diz. Crollalanza.*

Famiglia ascritta al Consiglio Nobile di Vicenza. Nel 1510 aveva due posti. Era pure aggregata al nobile Collegio dei Giudici.
Avea sepolcri in S. Corona e in S. Lorenzo. Oggi è estinta.

BENASSÙ o BENASSUTI (*Benassutus, De Benassutis*)

Spaccato rabescato di rosso e d'argento, al leopardo rampante d'oro attraversante sulla partizione. *Cod. Schio.*

Alias. Spaccato di rosso e d'argento, al leopardo rampante d'oro attraversante sulla partizione. *Cod. Revese* e *Dall'Acqua.*

Paolo fu Bernardino comperò il 30 Dicembre 1545 un posto nel Consiglio Nobile da Girolamo Aṅgaraṅ. Era pure ascritta al nobile Collegio dei Giudici. Oggi è estinta.
Avea sepolcri in Santa Corona.

BENCUCCI

(Lo stemma della famiglia da Schio).

Girolamo Bencucci, nato nel 1481 in Schio, mutò il suo cognome con quello dei Da Schio, sotto il quale venne aggregato alla Nobiltà Vicentina. Clemente VII lo creò Prelato Domestico, Referendario secreto, Maggiordomo pontificio e finalmente Vescovo di Vasone nell' Avignonese. Quale Nunzio dello stesso Clemente VII a Carlo V ebbe parte principale nella conclusione della pace di Barcellona. sottoscritta il 29 Giugno 1529, per cui l'Imperatore lo decorò del titolo di suo Consigliere. Ebbe ancora parte nelle trattative che passarono tra Carlo V e Clemente VII per la convocazione di un Concilio Ecumenico. Morì in Roma il 2 Gennaio 1533 di 52 anni. Il fratello Pietro gli eresse un bel monumento nella Cattedrale di Vicenza.

BENETELLI

D'azzurro, al sinistrocherio al naturale tenente una biscia ondeggiante in palo al naturale, divorante un fanciullo ignudo di carnagione. *Cod. V. Gonzati.*

Silvestro Benetelli domandà il 28 Maggio 1658 di venire aggregato coi suoi discendenti alla cittadinanza Vicentina.
Nel secolo XVII il *P. Luigi Maria Benetelli* dei Minimi fu predicatore, maestro di teologia, filosofia o lingue orientali. *Silvestro Benetelli* nel 1640 istituì in sua casa un' accademia detta *degli Imperfetti.*

BEREGAN (*De Bereganis, Bereganus*)

Spaccato : nel 1.º d'azzurro, alla cometa d'oro, accostata da due gigli dello stesso ; nel 2.º d'oro, all'àlbero di verde terrazzato dello stesso, alla fascia di rosso, al leone illeopar-

dito d'oro, tenente nella destra alzata una spada d'argento.
Cod. Dall'Acqua e *V. Gonzati.*

Famiglia Vicentina di commercianti in seta. Il 23 Aprile 1649 fu ascritta
al Patriziato Veneto, mediante lo sborso di centomila ducati. Confermata nobile con Sovrana Risoluzione 28 Dicembre 1818. Le loro case erano ai Santi
Apostoli e il loro sepolcro nel chiostro di S. Biagio.

Nicolò Beregan, Collare di S. Michele, letterato e poeta, appartenne alle
accademie dei Dodonei di Venezia, dei Concordi di Ravenna e dei Gelati di
Bologna. Morì nel 1713 a 87 anni, lasciando fama di eloquente giureconsulto.

BERGAMO (*Bergomus, De Bergamo*)

Francesco fu Antonio comperò il 24 Dicembre 1560 un posto in Consiglio Nobile da Francesco fu Bartolomeo Cozza.
Avea sepolcro a Santa Corona.

BERNARDI (*De Bernardis*) .

(*Non si conosce lo stemma*).

Silvio fu Agostino ebbe a prestito dagli eredi di Nicolò Fracanzani il 30
Dicembre 1567 un posto al Consiglio Nobile.

BEROALDI (*Conti*)

Palato di rosso e d'argento. *Cod. Revese* e *V. Gonzati.*

È un'altra discendenza della potente famiglia dei Conti. Pagliarino dice
ch'ebbe origine da quella dei Conti Maltraversi per parte di padre. Il *Salici*
magnifica le virtù di *Beroaldo,* uomo provvido a Vicenza e a Padova; per
malafede e invidia di alcuni Vicentini condannato a tormenti che gli procurarono la morte.

BERTESINELLA (*De Bertesinella*)

(*Non si conosce lo stemma*).

Famiglia ascritta al Consiglio Nobile di Vicenza. Nel 1510 aveva un
posto.

BERTOLO (*Bertolius*)

D'azzurro, al leone d'oro a due code rivolto a sinistra.
Cod. Schio.

Alias. La stessa, col leone volto a destra. *Cod. Lod. e Vinc. Gonzati.*

Giovanni Maria dottore e consultore del Senato Veneto fu ascritto al Consiglio di Vicenza il 14 Marzo 1689 come appartenente al nobile Collegio dei Giuristi, e il 21 Marzo dell'anno seguente fu proclamato per meriti speciali cittadino nobile.

L'Imperatore Leopoldo, con diploma dato in Praga il 26 Aprile 1680, di suo *motu proprio* decorava il Bertolo del titolo di Conte del Sacro Romano Impero, e con lui tutti i suoi figliuoli maschi e legittimi successori. Abitò i colli Berici e fu sepolto in Santa Caterina. Con lui si estinse la sua famiglia.

Vicenza deve a lui la pubblica Biblioteca, intitolata perciò Bertoliana.

BERTOLOTTI (*Bertoloti, De Bertholotis*)

(*Non si conosce lo stemma*).

Famiglia ascritta al Consiglio Nobile di Vicenza. Nel 1510 teneva un posto. Avea sepolcro in S. Michele. Oggi è estinta.

BIADA (Dalla) (*A Blado*)

(*Non si conosce lo stemma*).

Famiglia ascritta al Consiglio Nobile di Vicenza. Nel 1510 teneva un posto.

BIANCHI

Di verde, ad una pianta di giglio d'argento di cinque rami in un vaso dello stesso. *Cod. V. Gonzati.*

Famiglia Marosticense. *Girolamo* fu canonico di S. Pietro, Protonotario Apostolico, Referendario e Cameriere secreto di Giulio III. Morì nel 1551 a Roma di 53 anni e fu sepolto in San Benedetto di Marostica. *Cornelio Bianchi* celebre medico morì di peste in Venezia nel 1576.

BIAVON (*Blavonus*)

(*Non si conosce lo stemma*).

Matteo fu Antonio comperò il 3 Gennaio 1544 un posto nel Consiglio Nobile di Vicenza da Vincenzo fu Luigi Merzari.

BILLI (*De Billis*)

(*Non si conosce lo stemma*).

Famiglia ascritta al Consiglio Nobile di Vicenza. Nel 1510 aveva un posto. Avea sepolcro in S. Faustino.

BIOLI

Di rosso, alla fascia d'argento caricata di tre mosche al naturale, accompagnata in punta da una collina d'argento di tre cime, sormontate da tre gigli dello stesso. *Cod. V. Gonzati.*

Famiglia nobile.
Bonifazio fu Canonico Teologo della Cattedrale dal 1645 al 1664. *Marcantonio*, pure Canonico Teologo, fu Vicario Generale dei Vescovi Venier e Priuli.

BISSARI (*De Bissariis*)

D'argento, caricàta di uno scudo fasciato di rosso e d'argento, accostato da due biscie di nero affrontate in palo. *In tutti i codici meno L. Gonzati.*

Alias. D'argento, a due fascie di rosso, a due biscie affrontate di nero poste in palo attraversanti sul tutto. *Cimiero:* Un angelo al naturale vestito d'oro, nascente da un calice. *Cod. Schio.*

Alias. Fasciato di rosso e d'argento, a due biscie affrontate di nero poste in palo attraversanti sul tutto. *Cimiero:* Un angelo al naturale nascente, vestito d'oro. *In tutti i codici, meno Schio.*

Famiglia antichissima oggi estinta. Ascritta al Consiglio Nobile di Vicenza. Nel 1510 aveva otto posti. Era pure aggregata al nobile Collegio dei Giudici. Ebbe titolo Comitale dal Legato Pontificio nel 1527. Fu confermata nell'avita nobiltà con Sovrane Risoluzioni 1 Marzo e 24 Agosto 1820. I Bissari abitavano in piazza le case che nel secolo XIII furono acquistate dal Comune per abitazione del Podestà. Poi ebbero le loro case sul Corso verso Porta Castello. I loro sepolcri erano a S. Biagio, alla Cattedrale, a S. Corona, a San Francesco Vecchio. A Monte Berico fu sepolto nel 1688 quel *Leonida* che combattè contro i Turchi in Vienna, Belgrado e Strigonia. .

Pier Paolo Bissari, Commendatore dell'ordine. dell'Immacolata Concezione, gentiluomo di Luigi XIV, principe dell'Accademia Ólimpica, fu poeta e letterato. *Enrico,* Commendatore dell'ordine di Malta, pure poeta. Il primo fiorì nel secolo XVII, il secondo nel XVIII.

BOCCALI

D'oro, al boccale di rosso. *Cod. V. Gonzati.*

Giovannino de' Boccali fu uno dei cittadini che nel 1404 formarono la balìa che decise di dare la città ai Veneziani.

BOLIS *(Bolis)*

(Non si conosce lo stemma).

Giandomenico e Giovanni fu Andrea Bolis da Bergamo ottennero per se ed eredi la cittadinanza vicentina il 12 Aprile 1629. Giandomenico comperò da Ettore Valle un posto in Consiglio il 31 Dicembre 1640. I Bolis avevano il sepolcro a S. Corona e abitavano alle Canove.

BOLOGNA

D'azzurro, alla torre di rosso accompagnata in capo da una stella di sei raggi dello stesso. Dagli *Ordeni et capitoli della honoranda fraglia de Calegari et pellatieri della città di Vicenza, ms.* alla Bertoliana.

Famiglia Scledense. Sebastiano fu creato Senatore del Regno d'Italia nel 1809, e nell'anno seguente ai 10 di Ottobre ebbe da Napoleone il titolo di Conte. Nel 1815 fu eletto da Gioachino Murat governatore generale dei paesi occupati nelle Legazioni Pontificie e venne insignito dell'Ordine delle Due Sicilie.

BOLZONI *(De Bolsonibus)*

(Non si conosce lo stemma).

Famiglia ascritta al Consiglio Nobile di Vicenza. Nel 1510 aveva un posto.

BONACCIOLI

Spaccato; nel 1.° d'oro, al sole nascente dal canton destro del capo; nel 2.° di rosso, al leone rampante d'oro attraversante sulla partizione, tenente tre rose al naturale. *Cod. V. Gonzati e diploma di laurea di Pietro Bonaccioli, 1769.*

Paris Bonazoli domanda alla città di Vicenza gli sia concessa la cittadinanza per incolatum.

BONAGENTE *(De Bonagentibus de Scledo, Bonagentius)*

Spaccato; nel 1.° d'azzurro, alla colomba spiegata d'argento; nel 2.° d'argento pieno. *Cod. V. Gonzati.*

Famiglia ascritta al Consiglio Nobile di Vicenza. Nel 1510 avea un posto. Era pure aggregata al nobile Collegio dei Giudici. Confermata nobile con Sovrana Risoluzione 14 Giugno 1830.

Avea sepolcro in S. Lorenzo.

Augusto e *Vittore Bonagente* nel secolo XVI ebbero fama di medici eccellenti. *Francesco*, con diploma 27 Novembre 1658, fu dichiarato dottore di Santa Chiesa.

BONAMENTE *(De Bonamente)*

(Non si conosce lo stemma).

Nella prima metà del secolo XVI erano ascritti al Consiglio Nobile di Vicenza.

BONIFACIO *(De Bonifaciis de Scledo)*

Inquartato di nero e di rosso, al plinto d'argento in punta caricato di un'aquila spiegata dello stesso, attraversante sul tutto. *Cod. Revese, Dall'Acqua, Lod. e Vinc. Gonzati.*

Famiglia ascritta al Consiglio Nobile di Vicenza. Nel 1510 aveva un posto. Oggi estinta.

Aveva sepolcro in S. Biagio e case in faccia ai Prati scendendo in Carpagnon.

Nel secolo XVI, *Giulio* medico, fu uno dei fondatori del Collegio dei Medici.

BONIN LONGARE (De Boninis)

Spaccato d'argento e d'azzurro; l'azzurro caricato di un capriolo rovesciato del primo; col bue nascente di rosso, movente dallo spazio che sta fra le gambe del capriolo e attraversante sull' argento in capo. *Cod. Revese, Dall' Acqua e V. Gonzati.*

Alias. Troncato; d'argento al bue di rosso nascente dalla partizione, e di sotto d'azzurro allo scaglione d'argento, rovesciato. *Diploma 18 Sett. 1882.*

Giuseppe fu Giambattista ai 19 Dicembre 1542 ebbe a prestito un posto in Consiglio Nobile di Vicenza da Bernardino fu Antonio Lugo. Questa famiglia fu pure ascritta al nobile Collegio dei Giudici. Confermata nobile con Sovrana Risoluzione 4 Giugno 1820. Investiti i Bonin nel 1769 dal Vescovo di Vicenza del feudo di Barche nel distretto Vicentino, ottennero anche il titolo di Conte, che venne loro confermato dalla Repubblica Veneta con Ducale 2 Aprile 1784. Non riconfermati con questo titolo dall' Austria, furono riconosciuti con decreto ministeriale 18 Settembre 1882 regnando Umberto I Re d'Italia. Assunse il nome di Longare un Lodovico per eredità nel secolo XVIII.

Avevano sepolcro nella Chiesa del Carmine e case a Porta Nova, dove con disegni di Ottone Calderari eressero nella fine del secolo scorso un elegante palazzo. Nel 1836 acquistarono il palazzo dei Thiene a Piazza Castello.

Lodovico fu Sindaco di Vicenza dal 21 Giugno 1883 al 24 Luglio 1884 in cui morì.

BONOMO (De Bonhomine, Bonomus)

Fasciato di rosso e d'argento di quattro pezzi, col capo d'azzurro, caricato di un bue nascente d'argento. *Cod. Revese e V. Gonzati.*

Alias. D'azzurro, al bue rampante d'argento, a due fascie abbassate di rosso attraversanti sopra il bue. *Cod. Dall'Acqua.*

Giambattista Bonomo domanda la cittadinanza Vicentina il 31 Gennaio 1614 e l'ottiene il 3 Febbraio 1624.

Costantino fu Giambattista comprò un posto in Consiglio il 10 Settembre 1617 da Lodovico Castellani. Questa famiglia era pure ascritta al nobile Collegio dei Giudici. Oggi è estinta.

Avea sepolcro alla Cattedrale.

Appartiene a questa famiglia *Giovanna Maria* monaca benedettina morta il 1 Marzo 1670 e beatificata il 4 Ottobre 1780. *Gaetano Bonomo*, teatino, confessore e consigliere del Duca di Baviera, era in grande considerazione presso il Pontefice Clemente XI. Morì a Parigi nel 1710.

BORGO (*A Burgo*)

D'argento, al monte di tre vette alla tedesca di verde, sostenente una colomba al naturale. (*Dal Diploma di riconoscimento della nobiltà*).

Famiglia ascritta al Consiglio Nobile di Vicenza. Nel 1510 aveva due posti. Riconosciuta e confermata con Decreto Ministeriale 22 Giugno 1896. Avea sepolcro in Duomo.

Nel secolo XVIII il gesuita *Carlo Borgo*, predicatore e teologo, ebbe da Federico II di Prussia il grado di colonnello del genio per un'opera sulle fortificazioni, e *Alvise*, padre economo di Sant'Ignazio dei Carmelitani Scalzi, scrisse di storia patria. In questo secolo il *P. Antonio Maria*, al secolo *Giambattista*, dei Minori Riformati, fu più volte Provinciale e Custode della Veneta Provincia; scrittore lodato di studi storici e bibliografici.

BORNIGONI (*Bornigonus*)

Di rosso, ad una cassa di tamburo d'oro adagiata in punta e veduta da destra, a due bacchette di tamburo dello stesso, passate in croce di S. Andrea; col capo dell'Impero. *Cod. Revese, Dall' Acqua, Schio* e *V. Gonzati*.

Sebastiano Bornigoni fu creato cittadino di Vicenza con ducale 5 Luglio 1610. Lo stesso comperò un posto in Consiglio dagli eredi di Vincenzo Ganzerla il 31 Dicembre 1660. Estinta nei Monza.

Avea casa ai Santi Apostoli.

BORSELLI (*Borsellus, De Borsellis*)

Fasciato contra-doppio merlato di rosso e d'argento di dieci pezzi. *Cod. Revese, Dall' Acqua* e *V. Gonzati*.

Alias. Di rosso, a due fascie contradoppiomerlate d'argento. (*Dall' atto di professione di Marsilia Borsello monaca in S. Pietro 1619*).

Famiglia venuta da Padova. Ascritta al Consiglio Nobile di Vicenza. Nel 1510 aveva un posto. Era pure aggregata al nobile Collegio dei Giudici. Avea sepolcro in S. Biagio. Si estinse nei Volpe.

BORTOLAN

Spaccato; nel 1.° d'argento, all'aquila di nero, coronata d'oro; nel 2.° semipartito, a destra di rosso, a tre lambelli d'oro, l'uno sull'altro; a sinistra d'azzurro, al monte di tre cime di verde movente dalla punta. *Cod. V. Gonzati.*

Famiglia nuova e ricca. Nel 1838, *Giovanni,* preside da sette trienni del tribunale di commercio, fu creato nobile. Si estinse nei Piovene.

BOSCARINI (*De Boscarinis*)

(*Non si conosce lo stemma*).

Roberto ebbe a prestito da Angelo fu Losco Caldogno un posto in Consiglio Nobile il 31 Dicembre 1568.

BRANDICIO (*De Branditiis, De Brandicio*)

Spaccato; nel 1.° d'oro, all'aquila di nero, posata sopra una spada dello stesso, manicata d'oro; nel 2.° d'azzurro, a due spade di nero manicate d'oro, passate in croce di S. Andrea. *Cod. Revese* e *Gonzati.*

Famiglia antica estinta. Ascritta al Consiglio Nobile di Vicenza. Nel 1510 aveva due posti. Era pure aggregata al nobile Collegio dei Giudici. Avea sepolcro in S. Lorenzo.
Giangiorgio giureconsulto professore all' Università di Padova sul finire del secolo XV.

BRANZO (*De Branciis*)

Famiglia ascritta al Consiglio Nobile di Vicenza. Nel 1510 aveva un posto.

BRANZO-LOSCHI (*Brancius de Luschis*)

D'oro; col capo di rosso, caricato di tre gigli d'argento. *Cod. Revese, Dall'Acqua* e *V. Gonzati.*
Alias. D'oro, alla fascia di rosso, caricata di tre gigli

d'argento, e accompagnata in capo da un aquila bicipite di nero, sormontata da una corona imperiale. *Cod. citati.*

Vedi Loschi.

Nel 1539 troviamo questa famiglia inscritta al Consiglio Nobile di Vicenza. Fu pure aggregata al nobile Collegio dei Giudici. Confermata nobile con Sovrana Risoluzione 1 Marzo 1820.

I Vescovi di Vicenza la investirono del feudo d' Isola di Malo, e il Senato Veneto con Ducale 29 Aprile 1796, confermandone l' investitura, qualificò gli investiti Branzo Loschi col titolo di Conte inerente al Feudo medesimo, e ne ordinò la descrizione nell' aureo libro dei Titolati.

BRASCHI (*De Braschis*)

D'azzurro, alla zampa di grifo d'oro. *Cimiero :* Un leone nascente. *In tutti i codici.*

Famiglia antica oggi estinta. Ascritta al Consiglio Nobile di Vicenza. Nel 1510 aveva due posti. Era pure aggregata al nobile Collegio dei Giudici. Per aver provato di essere stata in possesso del titolo Comitale anche prima della dedizione della città di Vicenza al Dominio Veneto, fu per terminazione del Magistrato sopra Feudi del 6 Marzo 1730 descritta col detto titolo nell' aureo libro dei Titolati. Fu confermata nobile con Sovrane Risoluzioni 11 Marzo e 24 Novembre 1820. I Braschi aveano case nel Corso. In esse ebbero sede per qualche tempo e l' Accademia Olimpica e il Casino dei Nobili. Il loro sepolcro era al Duomo.

BRAZZODURO
(*De Brazoduris, De Brazaduris, De Bracchioduris*)

(*Non si conosce lo stemma*).

Famiglia antica oggi estinta. Ascritta al Consiglio Nobile di Vicenza. Nel 1510 aveva cinque posti. Era pure aggregata al nobile Collegio dei Giudici. Avea sepolcro in S Michele e in S. Biagio.

BREGANZE (*De Bregantiis, Bregantius*)

Trinciato d'azzurro e d'argento, a due gigli dell'uno nel l'altro; colla banda di rosso attraversante sulla partizione. *Cod. Revese* e *V. Gonzati.*

Famiglia antichissima e potente estintasi sul finire del secolo XIII. Vivono nella storia i nomi dei tre Vescovi di Belluno, di Verona e di Vicenza. Quest'ultimo, il *B. Bartolomeo,* uno dei primi discepoli di S. Domenico, fu maestro del Sacro Palazzo, Vescovo Nimociense e Legato Pontificio. Nella sua legazione fu donato da S. Lodovico IX Re di Francia di un'insigne Reliquia della Santa Spina, in cui onore fabbricò in Vicenza, sua patria, la Chiesa di S. Corona. Fu beatificato il 31 Agosto 1793.

Sussiste ancora in Vicenza un'altra famiglia nobile di questo nome. Nel 1510 aveva già due posti nel Consiglio di Vicenza. Era pure aggregata al nobile Collegio dei Giudici.

BREGANZE (DI)

Inquartato, alla croce inquartata d'oro e di rosso attraversante sul tutto : nel 1.° e 4.° d'azzurro, a un ramo d'alloro d'oro, movente in banda dall'angolo destro del capo ; nel 2.° d'oro al crescente rivoltato d'azzurro, sinistrato da tre stelle di sei raggi dello stesso, poste 2 in palo e 1 ; nel 3.° d'oro, alla torre di rosso, merlata alla guelfa di cinque pezzi. *Dal Diploma di concessione.*

Giovanni Battista console del Wirtembergh e poi console Ottomano in Austria, fu con Diploma 3 Giugno 1857 creato nobile dell'Imper. Francesco Giuseppe.

BRENDOLA (*De Brendulis*)

D'argento, al leone d'oro. (*Ricordi di Brendola di B. Morsolin*).

Famiglia ascritta al Consiglio Nobile di Vicenza. Nel 1510 avea un posto. Era pure aggregata al nobile Collegio dei Giudici. Avea sepolcro in Santa Corona.

BRESCIA (*Brixia*)

(*Non si conosce lo stemma*).

Francesco ebbe in dono un posto nel Consiglio Nobile il 14 Dicembre 1566 da Pompeo Loschi.

BROGLIA (*Brogia*)

(*Non si conosce lo stemma*).

Famiglia ascritta al Consiglio Nobile di Vicenza. Nel 1510 aveva un posto. Era pure aggregata al nobile Collegio dei Giudici.

BROGLIANO (De Broglano, Brolyanus)

Di verde, al leone d'oro caricato di tre bande di rosso, alla fascia d'argento attraversante sul tutto. (*Dall'atto di professione di Suor Cilenia Brogliano monaca in S. Pietro 1594*).

Famiglia ascritta al Consiglio Nobile di Vicenza. Nel 1510 avea un posto. Era pure aggregata al nobile Collegio dei Giudici. Estinta.
Avea sepolcro nella Chiesa del Carmine.

BRUGNOLI (De Brognolis)

(*Non si conosce lo stemma*).

Famiglia ascritta al Consiglio Nobile di Vicenza. Nel 1510 aveva tre posti. Era pure aggregata al nobile Collegio dei Giudici.

BRUNI-CAPPONI (Bruni Capponi)

(*Non si conosce lo stemma*).

Leandro e Livio fu Girolamo fu Alvise Bruni ottennero dal Consiglio la cittadinanza Vicentina il 23 Aprile 1603.
Giovanni Bruni detto Capponi domanda il 20 Settembre 1659 di essere ammesso coi suoi discendenti alla cittadinanza Vicentina.
Gianvincenzo comperò da Placido Pace un posto in Consiglio Nobile il 29 Gennaio 1671.
Avea sepolcro a S. Biagio.

BRUSOLINI (De Brusolinis)

(*Non si conosce lo stemma*).

Famiglia ascritta al Consiglio Nobile di Vicenza. Nel 1510 avea un posto.

BRUSOMINI (De Brusominis, De Brusaminis)

(*Non si conosce lo stemma*).

Famiglia ascritta al Consiglio nobile di Vicenza. Nel 1510 avea tre posti.

BURIN (*Burino, Burinus*)

D'azzurro, ad un cane bracco d'argento passante sopra una terrazza di verde e guardante un crescente rivolto d'argento, posto nel cantone destro del capo, il tutto accompagnato nel cantone sinistro del capo da tre stelle d'oro 2 e 1. *Cod. Revese* e *V. Gonzati.*

·*Alias.* Spaccato; nel 1.° d'azzurro, al crescente rivolto d'argento, posto nel canton destro del capo, e a tre stelle d'oro poste nel canton sinistro 2 e 1 ; nel 2.° di verde al cane bracco passante d'argento guardante il crescente. *Cod. Dall'Acqua.*

Alias. Spaccato; nel 1.° d'azzurro, a tre stelle d'oro male ordinate, nel 2.° d'argento, al cane passante di rosso. Lo scudo orlato d'oro e caricato sul petto di un'aquila bicipite di nero coronata d'oro. *Port. di Monte Berico nei codici Dall'Acqua.*

I Deputati attestano il 30 Gennaio 1651 che Galeazzo Burin e suoi discendenti furono aggregati alla cittadinanza Vicentina. ·   .

Galeazzo ebbe a prestito il 31 Dicembre 1651 un posto in Consiglio dalla figlia di Orazio Capra.

Avea sepolcro a S. Bartolomeo.

BUSIONI (*De Busionibus, De Busionibus de Cumo*)

(*Non si conosce lo stemma*).

Famiglia ascritta al Consiglio Nobile di Vicenza. Nel 1510 avea un posto.

BUSO (del) o BOSIO (*Del Buso, Busius, Bosius*)

(*Non si conosce lo stemma*).

Lodovico ebbe a prestito da Luigi Loschi un posto nel Consiglio Nobile il 31 Dicembre 1561. Questa famiglia appartenne ancora al nobile Collegio dei Giudici. Estinta.

Avea sepolcro a S. Michele.

CABIANCA

D'azzurro, alla fascia d'argento, caricata da tre cuori di rosso e accompagnata da tre stelle d'oro. *Dizion. Crollalanza.*

Venne a Vicenza da Padova nel principio di questo secolo, erede della famiglia Guerra.

Ascritta nel 1804 al Consiglio Nobile di Padova, fu confermata nella sua nobiltà con Sovrana Risoluzione 1 Febbraio 1821.

Giacomo Cabianca poeta fecondo, immaginoso, gentile, nacque a Vicenza il 14 Febbraio 1809 e morì il 28 Gennaio 1878. Ad onorarne la memoria il Consiglio Comunale Vicentino decretò che dà lui s'intitolasse la via dov'egli abitava (da Contrà Oratorio dei Servi a contrà S. Faustino). Il Municipio di Ferrara, per dimostrare con atto nobilissimo al Cabianca la sua gratitudine per la dedica del *Torquato Tasso* alla città di Ferrara, lo ascriveva nel 1858 al suo patriziato.

CALDERARI (*De Calderariis*)

Di rosso, al leone d'oro; con la fascia di azzurro attraversante sopra il leone, e caricata di tre stelle del secondo. *Cimiero:* Un gufo d'argento. *Cod. Revese, Dall'Acqua, Lod. e V. Gonzati.*

Famiglia ascritta al Consiglio Nobile di Vicenza. Nel 1510 aveva quattro posti. Era pure aggregata al nobile Collegio dei Giudici. Confermata con Sovrana Risoluzione 4 Giugno 1820.

Bernardino fu creato Conte da Ferdinando Gonzaga Principe di Castiglione nel 1684.

Aveano case a S. Lorenzo e a S. Pietro. In quest'ultima visse e morì il celebre architetto *Ottone*, che con fabbriche sontuose e ispirate al puro classicismo fece rivivere nella seconda metà del secolo scorso i tempi di Andrea Palladio. Morì il 27 Ottobre 1803.

Avea sepolcri alla Cattedrale, in S. Lorenzo, in S. Maria degli Angeli, in S. Michele, ai Servi e a S. Stefano.

CALDOGNO (*De Caldogno, Calidonius*)

D'oro, all'aquila di rosso coronata di nero. *Cod. Revese, Dall'Acqua* e *V. Gonzati.*

Alias. Partito d'azzurro e di rosso, all'aquila d'argento movente da un piedistallo dello stesso attraversante sul tutto. *Cod. Schio.*

Famiglia antichissima. Ascritta al Consiglio nobile di Vicenza. Nel 1510 avea otto posti. Era pure aggregata al nobile Collegio dei Giudici.

Nel 1330 Lodovico il Bavaro creava i Caldogno *Comites Palatinos, milites auratos, barones ac proceres Romani Imperii.* Avevano le loro case in capo alla strada maggiore andando verso Pusterla, e sotto di esse un luogo che serviva a pubblico convegno è sempre indicato nei documenti col nome di Lodia de Caldogno. Angelo Caldogno nel 1575 eresse un grande palazzo in S. Lorenzo, si vuole sopra disegni del Palladio. Aveano sepolcri alla Cattedrale, in S. Lorenzo, in S. Biagio, in S. Corona. Si estinse con Pier Angelo il 3 Aprile 1867. Ne ereditò i beni la famiglia Pagello.

Calderico Caldogno Arcidiacono della Chiesa Cattedrale il 1 Luglio 1398, *Giacomo* nel 1443 era insignito del titolo di Vicario Generale del Vescovo; *Francesco* fu scrittore e militare valoroso nella seconda metà del secolo XVI, ebbe il titolo di *Provveditore ai confini in Vicentina.* Il nipote *Francesco* gli successe nel posto per virtù militari e civili. Nello scorso secolo *Nicola* si occupò di storia patria e *Vincenzo Angelo* di lettere. Tradusse l' *Eneide* di Virgilio in ottava rima.

CALIDONIO (*Calidonius*)

D'azzurro, ad una donna vestita di rosso col capo coperto di un cappuccio d'oro e con grembiale dello stesso, tenente una rocca al naturale, filante. *Cod. Schio* e *V. Gonzati.*

Lo stemma è desunto dall'altare di S. Raimondo che Lucantonio Calidonio, ricco mercante, erigea del proprio in Santa Corona nel 1604. La donna che fila ricorda che il Patrono esercitò un tempo l'arte del lintrolo. Non ha a che fare colla nobile e illustre famiglia Caldogno.

CALTRAN (*De Caltrano, De Cartrano*)

D'azzurro, ad un ricinto di mura merlate con sei torri 3 e 3, il tutto d'argento, accompagnate in capo da una stella di sei raggi d'oro. *Cod. V. Gonzati.*

Alias. Partito di nero e d'oro, ad un ricinto quadrato di mura merlate con sei torri ugualmente merlate 3 e 3, le due di mezzo acuminate, il tutto di rosso, sormontato da una stella di sei raggi dello stesso. *Cod. Schio.*

Bortolo di Antonio da Caltran con tutti i suoi discendenti ottenne la cittadinanza Vicentina con ducale 18 Novembre 1409. Ascritta al Consiglio Nobile di Vicenza. Nel 1510 aveva un posto. Confermata nella sua nobiltà con Sovrana Risoluzione 1 Marzo 1820. Oggi estinta.

Questa famiglia era ancora decorata del titolo Comitale, che era stato conferito per benemerenza dal Senato Veneto, con decreto 18 Aprile 1767, a Giuseppe e Domenico Caltran fratelli, e a tutti i loro discendenti. Avea sepolcro nella chiesa del Carmine. Negli ulteriori tempi abitavano in contrà delle Vetture, le case che nel 500 appartenevano ai Lonigo.

CALVI (*De Calvis*)

Spaccato; nel 1.º d'oro, all'aquila imperiale; nel 2.º di rosso, a tre sbarre d'argento, colla fascia d'azzurro attraversante sullo spaccato, caricata di un busto di uomo di carnagione vestito d'oro, accompagnato da due stelle dello stesso di otto raggi. *Cod. Schio.*

Alias. Spaccato nel 1.º d'azzurro, all'aquila bicipite di nero, le teste coronate d'oro, e una stella di otto raggi dello stesso fra le due gambe; nel 2.º di rosso, al busto d'uomo calvo al naturale coperto di un manto d'azzurro, posato sopra un piedistallo d'oro, ed accostato di due stelle dello stesso di otto raggi. (*Da un diploma di laurea di Francesco Calvi, 1733*).

Gio. Antonio Calvi di Bergamo resta, attesa la supplica prodotta alla magnifica città di Vicenza, decorato con speciale decreto della cittadinanza per *incolatum* il 22 Gennaio 1744· Si fece ricco con l'arte del droghiere.

Avea sepolcro a S. Faustino.

Paolo Calvi, in religione *Angelo Gabriele di Santa Maria*, carmelitano scalzo, è autore della *Biblioteca degli Scrittori Vicentini*, opera in sei volumi edita dal Vendramin Mosca nel 1775. Raccolse un museo che i Padri Scalzi vendettero per 150 zecchini al co. Arnaldo Tornieri. Nacque in Vicenza l'anno 1717 e morì in Valsugana nel 1781.

CAMARELLA (*Camarelius*)

(*Non si conosce lo stemma*).

Francesco dottore fu Marco comperò un posto in Consiglio da Francesco fu Vincenzo Angaran il 31 Dicembre 1631.

Avea sepolcro alla Cattedrale.

Francesco Camarella, dottissimo giureconsulto del secolo XVII avea meditato di dare alla luce un epilogo di tutte le leggi, ma del molto che scrisse nulla pubblicò in vita. Il nipote *Teofrasto Bergamo* ne pose il busto in marmo alla Cattedrale nella cappella delle Reliquie.

CAMERA (*Camera*)

(*Non si conosce lo stemma*).

Agostino, Andrea e Giovanni Battista fu Antonio Camera vengono ammessi alla cittadinanza Vicentina dal Consiglio il 28 Ottobre 1518.

Girolamo fu Gianfrancesco ottenne a prestito da Orsidio fu Girolamo da Como un posto in Consiglio Nobile il 31 Dicembre 1574.

CAMISAN (Camisanus)

(*Non si conosce lo stemma*).

Il 21 Luglio 1678 i Camisan sono aggregati alla cittadinanza Vicentina. Lucio fu Angelo comperò da Ippolito fu Lodovico Valle un posto in Consiglio il 1 Gennaio 1684.

CAMOZZA (De Camuciis, Camutius)

(*Non si conosce lo stemma*).

Famiglia ascritta al Consiglio Nobile di Vicenza. Nel 1510 aveva un posto. Era pure aggregata al nobile Collegio dei Giudici. Avea casa in contrà delle Frasche e del Gambero; sepolcri a S. Biagio, a S. Corona e all'Araceli.

Orazio fu uno dei fondatori del Collegio dei medici, anno 1573. Ai tempi del Pagliarino *Pietro* era Collaterale di tutte le genti d'arme della Signoria di Venezia, e *Francesco* suo figliuolo Collaterale nella città di Vicenza.

CAMPIGLIA (De Campilia)

Inquartato d'argento e di verde, a quattro cani bracchi dell'uno nell'altro rampanti affrontati. *Cod. Revese, Dall'Acqua e V. Gonzati.*

Famiglia antica ed illustre. Era ascritta al Consiglio Nobile di Vicenza, dove nel 1510 aveva tre posti. Era pure aggregata al nobile Collegio dei Giudici. Si estinse nei Marchesi Gonzaga di Mantova, ai quali passarono i beni Campiglia in Albettone.

Avevano sepolcro nella Cattedrale. Abitavano in Santa Corona, e dove sorgevano le sue case ora si legge questa iscrizione, in onore di una illustre donna di questa famiglia: Nell'area di questo palazzo — era la casa ove morì — Maddalena Campiglia — poetessa del secolo XVI — dal Tasso lodatissima. — In memoria — Elena Tiepolo Milan Massari — MDCCCXCVII.

CANATI (Canatus)

D'azzurro, alla fascia d'argento, al cane levriere rampante di rosso, collarinato d'oro. *Cod. Revese e V. Gonzati.*

Alias. D'oro, al cane levriere rampante di rosso, colla- rinato e anellato d'argento, alla fascia dello stesso attraver- sante sul tutto. *Cod. V. Gonzati.*

Alias. D'azzurro, alla fascia di rosso, al cane levriere rampante d'argento, collarinato di rosso. *Cod. Dall'Acqua.*

Valeriano Canati da Malo mercante di seta ottenne la cittadinanza Vi- centina dal Consiglio il 2 Maggio 1521.

Nel 1533 Giambattista fu Bartolomeo ebbe a prestito un posto nel Con- siglio Nobile da Giambono Costoza.

Questa famiglia era pure ascritta al nobile Collegio dei Giudici. Estinta.

Avea sepolcro in S. Lorenzo, e casa dietro il Seminario Vecchio, lungo il Pallamajo.

Valeriano Canati, Teatino, letterato e poeta nel secolo XVIII.

CANOVE (*A Canovis, A Chanovis*)

(*Non si conosce lo stemma*).

Famiglia ascritta al Consiglio Nobile di Vicenza. Nel 1510 aveva un posto.

CAPOZZI (*Capotius, Capocius*)

(*Non si conosce lo stemma*).

Francesco zio e nipoti Capozzi ottennero la cittadinanza Vicentina dal Consiglio il 31 Dicembre 1633. Lo stesso Francesco fu Nicolò ebbe in dono il 19 Aprile 1634 dall'Arciprete di Padova Giuseppe Gualdo un posto in Consiglio Nobile.

Avea sepolcri a S. Corona e a S. Faustino.

CAPPA (*Cappa*)

(*Non si conosce lo stemma*).

Cappa Francesco ottenne dal Consiglio la cittadinanza Vicentina il 29 Settembre 1562.

Antonio di Francesco ebbe in dono il 7 Dicembre 1563 un posto in Con- siglio Nobile da Trojano fu Francesco Scrofa.

CAPPASANTA (*De Capasanctis*)

D'azzurro, ad una muraglia di rosso murata di cinque pezzi dello stesso, movente dalla punta, caricato da una conchiglia d'oro rovesciata, e sormontata in capo da due teste di aquila dello stesso, coronate e affrontate. *Cod. Revese, Lodovico e Vinc. Gonzati.*

Alias. D'azzurro, sopra un muro merlato di rosso, murato di nero, caricato di una conchiglia rovesciata d'oro; a due terrazze di verde moventi in semicerchio dai fianchi dello scudo e attraversanti sul muro; l'azzurro caricato da due teste d'aquila affrontate d'oro. *Cod. Dall' Acqua.*

Alias. Spaccato ondato tutto d'azzurro, nel 1.° a due teste di aquila d'argento, imbeccata d'oro, coronate d'argento e affrontate; nel 2.° ad una conchiglia rovesciata d'oro, a due terrazze d'oro moventi in semicerchio dai fianchi dello scudo. *Cod. Schio.*

Famiglia antica oggi estinta. Ascritta al Consiglio Nobile di Vicenza. Nel 1510 aveva un posto. Era pure aggregata al nobile Collegio dei Giudici. Avea casa in stradella di Santo Stefano, e sepolcri in S. Biagio e in Santa Corona.

Pio Felice Cappasanta è annoverato fra gli uomini più reputati dell'Ordine dei Padri Predicatori. Fu Inquisitore supremo in Roma. Morì in Santa Corona di Vicenza il 30 Luglio 1708.

CAPRA
(*De Caprellis, Capra, Capra Pantaglia, Capra Pantalea*)

D'argento, alla capra rampante al naturale. *Cod. Revese, Dall' Acqua e V. Gonzati.*

Alias. D'argento, alla capra rampante al naturale avente fra le corna un'aquila spiegata di nero, coronata di rosso. *Cod. Revese, Dall'Acqua, Schio e V. Gonzati.* (Il Cod. Schio però ha la capra rivoltata).

Alias. D'argento, alla capra rampante al naturale, alla fascia attraversante sul tutto e caricata di tre rose. *Cod. Schio.*

Famiglia antica ed illustre. Ascritta al Consiglio Nobile di Vicenza, dove nel 1510 aveva undici posti Era pure aggregata al nobile Collegio dei Giudici.

Regnante il Doge Francesco Donà, in benemerenza dei servigi prestati dai Capra, fu con decreto ducale 25 Marzo 1552 eretta in Contea la loro possessione situata nella villa di Carrè, e descritti i medesimi nell'aureo libro dei Titolati col titolo di Conti di Carrè. Federico III, Carlo V e Rodolfo II Imperatori di Ca·a d'Austria conferirono ad Alvise, a Vincenzo, a Francesco titoli di Conte e di Cavaliere per servigi prestati così in guerra che in tempo di pace, e questi titoli furono poi riconosciuti dalla Repubblica Veneta, e confermati dall'Imperatore Ferdinando III allorchè in Praga, con diploma 24 Febbraio 1648, concesse a Odorico Capra e suoi discendenti il titolo di Marchese. Questo ramo è oggi estinto.

I Capra avevano molte case nel Corso, agli Scalzi; sepolcri alla Cattedrale, a S. Lorenzo, a S. Michele, a S. Stefano.

Alfonso Capra, militare valoroso e Governatore del riuli morì il 7 Febbraio 1638; *Odorico* fondò l'Accademia militare in Vicenza, fu Capitano di tutte le milizie del Tirolo, governatore di Roveredo. Morì il 10 Novembre 1654.

CAPRA-PIGAFETTA

D'argento, alla capra rampante al naturale avente fra le corna un'aquila bicipite spiegata di nero, coronata di rosso, accostata da tre rose dello stesso, fogliate di verde, due ai fianchi e una in punta. *Cod. Revese, Dall'Acqua* e *V. Gonzati.*

CARCANO (*De Carcano*)

Di rosso, al cigno d'argento imbeccato e membrato d'oro, sormontato da un'accetta del secondo, manicata del terzo, posta in fascia, il tagliente in basso. *Cod. Revese, Dall'Acqua* e *V. Gonzati.*

Giambattista dottore entrò in Consiglio Nobile il 1 Settembre 1579 per diritto di Collegio dei Giuristi a cui apparteneva.

Avea sepolcro nella Chiesa di S. Antonio Abate.

Lodovico Carcano di Carlo fu erede dei Volpe, alla famiglia dei quali apparteneva la madre sua e ne assunse il nome. Sposò Matilde Barbaro gentildonna veneta. Fu Ciambellano di Eugenio Vicerè d'Italia, Podestà di Vicenza e Deputato Centrale. Morì di 97 anni il 24 Giugno 1866 e con lui si estinse la famiglia sua.

CARCANO-VOLPE

Semipartito spaccato; nel 1.º fasciato contradoppiomerlato di rosso e d'argento di dieci pezzi; nel 2.º di rosso, al cigno d'argento imbeccato e membrato d'oro, sormontato da una accetta del secondo, manicata del terzo, posta in fascia, il tagliente in basso; nel 3.° d'azzurro, alla volpe passante d'oro. *Cod. V. Gonzati.*

CARPO (*De Carpo*)

(*Non si conosce lo stemma*).

Pagliarino la dice venuta da Carpi, dove era detta de Rossi. Fu ascritta al Consiglio Nobile di Vicenza, dove nel 1510 aveva un posto.

Vedi Rossi.

CARRESINI N. V.

Verghettato di dieci pezzi d'oro e di rosso. *Cod. Revese.*

CARTOLARI
(*De Cartulariis, De Cartularijs de Mutina*)

Una fascia contra–doppio–merlata. *Cod. Schio.*

Venne a Vicenza da Modena nei secolo XV. Fu ascritta al Consiglio No-bile di Vicenza. Nel 1510 aveva due posti.
Avea sepolcro alla Cattedrale.

CARTURIO (DI)

D'argento, alla fascia di rosso. *Cod. Revese.*

CASSON (*Cassonus*)

(*Non si conosce lo stemma*).

. Antonio fu Giacomo Casson dalla Longa ottenne dal Consiglio la citta-dinanza Vicentina il 31 Maggio 1559.
Antonio fu Gerardo comperò il 3 Aprile 1538 un posto in Consiglio.

CASTELLANI (*De Castellanis*)

(*Non si conosce lo stemma*).

Castellano Castellani fu Francesco ottenne la cittadinanza Vicentina dal Consiglio il 9 Marzo 1551.

Costantino fu Castellano ereditava il 31 Dicembre 1572 un posto in Consiglio Nobile da Marco fu Gio. Maria degli Angiolelli

Avea sepolcro ai Carmini e alla Cattedrale.

CASTELLI (*De Castello, Castellus*)

Spaccato, la parte inferiore abbassata : nel 1.° di . . . . al castello di due torri di . . . . merlate ciascuna di tre pezzi e congiunte da una muraglia merlata pure di tre pezzi e aperta di . . . . alla croce di . . . . all'aquila di . . . . posata colle branche sopra le due torri ; nel secondo di . . . . all'aquila di . . . . (*Dall' impressione del sigillo di Pier Filippo Castelli*).

Giovanni Antonio Castello fu Giuseppe domanda la cittadinanza Vicentina il 29 Maggio 1623. Il 18 Settembre 1683 Giuseppe Castelli ottenne di esser ammesso al Consiglio dei 500.

Avea sepolcro alla Cattedrale, a S. Giacomo e a S. Corona.

Pier Filippo Castelli aprì in Vicenza, nel secolo scorso, scuola di belle lettere e fu principe di una Accademia che si radunava nella patria biblioteca. Intraprese la storia degli Scrittori Vicentini, materiali che servirono poi al Calvi. Stampò la vita di Giangiorgio Trissino. Si fece prete a 41 anni, e morì di 50 ai 19 Novembre 1770.

CASTELLINI (*De Castellino, De Castellinis*)

Di rosso, alla torre merlata d'argento aperta e finestrata di nero, terrazzata di verde, col capo d'argento caricato di tre stelle di sei raggi d'oro. *Cod. V. Gonzati.*

Famiglia antica venuta nel 1387 a dominare Montecchio pei Visconti. Fu ascritta al Consiglio Nobile di Vicenza, dove nel 1510 avea tre posti.

Aveano sepolcri alla Cattedrale e a S. Corona.

Silvestro Castellini, notaio, morto di peste nel 1630, scrisse varie opere concernenti la storia Vicentina, fra cui sono degne di ricordo : la traduzione delle *Cronache* del Pagliarino; *Cinquanta genealogie delle principali fami_ glie Vicentine;* la *Descrizione della città e dei borghi di Vicenzo*, e la *Storia della città di Vicenza dall' origine fino al 1630.*

CASTELNOVO (*De Castelnovo, De Castronovo*)

(*Non si conosce lo stemma*).

Giovanni di Martino di Castelnovo co' suoi discendenti ottenne la citta_ dinanza vicentina con ducale 7 Novembre 1409. Famiglia ascritta al Consi_ glio Nobile di Vicenza. Nel 1510 aveva un posto.
Avea sepolcro a S. Michele. Abitavano in Strà maggiore e a Porta nova

CATENA (*A Cathena*)

(*Non si conosce lo stemma*).

Simone Catena ottenne dal Consiglio la cittadinanza vicentina il 20 Ot_ tobre 1537.
Simone fu Giorgio comprò il 29 dicembre 1538 un posto in Consiglio Nobile da Marco Revese.
Avea sepolcri a Santa Croce e ai Servi.

CAULAINCOURT

Spaccato di nero e d'oro; l'oro caricato d'un selvaggio di rosso, appoggiato su di una clava di nero, e sostenente sul pugno destro un gallo dello stesso; al capo di rosso seminato di stelle d'argento.

Armando Agostino Luigi fu creato duca di Vicenza da Napoleone I. il 7 Giugno 1808.
Nato a Caulaincourt in Picardia il 9 Dicembre 1772, entrò giovinetto negli eserciti francesi. Fece le sue prove nella guerra della Repubblica e salì presto ai maggiori gradi. Fu generale di divisione e grande scudiere dell'Imperatore. Inviato ambasciatore in Russia meritò la stima e la benevolenza dell' Imperatore Alessandro. Si oppose costantemente alla guerra di Russia nel 1812; nondimeno accompagnò in quella disastrosa spedizione il suo Imperatore, ch'era solito chiamarlo *un Russo in mezzo al campo francese.* Rientrato in Francia cogli avanzi delle falangi Napoleoniche, fu ministro per gli affari esteri, e inviato presso i principali collegati, si mostrò abilissimo negoziatore. Seguita l'abdicazione di Napoleone si ritirò dai pubblici negozi. Ritornò alla vita pubblica col ritorno di Napoleone dall'Isola d'Elba, e vi rimase fino al rovescio di Waterloo Morì il 19 Febbraio 1827.

4

CAVAGIONI (*Cavagionus, De Cavagiono*)

Partito ; nel 1.° d'argento, alla mezz'aquila di nero imbeccata e membrata di rosso, coronata d'oro, movente dalla partizione; nel 2.° d'argento, a tre fascie ondate di nero. *Cod. Dall'Acqua* e *V. Gonzati.*

Nel 1559 questa famiglia avea un posto nel Consiglio Nobile di Vicenza. Aveano sepolcri in Duomo, a Santa Chiara, a S. Gaetano e a S. Tomaso, e le loro case erano a S. Bortolo. Passarono in eredità ai Cantoni di Asolo.

CAVAGIONI-BERTOLINI (*Cavagionus de Bertolinis*)

Spaccato : nel 1.° partito d'azzurro e di rosso, ad una croce dell'uno nell'altro ; nel 2.° partito d'oro e di verde, ad una stella di otto raggi dell'uno nell'altro ; colla fascia d'argento attraversante sullo spaccato, caricata di un gatto passante, tenente fra i denti un sorcio, il tutto al naturale. *Cod. Revese, Dall'Acqua, Schio* e *V. Gonzati.*

CAVAGNI (*De Cavanis*)

D'argento, a tre monti di verde ; sormontati, i due laterali da due cipressi al naturale, quello di mezzo da una coppa ripiena alla quale abbevera una colomba al naturale posta perpendicolarmente, le ali toccano i cipressi. *Alberi genealogici dei Patrizi Veneti di Marco Barbaro.*

Francesco fu Gio. Marco comprò da Marcantonio della Zoga un posto in Consiglio Nobile il 23 Dicembre 1615. Questa famiglia fu ascritta al Patriziato Veneto nel 1716.

CAVALCABÒ (*De Cavalcabobus*)

D'azzurro, al cavaliere vestito d'oro coll'elmo dello stesso e lambrequini di rosso, tenente nella destra una scimitarra d'argento in atto di ferire, e con la sinistra una fune allacciata

alle corna di un bue tutto d'argento, di cui sta a cavallo, corrente sopra una terrazza d'oro. *Cod. Revese* e *V. Gonzati.*
Alias. La stessa, senza la terrazza. *Cod. Dall' Acqua.*

Si vuole per tradizione e per testimonianza del Pagliarini venuta da quella dei Signori di Cremona.

Giberto di Carlo ereditò il 31 Dicembre 1573 un posto in Consiglio Nobile da Priamo Soardi. Si estinse in un ramo della famiglia Monza che ne ereditò i beni ed assunse il cognome.

CAVAZZA *(Cavatia)*

Partito di.... e di....; a sei teste di leone affrontate, tre a destra e tre a sinistra. *Cod. Schio.*
Alias. Partito d'argento e di rosso, a sei teste di leone disposte in palo affrontate, tre a destra e tre a sinistra, dell'uno nell'altro. *Dall'atto di professione di Suor Eugenia Cavazza, monaca in S. Pietro, 1598.*
Alias. Spaccato d'argento e di rosso, a sei teste di leone (3 e 3) in fascia affrontate a sinistra dell'uno nell'altro. *Alberi delle famiglie veneziane cittadinesche di T. Toderini.*

Dardi Leonardo Cavazza otteneva la cittadinanza Vicentina dal Consiglio il 23 Dicembre 1520.

Angelo di Dardo otteneva a prestito il 29 Dicembre 1548 un posto in Consiglio da Carlo fu Antonio Valmarana, e Giovanni di Angelo entrava il 31 Dicembre 1564 per consenso di Giacomo Valmarana.

Avea sepolcro a S. Chiara.

Nicolosa Cavazza, abbadessa, fece erigere dai fondamenti la Chiesa del Corpus Domini l'anno 1574.

CAVAZZOLA *(De Cavazzolis, Cavazzolus)*

Spaccato; nel 1.° d'azzurro, al busto d'uomo d'argento, posto di fronte, nascente dallo spaccato; nel 2.° d'argento, a due fascie d'azzurro. *Cod. Revese, Dall' Acqua e V. Gonzati.*
Alias. La stessa, al busto nudo di donna al naturale. Cimiero la stessa. *Archivio di Torre, Cittadinanza Cavazzola.*

Gherardo e Giacomo fratelli e figliuoli del qu. Vincenzo Cavazzola da Castelgomberto furono fatti cittadini di Vicenza. Nel 1556 questa famiglia era già ascritta al Consiglio Nobile di Vicenza. Era pure aggregata al nobile Collegio dei Giudici.

Avea sepolcro in S. Lorenzo.

CECHINO (De Cechino, De Cechinis)

(Non si conosce lo stemma).

Famiglia ascritta al Consiglio Nobile di Vicenza. Nel 1510 aveva un po sto. Il Pagliarino dice che fu potente e stimata assai ai tempi di Giangaleazzo primo Duca di Milano.

CELEGONI

D'azzurro, alla fascia d'argento, accompagnata in capo da tre stelle d'oro male ordinate, e in punta da una collina di tre cime di verde, sormontata da una passera. *Cod. V. Gonzati.*

Gio. Antonio Celegoni Trevisano domanda il 31 Gennaio 1692 di esser aggregato co'suoi discendenti alla cittadinanza Vicentina, e i Deputati gliela concedono con decreto 7 Febbraio 1692.

CENTRALE

D'azzurro, a cinque semivoli d'argento abbassati, 3 e 2. *Cod. V. Gonzati.*

Questa famiglia figura tra quelle estinte del Pagliarino. Non m'incontrai in notizie posteriori, nè so dove il *Gonzati* ne abbia desunto lo stemma.

CERATO (De Ceratis)

Spaccato di rosso e d'argento, all'albero di verde attraversante sul tutto, sinistrato da un orso rampante di nero sull'argento; il tutto sostenuto da una terrazza di verde. *Cod. Revese e V. Gonzati.*

Alias. La stessa, ma spaccato di rosso e d'azzurro. *Cod. Dall' Acqua.*

Alias. Di...., alla quercia ghiandifera sradicata, all'orso rampante e rivoltato di...., il tutto sostenuto da una terrazza di.... a due sbarre di.... *Cod. Schio.*

Alias. D'azzurro, alla quercia sradicata, all'orso rampante di nero, il tutto sostenuto da una terrazza bandata d'oro e di rosso. *Port. del Monte Berico.*

Alias. Di rosso, all' orso in piedi sulle zampe posteriori portante nella destra anteriore una rosa sul suo ramo al naturale. *Raccolta degli stemmi presentati all' I. R. Commissione Araldica.*

Nicola Cerà e suo fratello dai Forni ottennero la cittadinanza Vicentina con ducale 24 Maggio 1435. Questa famiglia fu ascritta al Consiglio Nobile di Vicenza, dove nel 1510 aveva due posti. Era pure aggregata al nobile Collegio dei Giudici. Confermata con Sovrana Risoluzione 27 Ottobre 1822.

Avea sepolcri a S Corona, a S. Michele e agli Scalzi.

Una famiglia Cerato, pure di Vicenza, fu insignita dall' Imperator Sigismondo nel 1437 del titolo di Conti Palatini, che le venne riconosciuto poi dal Senato Veneto con ducale del 15 Maggio 1521.

Si nominò in varie guise, forse da eredità conseguite: Cerati-Forni, Cerati-Loschi, Cerati-Orsini, Cerati-Mora.

CERATO-LOSCHI (*Ceratus de Luschis*)

Partito; nel 1.º d'azzurro, al cervo rampante e rivoltato d'oro, appoggiante le zampe contro un fusto di un albero di verde, il tutto sostenuto da una terrazza dello stesso; nel 2.º d'oro alla fascia di rosso, caricata di tre gigli d'argento, e accompagnata in capo da un'aquila bicipite spiegata di nero, sormontata dalla corona imperiale. *Cod. Revese, Dall' Acqua e V. Gonzati.*

L' *Ab. Domenico Cerati,* architetto civile e militare, autore del Prato della Valle in Padova e del palazzo dei Trissino dal Vello d' oro a Ponte Furo, è figlio adottivo del conte Francesco Cerati-Loschi, ultimo della sua linea. Solo per questo appartiene ai Cerato.

CERCHIARI (*De Cerchiariis*).

Inquartato; nel 1.º e 4.º d'oro, ad una corona d'alloro al naturale; nel 2.º e 3.º bandato di rosso e d'azzurro. *Cod. Revese, Dall'Acqua e V. Gonzati.*

Alias. La stessa, ma con le corone di rosso. *Cod. Lod. Gonzati.*

Gianmarzio di Giuseppe comperò un posto in Consiglio Nobile il 15 Novembre 1658 da Marcello fu Valerio Garzadori.

Avea sepolcro alla Cattedrale. Estinta.

Giovanni Luigi, somasco, fu maestro di eloquènza nel Collegio Clementino di Roma, e morì a 33 anni nel 1636; *Giovanni Marzio*, archeologo, scrisse: *Marmora Berica sive Antiquitates urbis et agri vicentini.* Morì il 21 Marzo 1712.

CEREDA (*De Cereda, De Cerreda*)

Di verde, a due corna d'argento, passate in croce di S. Andrea. *Cod. V. Gonzati.*

Alias. Spaccato; nel 1.º d'oro, al cuore di rosso, nel 2.º di verde, a due corna d'argento, passate in croce di S. Andrea. *Cod. Lod. Gonzati.*

Famiglia ascritta al Consiglió Nobile di Vicenza. Nel 1510 aveva due posti. Era pure aggregata al nobile Collegio dei Giudici.

Avea sepolcro alla Chiesa del Carmine. Estinta.

Avea casa a S. Bortolo.

CERIOLI (*De Ceriolis, De Ciriolis*)

Semispaccato-partito; nel 1.º d'azzurro, all'aquila rivoltata di nero, membrata di rosso, nel 2.º d'azzurro a tre ceri d'argento accesi di rosso, posti in fascia; nel 3.º d'azzurro, alla sbarra di rosso, caricata di una stella di otto raggi d'oro, accostata di due rose dello stesso. *Cod. Schio.*

Venne da Crema di Lombardia nel secolo XVI.

Galassio fu Simone ascritto il 21 Ottobre 1547 al nobile Collegio dei Giuristi, entrava in Consiglio Nobile di Vicenza per diritto di Collegio, a cui apparteneva.

Avea sepolcro a S. Corona.

CESCATO

Di...., al sole orizzontale destro d'oro, alla colomba volante verso lo stesso. *Cod. V. Gonzati.*

CESTARI

Di...., alla collina di verde, cimata da una cesta di frutta al naturale accompagnata in capo da una stella d'oro di sei raggi. *Cod. V. Gonzati.*

CHECCATO (*Checcatus*).

D'azzurro, al monte di tre cime di verde movente dalla punta, sormontato da una stella d'oro di sei raggi, caricata di un'altra d'argento pure di sei raggi. *Cod. Schio.*

Fioriva a Vicenza nel secolo XVII. Avea i suoi beni presso Biron.

CHIAPPINO (*De Chiapino, De Clapino, De Chiapinis*)

D'argento, al pino di verde, accostato da due leoni di nero affrontati; il tutto sostenuto da una terrazza di verde. *Cod. V. Gonzati.*

Famiglia ascritta al Consiglio Nobile di Vicenza. Nel 1510 aveva due posti. Era pure aggregata al nobile Collegio dei Giudici. Estinta.

Paolo Chiappino, segretario dell'Accademia Olimpica, poeta e letterato nel secolo XVI.

CHIARELLO (*Clarellus*)

(*Non si conosce lo stemma*).

Angelo e fratelli Chiarello da Montebello ottennero la cittadinanza vicentina il 16 Maggio 1581.

Orazio ebbe a prestito il 30 Dicembre 1634 un posto in Consiglio da. Giambattista Magrè.

Un Chiarello, cittadino di Vicenza, lasciò morendo erede di tutto il suo il Collegio dei Notai.

CHIAVI (DALLE) (*A Clavibus*)

D'argento, a due chiavi di nero, passate in croce di S. Andrea, gli anelli in basso, legati con un nastro di rosso. *Cod. V. Gonzati.*

Fioriva a Vicenza nel secolo XVII.

Pietro e-fratelli Dalle Chiavi domandarono di essere ammessi al Consiglio dei 500 e de' 150, ma la supplica il 26 Giugno 1746 venne respinta. Avea sepolcri allà Cattedrale e a S. Pietro.

CHIERICATI

(*De Clericatis, De Clerecatis, De Clerigatis, De Cheregatis*)

Di rosso, a tre teste di uomo d'argento con capelli d'oro a corona in forma di cherica, poste due e una. *Cod. Revese e V. Gonzati.*

Alias. Di rosso, alla fascia d'oro, caricata di un'aquila bicipite di nero, coronata di rosso, ed accompagnata da tre teste di uomo, due nel capo ed una in punta, d'argento con capelli d'oro in forma di cherica, le due del capo affrontate. *Cod. Revese, Dall'Acqua, Schio e V. Gonzati.* (Però il *Cod. Schio* ha l'aquila non bicipite).

Alias. Inquartato; nel 1° e 4.° contr'inquartato: nel I.° partito: a destra di rosso alla fascia d'oro; a sinistra ripartito d'oro e d'azzurro; nel II.° e III.° di rosso all'aquila d'oro; nel IV.° partito: a destra ripartito d'azzurro e d'oro; a sinistra di rosso alla fascia d'oro: nel 2.° e 3.° di rosso alla fascia d'oro, caricata di un'aquila bicipite di nero, e accompagnata da tre teste d'uomo, tonsurate, d'oro, due in capo affrontate e una in punta volta a destra. *Cod. Schio.*

Alias. Inquartato; nel 1° e 4° contr'inquartato: nel I.° partito, a destra di rosso alla fascia d'argento; a sinistra ripartito d'argento e d'azzurro; nel II.° e III.° di rosso all'aquila nero; nel IV.° partito, a destra d'azzurro e d'argento; a sinistra di rosso alla fascia d'argento: nel 2.° e 3.° di rosso alla fascia d'oro, caricata di un aquila bicipite di nero, e accompagnata da tre teste d'uomo, tonsurate, d'argento, due in capo affrontate e una in punta volta a destra. *Raccolta degli stemmi presentati all'I. R. Commissione Araldica.*

Famiglia antichissima. Ascritta al Consiglio Nobile di Vicenza. Nel 1510 avea sette posti. Era pure aggregata al nobile Collegio dei Giudici.

L'Imperatore Federico con diploma 2 Giugno 1452 concedeva a *Chieregino Chiericati* e a tutti i suoi successori il titolo e le prerogative di Conti

Palatini. Il Senato Veneto, regnando il Doge Francesco Donà, con decreto 11 giugno 1549, in compenso de' suoi meriti decorava questa famiglia del titolo Comitale, estendendolo a tutta la discendenza mascolina e femminina. A tale uopo erigeva in feudo lo stabile dei Chiericati alla Friola. Fu confermata nell'avita nobiltà con sovrana risoluzione 1 Marzo 1820.

Aveano case in piazza dell'Isola dove nella seconda metà del cinquecento il conte *Valerio Chiericati* eresse con disegni del Palladio un sontuoso e pittoresco palazzo, oggi del Comune (1), dove nel 1782 fu ospitato il Pontefice Pio VI. Aveano sepolcri a S. Biagio e a S. Corona.

Camillo fu Vescovo di Camerino, di Mellita e di Novara. Si maritò per concessione di Bonifazio VIII e fu suo capitanio delle Guardie. Fu il primo, si dice, ad assumere l'arma con tre teste in memoria dei tre Vescovadi da lui tenuti col motto: *A Domino factum est istud.*

Nel secolo XV *Chierighino*, *Lodovico* e *Belpietro* ebbero il grado di Collaterale Generale della Repubblica di Venezia, e ne disimpegnarono i doveri con somma lode. *Francesco*, Protonotario Apostolico, fu da Papa Adriano VI assunto al Vescovato di Teramo negli Abruzzi e sostenne molte legazioni presso le Corti di Europa per incarico dei Pontefici Leone X. Adriano VI. e Clemente VII. Morì il 6 dicembre 1539.

Fra Lodovico, minore osservante, fu sollevato alla Sede Arcivescovile di Antivari nell'Albania col titolo di Primate del Regno di Servia. Invasa la sua diocesi dai Turchi si ritirò in patria dove fu Coadiutore del Cardinale Giulio della Rovere Vescovo di Vicenza. Prese parte alle prime sessioni del Concilio di Trento. Coltivò con amore e con lode le arti belle. Morì il 4 Luglio 1573.

Fra Giovanni, dei Crociferi, fu Ministro Generale del suo Ordine. Nel 1492 fu promosso da Innocenzo VIII al Vescovado Ottociense in Croazia, e l'anno seguente da Alessandro VI. trasferito alla Sede di Cattaro.

Valerio di Valerio fu al servizio della Repubblica come capitano in terra ferma, conduttore di genti d'arme in Dalmazia ed Albania, custode del Regno di Cipro, Governator Generale delle fanterie dell'Ordinanze di Candia, e in ogni grado diede prove segnalatissime di valore e perizia nell'arte. Fu anche scrittore, e compilò un *Trattato sulla milizia* molto lodato. Morì sul finir dell'anno 1576.

(1) dal 1838 in cui fu acquistato, per la somma di L. 66,000, allo scopo di farne il patrio museo.

CHIUPPAN (*De Clupano, De Clupanis*)

(*Non si conosce lo stemma*).

Zannino fu Gennaro da Chiuppano ottenne la cittadinanza Vicentina con ducale 4 Marzo 1409. *Battista* nel 1510 siedeva nel Consiglio Nobile di Vicenza.

CICOGNA (*Ciconea, Cinonia, Strotius-Ciconia*)

Partito ; nel 1.° d'azzurro, alla cicogna ferma d'argento ; nel 2.° d'oro, con la fascia di rosso, caricata di tre crescenti volti d'argento. *Cod. V. Gonzati.*

Francesco di Dionisio ebbe da Marco Trissino un posto in Consiglio il 24 Dicembre 1560 e il fratello Giovanni comprò il 1 Gennaio 1562 un posto nel Consiglio Nobile da Lionello del Somaglio.

Avea sepolcro alla Cattedrale. Estinta.

STROZZI-CICOGNA-BISSARI

Partito ; a destra di verde, alla cicogna d'argento imbeccata e membrata d'oro, caricata nel ventre di tre anelli d'oro posti in fascia, tenente nel suo becco una biscia d'azzurro ; a sinistra fasciato di sette pezzi di rosso e d'argento, caricato di due biscie di nero affrontate in palo. *Cimiero.* La Cicogna d'argento tenente nel becco una biscia d'azzurro. *Cod. Schio.*

A proposito di quest'arma riproduco la seguente lettera del marchese Vincenzo Gonzati, scritta da Cornedo il 12 Luglio 1837.

Preg. Sig. Conte

Non vi fu mai, ch'io sappia, in Vicenza famiglia che portasse il cognome di Strozzi ; bensì quello semplicemente di Cicogna, e questa vedesi indicata dal Marzari nel Catalogo ch'è in fine della sua storia di Vicenza. Quel Cicogna Vicentino autore di *Delia, tragedia de' Pastori,* e del *Palagio degl'incanti* chiamavasi Strozzi, ma quest'era nome di persona, non di famiglia. Quanto allo stemma scolpito sul sepolcro di Francesco consistente in una Cicogna con tre mezze Lune nel grembo, sembra che si abbia voluto congiungere insieme l'insegna Cicogna con quella degli Strozzi. Io veramente non vidi in altro luogo l'arma della famiglia Cicogna di Vicenza, ma sembra naturale che dovess'essere una cicogna siccome arma parlante: so bene che l'insegna degli Strozzi consiste appunto in tre mezze lune ; e me ne fa fede il Gamurrini vol. IV, fol. 79, che dice, *che la casa Strozzi di Firenze porta per impresa uno scudo d'oro attraversato da una fascia rossa carica di tre lune d'argento ;* e lo conferma il Libanori nella *Ferrara d'oro,* f. 286, dove parlando degli Strozzi Ferraresi dice che hanno l'arma quadripartita etc. e che nel secondo e terzo punto di essa portano *l'arma Strozzi che ha tre lune bianche nella fascia azzurra in campo d'oro.* Ora resta a vedere perchè Francesco Cicogna innalzasse le *tre lune* arma della famiglia Strozzi. Convien adunque sapere che Pietro Strozzi di Firenze figliuolo di Filippo malcontento che il dominio della patria fosse caduto nelle mani di Alessandro de' Medici se ne uscì di Firenze insieme col padre e fratello e unitosi e fatto capo de' fuorusciti nel 1536 tentò cose nuove, ma fu combattuto e disfatto a Monte Murlo dalle genti del Duca Cosimo successore di Alessandro: seguendo però il soldo del Re di Francia con lunga e terribile guerra molestò la Toscana. Fu Luogotenente Generale del Re di Francia in Italia, indi Maresciallo, e Cavaliere di S. Michele, e i suoi posteri si annidarono in Francia. Tanto abbiamo dal Gamurrini vol. IV, fog. 91 e dall'A lriani citati dal Capellari Vivaro nel suo Emporio Universale esistente presso di me. Ora è da notarsi che Pietro Strozzi nella sua trasmigrazione in Francia condusse seco Francesco Cicogna, siccome asserisce il Guazzo nella Parte 2.ª delle sue *Istorie* f. 613, dicendo che *Francesco* Cicogna Vicentino fu uno di que' 120 gentilhuomini che nel 1543 passarono con Pietro Strozzi in Francia. E siccome *Strozzi Cicogna* scrittore Vicentino visse circa l'anno 1590, ed era tra i vivi anche del 1620 (giacchè in quest'anno in occasione della morte d'un suo figliuolo, Tommaso Stigliani gl'indrizzò un Madrigale inserito nel Canzoniere, fog. 417) così non combinerebbe male cogli anni il sospetto, che Strozzi sia stato figliuolo di Francesco, e che questi in memoria d'essere stato seguace nell'armi di quel personaggio abbia non solo voluto assumere nello stemma le *tre lune*, ma abbia anche imposto il nome di Strozzi ad un suo figliuolo.

Ecco quanto posso dire relativamente alla fattami ricerca: forse che, se fossi stato in Vicenza, avrei potuto rinvenire fra le mie memorie qualche cosa di più preciso. Ho l'onore intanto di rinnovarmele.

CINGANO (*de Cinganis*)

Spaccato; nel 1.º d'argento alla cometa di rosso, nel 2.º bandato di nero e di verde alla fascia di rosso attraversante sullo spaccato. *Dall'atto di profesione di Marcella Cingano badessa di S. Pietro 1591.*

Famiglia Vicentina. Avea sepolcro in San Faustino.

CISOTTI (*Cisoti, Cyxotus*)

D'oro, all'albero di verde, uscente da un assito di legno al naturale, accostato da quattro pali di verde e sormontato in capo da una riga di rosso. *Cod. Revese, Dall'Acqua* e *V. Gonzati.*

Famiglia ascritta al Consiglio Nobile di Vicenza. Nel 1510 aveva un posto. Era pure aggregata al nobile Collegio dei Giudici. Fu confermata nobile con Sovrana Risoluzione 14 Luglio 1820.

Aveva sepolcri nella Chiesa del Carmine, a S. Lorenzo e a S. Michele.

CIVENA (*De Civenis*)

Partito d'oro e d'azzurro, l'oro caricato di un giglio d'azzurro. *Cod. Revese.*

Alias. Bandato di rosso e d'oro, col capo d'azzurro caricato di tre gigli ordinati d'argento. *Cod. Revese.*

Cimiero: Un leone rampante, che stringe in una zampa
un giglio.

Vincei.zo fu Giovanni comprò l'11 Febbraio 1536 un posto in Consiglio
Nobile da Anna vedova di Damiano dal Borgo.

Avea sepolcro a Santa Corona, e case a Ponte Furo, dove oggi è il palazzo dei Trissino dal Vello d'oro.

CIVIDALE (*De Cividado, Civitalis, Cividalis*)

Di rosso, à tre bande d'oro. *Cod. Revese, Dall'Acqua* e
V. Gonzati.

Alias. Partito di... e di.... al leone attraversante sul tutto.
*Da testamento dell'anno 1788 del notaio Vincenzo Borgo
esistente nell'Archivio notarile.*

Famiglia ascritta al Consiglio Nobile di Vicenza. Nel 1510 aveva un posto.
Era pure aggregata al nobile Collegio dei Giudici.

Aveva sepolcro a S. Lorenzo, e case in Coutrà Riale presso i Caldogno.
Si estinse nel secolo scorso.

CLEMENTI (*Chimenti, Chiementi, De Clementibus*)

D'azzurro, alla fascia d'argento, accompagnata in capo
da tre stelle d'oro, ordinate in fascia, ed in punta da una
colomba bianca, posata sopra un poggio di verde, tenente
nel becco un ramo d'olivo dello stesso. (*Dal diploma di nobiltà
concesso a G. B. Clementi.*

Alias. D'azzurro, alla colomba d'argento posata sopra un
poggio di verde nascente dalla parte destra della punta, al
sinistrocherio tenente un ramo d'olivo al naturale, accompagnato alla parte destra del capo da tre stelle d'oro di sei
raggi ordinate in fascia. *Cod. Schio.*

Venne a Vicenza da San Vito.

D. Giacomo e Francesco fratelli Clementi il 22 Febbraio 1768 domandarono ai Deputati del Gravissimo Consiglio la cittadinanza vicentina e l'ottennero il 24 Aprile di quello stesso anno. Mons. Gio. Battista Clementi fu Francesco, a nome pure del nipote Gio. Battista fu Bortolo, con suppliche 22 Giugno 1816 e 19 Agosto 1818 chiedeva all' Imperiale Regio Governo generale che la sua famiglia fosse decorata della nobiltà, ma la supplica venne respinta. L'Imperatore Francesco Giuseppe il 28 Febbraio 1857 creava il dottor Giambattista Clementi cavaliere dell'Ordine della Corona di Ferro di 3ª classe, innalzandolo con tutta la sua discendenza d'ambo i sessi alla nobiltà equestre.

Ebbe case alle Pescarie Vecchie, ai Carmini; oggidì abita sul Corso. Sepolcro a San Gaetano.

Bartolomeo Clementi, commendatore della Corona d'Italia, fu Sindaco di Vicenza dal 1875 al 1879.

CLIVONE

(*De Clivone, De Clivone de Monte, De Montibus, Clivonus*)

D' argento, al monte di cinque cime di verde. *Cod. V. Gonzati.*

Venne a Vicenza da Breganze nel 1340. Fu ascritta al Consiglio Nobile di Vicenza. Nel 1510 aveva dieci posti. Era aggregata al nobile Collegio dei Giudici. Famiglia ricca e potente, oggi estinta.

Il Pagliarino narra che Lodovico il Bavaro Imperator dei Germani donò nel 1315 a questa famiglia *l'Aquila negra sopra cinque monti.*

COGOLO (*De Cogolo, Cogolus*)

D'azzurro, ad una piramide di dodici sassi, vulgo *cogoli*, d'argento. *Cimiero.* La stessa piramide. *Cod. Schio.*

Alias. D'azzurro, alla fascia d'argento caricata di due rose d'oro, ad una piramide di sassi d'argento attraversante sul tutto. *Cod. Revese* e *V. Gonzati.* (Il *Cod. Dall'Acqua* ha la fascia di rosso).

Alias. La stessa, alla piramide reticolata di nero. *Cod. Schio.*

Alias. D'azzurro, alla fascia d'argento caricata di due rose d'oro, ad una piramide di sassi d'argento, sostenuta da un bastone dello stesso movente dalla punta e attraversante sul tutto. *Cod. Revese* e *V. Gonzati.* (Il *Cod. Dall'Acqua* ha la fascia di rosso).

Alias. D'azzurro, al leone rampante d'oro tenente fra le branche una piramide di sassi d'argento, reticolata di nero, posta in palo. *Cod. Revese, Dall'Acqua e Gonzati.*

Alias. La stessa, con la piramide posta in fascia sopra il leone. *Cod. Revese, Dall'Acqua e V. Gonzati.*

Venne da Cogolo ed ebbe la cittadinanza vicentina. Fu ascritta al Consiglio Nobile di Vicenza dove nel 1510 aveva due posti. Era pure aggregata al nobile Collegio dei Giudici. Confermata nobile con Sovrana Risoluzione 1 Marzo 1820.

Avea sepolcri alla Cattedrale, ai Carmini. Ebbero poi case sul Corso.

Un'altra famiglia Cogollo fu ascritta alla cittadinanza di Vicenza, ma non fu nobile. *Pietro Cogollo* di questa famiglia eresse a Santa Corona nel 1566 una bella casa di architettura classica, conosciuta volgarmente per *Casa Palladio.*

Avea sepolcri in Santa Corona.

COLLEONI-PORTO

Trinciato di rosso e d'argento, a tre testicoli forati al naturale, posti due nel primo, uno nel secondo ; colla banda, d'azzurro bordata d'oro caricata di tre gigli d'argento posti nel senso della banda, attraversante sulla partizione, e ingolata nel primo cantone da una testa umana d'oro, e nel quarto da una testa di leone dello stesso. *Cimiero :* Quattro rose. *Motto :* Floridi temporis memoria. *Albero della Famiglia Colleoni.*

Nobile ed illustre famiglia Bergamasca, Conti dell'Impero d'Austria, venuta a Vicenza con Orazio Guardino nel 1816, erede del nome e della cospicua sostanza del Conte Giambattista Orazio Porto, morto di anni 86 il 4 Febbraio 1816. Al cognome Colleoni aggiunse quello di Porto, tale essendo la espressa volontà del testatore (1). Nel 1854, con decreto 29 Settembre della I. R. Luogotenenza di Milano, il conte Gentile di Orazio venne riconosciuto qual legittimo successore nel feudo primogenito comitale di Solza, la patria del grande Bartolomeo ; e con decreto di S. M. l'Imperatore d'Austria, 1 Marzo 1857, riconfermato conte dell'Impero Austriaco per se e discendenti legittimi maschi e femmine.

Guardino di Gentile, commendatore della Corona d'Italia, decorato della Croce di onore e devozione dal Gran Magistero dell'ordine sovrano di Malta, fu Sindaco di Vicenza dal 1880 al 1882.

(1) Orazio Guardino era figlio di Alessandro Colleoni e di Teresa del conte Orazio Capra, vicentino, della quale il testatore era zio materno.

COLLETTI (*De Collettis*)

(Non si conosce lo stemma).

Giampietro Colletti ottenne dal Consiglio la cittadinanza vicentina il 16 Maggio 1581.

Giovanni di Giampietro ebbe a prestito da Prospero Bachino un posto in Consiglio Nobile il 31 Dicembre 1619.

Avea sepolcri a Santa Corona e ai Servi.

COLONNESE (*Colonese*)

D'azzurro, alla colonna ritondata con base e capitello sostenente un'aquila col volo spiegato, il tutto d'argento. *Cod. Revese, Dall'Acqua, Schio* e *V. Gonzati.*

Gasparo e Francesco Colonnesi coi loro discendenti sono aggregati alla cittadinanza vicentina il 22 Maggio 1663. Pietro fu Francesco ebbe in dono da Biagio Saraceno un posto in Consiglio Nobile il 31 Dicembre 1724. Il Senato Veneto con decreto 18 Aprile 1748 concedeva ai fratelli Domenico e Pietro e al Nipote Francesco Colonnese il titolo di Conte trasmissibili ai loro discendenti. Nobiltà e titolo furono confermati con Sovrane Risoluzioni 8 Luglio 1820 e 13 Aprile 1829. Estinta.

Avea sepolcro a San Silvestro e a Santa Corona. Aveano case a Santa Barbara.

COLZÈ (*De Colzade, Colzadius*)

(Non si conosce lo stemma). Il Da Schio dice però che lo portano eguale ai Bissari.

Famiglia antica, ascritta al Consiglio Nobile di Vicenza. Nel 1510 aveva sette posti. Era pure aggregata al nobile Collegio dei Giudici. Avean sepolcri nella Chiesa di S. Antonio, all'Araceli e a S. Michele. Altre famiglie dello stesso nome fiorirono contemporaneamente in Vicenza.

Antonio Colzè fu uno dei membri della bailìa che decise nel 1404 di dare la città di Vicenza ai Veneziani. *Colzadio Colzè* uno de' medici che fondarono il loro Collegio. *Vincenzo Colzè*, domenicano, era maestro degli studi in Bologna in sostituzione del P Paolo Almerigo nel 1502, e nel 1507 Reggente del Capitolo generale in Pavia *Girolamo* professore di medicina teorica nello studio di Padova

COMO (*De Cumo*)

(Non si conosce lo stemma).

Orsidio fu Girolamo ebbe a prestito da Giambattista Ghellini un posto in Consiglio Nobile il 31 dicembre 1568.

CONTE (*Comitis*)

(Non si conosce lo stemma).

Famiglia ascritta al Consiglio Nobile di Vicenza, dove nel 1510 te-.eva un posto.
Avea sepolcro alla Cattedrale.

CONTI (*Comes de Scledo*)

(Non si conosce lo stemma).

Andrea Conti da Schio ottenne la cittadinanza Vicentina dal Consiglio il 20 Gennaio 1519.
Nel 1562 avea posto in Consiglio Nobile di Vicenza.

CONTI (*De Comitibus*)

Palato di rosso e d'argento. *Cod. Revese, Dall'Acqua* e *V. Gonzati.*
Alias. Di.... a due pali di.... alla fascia di.... caricata di tre gigli di.... *Cod. Schio.*
Alias. Palato di rosso e d'oro. *Nell'atto di professione di Maria Sabina Conti monaca in S. Pietro, 1711.*

Famiglia antica e nobilissima celebre nelle storie della Marca Trivigiana. Si collegava ai Conti di Arzignano, di Montebello, di Lozzo o Lucio, di Castelnuovo, di Carturo, ai Maltraversi ed ai Malacapella. I suoi antenati furono Conti governatori per gl'imperatori delle città di Padova e di Vicenza, e ne abbiamo prove in un documento del 1001, in cui un Ugone discendente dalla grande famiglia veneziana dei Candiani, teneva appunto ambo i comitati. Il ramo tuttora fiorente fu portato in Vicenza, come narra il Salici, da un Guglielmo, signore di molti feudi nel Vicentino, nel 1311. Fu ascritta al Consiglio Nobile di Vicenza, e appartenne pure al nobile Collegio dei Giudici. Fu confermata nell'avita nobiltà con Sovrana Risoluzione 4 Giugno 1820. In

seguito a cospicua eredità, i Conti aggiunsero al proprio il cognome dei Barbaran, illustre famiglia Vicentina.

Anticamente abitavano nel borgo di Berga, poi i Conti ebbero le loro
case a Santo Stefano. Sepolcri a San Lorenzo.

CONTI-BARBARAN

Partito; nel 1.º palato di rosso e d'argento; nel 2.º d'argento, al leopardo illeonito colla coda biforcata rampante di
nero, coronato dallo stesso.

CONTI E TRISSINO

Partito; nel 1.º palato d'argento e di rosso di sei pezzi;
nel 2.º bandato contradoppiomerlato d'oro e di verde di sei
pezzi. *Cod. Schio.*

CONTINI (*Continus*)

(*Non si conosce lo stemma*).

Marcantonio fu Bernardino comperò il 23 dicembre 1550 un posto in
Consiglio da Marco Bellon.
Avea sepolcro in Santa Corona.

CORBETTA (*Corbeta*)

(*Non si conosce lo stemma*).

Famiglia antica venuta da Milano. Fu ascritta al Consiglio Nobile di Vicenza. Nel 1510 avea un posto.
Giorgio Corbetta, peritissimo nelle matematiche, fiorì nel secolo XV.

CORDELLINA (*Cordelina, De Cordelinis*)

Di rosso, a tre steli fogliati di verde, moventi da tre cuori
al naturale accostati in punta, ciascun stelo fiorito di tre fiori
di lino male ordinati d'azzurro. *Cod. Dall'Acqua* e *Portici
di Monte Berico.*

Alias. La stessa, col campo d'oro. *Cod. V. Gonzati.*

5

Giuseppe Cordellina ebbe a prestito il 2 Gennaio 1668 un posto in Consiglio Nobile da Antonio fu Vittorio Relli. E I odovico ed Ottavio domandarono di esservi ammessi il 5 Febbraio 1707.

Avea case in Riale, dove il celebre Avvocato *Carlo Cordellina* nel 1776, con disegni di Ottone Calderari, eresse uno splendido palazzo di stile classico.

Avea sepolcro a Santa Corona.-Estinta.

Lodovico Cordellina, ultimo di sua famiglia, morto il 9 Luglio 1800, lasciava a Vicenza sua patria il ricco patrimonio da lui posseduto, perchè si fondasse il Collegio che da lui prese il nome.

CORNEDO (*De Cornedo*)

(*Non si conosce lo stemma*).

Nel 1538 questa famiglia entrava nel Consiglio Nobile di Vicenza. Era pure aggregata al nobile Collegio dei Giudici.

COSTA (*A Costa*)

(*Non si conosce lo stemma*).

Famiglia antica in Vicenza. Fu ascritta al Consiglio Nobile dove nel 1510 aveva un posto.

COSTOZA (DA) (*De Custodia, De Custozia*)

D'argento, all'albero di verde sostenuto da una collina di, tre cime dello stesso, aperta in punta da una porta di nero. *Cod. V. Gonzati.*

Venne a Vicenza da Costozza nel secolo XIV. Fu ascritta al Collegio dei Notai.

Giambono fu Guido comperò il 7 Novembre 1533 un posto nel Consiglio Nobile da Francesco fu Gaspare Americo.

Enrico, conosciuto col soprannome di Pulice, ebbe relazione col Petrarca, che gli diresse una lettera. *Conforto* suo fratello scrisse de' tempi suoi alla buona e senza pretese. Comincia al 1372 e va sino al 1387. Il Muratori che inserì questa Cronaca nel gran corpo dei: *Rerum Italicarum Scriptores,* qualificò il racconto di Conforto *candido e semplice.*

COSTOZA

Partito; nel 1.° d'oro a una palma di verde piantata sopra una terrazza dello stesso; nel secondo d'azzurro a un castello di due torri al naturale piantato sopra una terrazza di verde e accompagnato in capo da una corneta d'oro ondeggiante in banda. Corona regia, cimata da un'aquila di nero coronata d'oro. Dal privilegio di Leopoldo Imperatore al nob. Angelo Costoza, che concede tale arma a lui e a tutti i suoi discendenti, 20 Giugno 1688, *in Biblioteca Rertoliana.*

COSTOZA

Fasciato di rosso e d'argento, al leone illeopardito di nero attraversante sul tutto. *Cod. V. Gonzati.*

È la famiglia Costoza che poi prese il nome di Franco. *Vedi Franco.*

COZZA (*Coza, Cocia*)

(*Non si conosce lo stemma*).

Pagliarino lesse nei libri della Comunità di Vicenza, dov' erano descritte le possessioni, all'anno 1265 « Cozza figliuolo del quondam Vitale figliuolo di Gislardo Cozza da Montebello cittadino di Vicenza ».
Questa famiglia ascritta al Consiglio Nobile dove nel 1510 avea un posto. Era pure aggregata al nobile Collegio dei Giudici.
Avea sepolcri a S. Lorenzo e ai Servi.

CRACCO

Spaccato d'argento e d'azzurro, al cuore di rosso attraversante sulla partizione. *Cod. V. Gonzati.*

CREAZZO (*de Credatio, De Cretatio*)

(*Non si conosce lo stemma*).

Famiglia antica. Ascritta al Consiglio Nobile di Vicenza. Nel 1510 aveva un posto.

CRESCENZIO (*Crescentius*)

D' azzurro, a tre crescenti d'argento disposti in palo. *Cod. V. Gonzati.*

Venne a Vicenza da Valdagno con l'arte della lana.
Ebbe sepolcro a S. Barbara.

CRIVELLARI (*De Cribellaris*)

(Non si conosce lo stemma).

Lorenzo fu Fulgenzio ebbe a prestito da Girolamo Sangiovanni il 24 D.-cembre 1560 un posto nel Consiglio Nobile di Vicenza.

CUMANI (*Cumanus*)

D' argento, all' albero al naturale, piantato sopra un monte di tre cime di verde, addestrato da un leone rampante contro il fusto, e accompagnato in capo da tre stelle di cinque raggi. *Cod. V. Gonzati.*

I Deputati conferiscono la cittadinanza nobile di -Vicenza a Gio. Francesco Cuman il 16 Maggio 1737.

Angelo fu Francesco ebbe in dono dai fratelli Garzadori un posto in Consiglio il 31 Dicembre 1776.

DELESMANINI O DALESMANINI

D' oro, a due fascie di rosso. *Diz. blas. Crollalanza.*
Alias. D' argento, a due fascie di rosso. *idem.*

Famiglia potente in Padova e in Vicenza. Signoreggiò il Castello di Angarano, che le fu preso e distrutto da Eccellino. Avea palazzo merlato con alte torri alla porta di Berga. Forse per questo era detta di Berga.
Estinta.

DISCONZI (*Discontius*)

D' azzurro, alla chiesa d' argento, tegolata di rosso, aperta e finestrata di nero, movente dal fianco sinistro, la facciata a destra cimata da tre statuette d' argento; la chiesa sostenuta da una terrazza di verde, e sormontata a sinistra da una cupola d' argento, percossa ed infranta da un fulmine d'argento, movente a zig-zag dal canton destro del capo. *Cod. V. Gonzati.*

Alias. D' azzurro, alla chiesa al naturale, tegolata di rosso, aperta e finestrata di nero, sostenuta da una gradinata al na-

turale, terrazzata di verde; la facciata cimata da una croce
d'oro; la torre ha là cupola di rosso rovesciata verso destra,
il tutto accompagnato in capo da una cometa d'oro posta in
sbarra. *Da un diploma di dottorato di. Cristiano Disconzi.
5 Giugno 1761.*

Venne a Vicenza da Altissimo nel secolo XVII. Avea casa a Monte Berico
di fronte al Santuario, oggi Piovene, e sepolcro a Santo Stefano.

DORIATI (*Doriatus*)

(*Non si conosce lo stemma*).

Giandomenico domandò la cittadinanza vicentina il 1 Maggio 1572.
Giovanni fu Giandomenico ebbe a prestito da Giampaolo Bissari un posto
in Consiglio il 31 Dicembre 1674.

DOTTO N. V.

Di nero, alla banda d'argento, accompagnata da due cer-
chi dello stesso, uno in capo ed uno in punta. *Cod. Revese e
dall'Acqua.*

Originari di Barbarano. Si trovano nelle matricole de' Notai fino dal-
l'anno 1304. Nei codici Revese e Dall'Acqua questa famiglia è registrata fra
quelle che furono aggregate al Consiglio Nobile. Da Vicenza si trapiantò a
Venezia, dove ha goduto l'onore del patriziato.

EGANO (*Eganus*)

Spaccato d'azzurro e d'oro, al pino di verde fruttifero
d'oro, terrazzato di verde, attraversante sul tutto. *Cod. Revese, dall'Acqua e V. Gonzati.*

Girolamo Camillo ed Afranio Egano ottennero dal Consiglio la cittadinanza vicentina il 21 Febbraio 1605.
Girolamo fu Giulio avea a prestito da Antonio Gualdo un posto in Consiglio Nobile il 30 Dicembre 1619.
Avea sepolcri a S. Michele e ai Servi.

EMO N. V.

Bandato di rosso e d'argento di quattro pezzi. *Cod. Revese e Dall'Acqua.*

È tradizione siano gli antichi Aymi, famiglia ricca e potentè in Vicenza nel secolo XIV.

Il loro stemma figura nei Codici nostri tra quelli delle famiglie che appartennero al Consiglio della magnifica città di Vicenza.

FABBRI (De Fabris)

D' azzurro, alla croce di rosso sostenuta da due leoni affrontati d'oro. *Cod. V. Gonzati.*

Alias. D' azzurro, all' inferriata di nero sostenuta da due leoni affrontati d' oro. *Cod. V. Gonzati e Schio.*

Alias. D' azzurro, al destrocherio vestito di rosso, movente dal fianco sinistro ed impugnante uno spiedo di ferro posto in palo. *Cod. V. Gonzati.*

Famiglia antica. Nelle matricole dei notai questo cognome ricorre frequente nella prima metà del secolo XIV. Fu poi ascritta al Consiglio Nobile, dove nel 1510 avea un posto. Era pure aggregata al nobile Collegio dei Giudici.

Aveva sepolcri alla Cattedrale e a S. Corona.

Giordano, maestro de' Sacri Canoni, fu Vicario Generale di Pietro Saraceno e Sperandio Vescovi Vicentini. Nel 1319 fu legato Apostolico, per mandato del Cardinale di S. Maria in porticu, per giudicare delle contese insorte tra il Vescovo di Verona e i Canonici di quella Cattedrale.

FACCIOLI

Spaccato; nel 1.° di . . . . . al castello di rosso aperto del campo, a due torri finestrate e merlate, accompagnate in capo da un giglio di . . . . . ; nel 2.° sbarrato di . . . . . di sette pezzi. *Cod. V. Gonzati.*

Famiglia tra le cittadine di Vicenza distinta per industria e civiltà.

Avea sepolcro agli Scalzi. Abitò la casa così detta di Palladio.

Il P. Giantommaso dei Predicatori pubblicò il *Musaeum Lapidarium Vicetinum,* la vita del Vescovo Bartolomeo Breganze di cui promosse la beatificazione, e il *Catalogo dei libri impressi a Vicenza nel secolo decimoquinto.* Fu pubblico professore di filosofia e di teologia nel suo Ordine. Morì il 31 Ottobre 1808.

FACIN

D' argento, a due gigli sradicati di rosso posti in croce S. Andrea, la punta posata su una collina di tre cime di ver-

de, al capo d' oro all'aquila spiegata di nero. (*Da albero ge-
nealogico del secolo XVIII*).

Alias. Di . . . . a due gigli sradicati di . . . . *Cod. Schio.*

Bortolo e Giovanni di Francesco Facin da Cologna, domandano e ottengono dal Consiglio la cittadinanza Vicentina il 29 Dicembre 1545.

FACINI

Spaccato; nel 1.°, sotto un cielo al naturale, un mostro
marino nuotante in un mare d' argento, accompagnato nel
canto destro del capo da una stella d' oro; nel 2.° d'argento,
a tre bande di nero. *Cod. V. Gonzati.*

Alias. La stessa, con la stella d' oro di otto raggi e le
bande d' azzurro. *Teatro Araldico del Tetoni e Saladini.
Tomo V.*

Alias. D' oro, al capo di verde con stella di sei raggi
d' oro nel centro; nel campo un dragone al naturale (tinte
di serpente) con testa d' uccello linguata di rosso, volta a
sinistra di chi legge, la coda rialzata e attorcigliata. *Raccolta
degli stemmi presentati all'I. R. Commissione Araldica.*

Antica e nobile famiglia vicentina. Era ascritta al nobile Collegio dei
Giudici nel 1456.

Si estinse in Milano nel 16'38 con la morte di Francesco Facino, uomo
d'arme e valoroso conduttor di soldati.

Valerio, Canonico Lateranese, predicò in varie parti d'Italia, fu Abate
Generale dell'Ordine suo. Morì a 64 anni nel 1524.

FADINELLI (*Fadinelli*)

D' azzurro, alla fata vestita d' argento, posta sopra una
terrazza di verde tenente nella destra una verga d'argento,
appoggiata sopra un circolo d'oro e sormontata da una fascia
d'argento caricata dai segni zodiacali di rosso: ariete, libra e
cancro. *Cod. Revese, Dall'Acqua, e V. Gonzati.*

Gio. Battista e fratelli Fadinelli supplicano il Gravissimo Consiglio di
riconoscere la loro cittadinanza fino dall'anno 1675, e il Consiglio l'ammette
con decreto 12 Maggio 1721.

Previo lo sborso di 4000 ducati il Consiglio aggrega e rende capaci dei
nobili Consigli di Vicenza Antonio e nipoti Fadinelli il 21 Agosto 1747.

Avea sepolcro a Santo Stefano.

Bonaventura Fadinelli, dottore in ambe le leggi e canonico, fu Vicario generale dei Vescovi Corner, Gabrieli e Zaguri pel corso di quarant'anni, e Vicario Capitolare durante la sede vacante per la morte di Corner e Gabrieli. Morì il 17 Novembre 1806, e con lui si estinse la sua famiglia.

FAGGIONATI (*De Faggionatis*)

Spaccato; al 1.° di rosso, al leone passante d'oro, tenente una spada d'argento; nel 2.° d'azzurro, alla collina di tre cime di verde, sormontata da tre gigli al naturale d'oro fogliati d'argento. *Cod.. V. Gonzati.*

Antonio, Gaetano e Giacomo Faggionati sono creati cittadini di Vicenza dal Gravissimo Consiglio l'8 Marzo 1722.

Avea sepolcro alla Cattedrale.

Fante (dal) (*A Fante*)

Di . . . . . all'elefante di . . . ., cinghiato e gualdrappato di . . . . . passante sopra una fascia abbassata di . . . . e sostenente una torre merlata aperta e finestrata. *Cod. Schio.*

Giulio fu Lucio-Dal Fante, Milanese, domanda di essere aggregato alla cittadinanza vicentina il 17 Marzo 1668

Avea sepolcro a San Pietro.

FARINA (*DE*)

D'azzurro, a tre bande d'argento; la seconda caricata di un cornucopia d'oro spargente a sinistra fiori e spighe al naturale, la banda inferiore caricata di due fiaccole ardenti poste in croce di S. Andrea, congiunte da una crocetta di nero. *Dal diploma Imperiale.*

Il 7 Febbraio 1851 il Sommo Pontefice Pio IX creava *Mons. Giovanni Antonio Farina*, vicentino, Conte Romano nobile *et in illorum nobilium numerum, qui utroque parente de Comitum genere orti sunt*, con tutti i diritti, privilegi, titoli ed insegne.

L'Imperatore Francesco Giuseppe con Sovrano Rescritto 28 Settembre dello stesso anno conferiva a Mons. Farina l'Ordine della Corona Ferrea di seconda classe, e con decreto 14 Febbraio 1852 lo innalzava al grado di Barone dell'Impero d'Austria.

Mons. Farina nacque l'11 Gennaio 1803 e morì il 4 Marzo 1888. Fu preconizzato Vescovo di Treviso il 30 Settembre 1850, e traslato alla sede di Vicenza il 28 Settembre 1860. Lasciò in patria un superbo monumento di beneficenza nell' istituto di Santa Dorotea da lui fondato, diretto e largamente dotato. Morì il 4 Marzo 1888 e nel decimo anniversario dalla sua morte la salma, dal pubblico cimitero dov' era stata sepolta, venne trasferita nella Chiesa del suo Istituto.

FASOLO

Spaccato; nel 1.° di . . . . al leone di . . . . . tenente colle branche anteriori una pianta di fagiuoli di . . . . ; nel 2.° sbarrato di . . . . e di . . . . *Cod. Schio e V. Gonzati.*

Alias. Spaccato; nel 1.° di . . . . al leone di . . . . nel 2.° di . . . . . a tre fascie ondate di . . . . *Ughelli, Italia Sacra, Tomo VII, pag. 698. È lo stemma del Vescovo Angelo Fasolo.*

Lo stemma è desunto dalla lapide sepolcrale di Giovanni Antonio Fasolo, celebre pittore vicentino, nato a Vicenza nel 1530 e morto nel 1572. Distrutta la Chiesa di S. Michele, dove la salma del Fasolo fu tumulata, la pietra fu portata in S. Giacomo e quindi in San Lorenzo dove fu murata.

La famiglia del Fasolo venne a Vicenza da Mandello nella Brianza. Avea casa in contrà dei Giudei presso S. Omobon.

Non è da confondersi con l'antica famiglia Fasolo, ricordata già tra le estinte dal Pagliarino.

FERRAMOSCA (*De Feramuschis*)

Palato di rosso e d'argento, alla banda d'argento attraversante sul tutto, caricata di tre mosche di nero. *Cimiero:* Un angelo nascente d'argento portante la divisa: *Moderata durant. Cod. Revese, Dall'Acqua e V. Gonzati.*

Alias. Palato di rosso e d'oro, alla banda di rosso attraversante sul tutto, caricata di tre mosche al naturale. *Cod. Schio.*

Famiglia antica ed illustre. Si chiamò anche *de Cardino* perchè molti di questa Casa ebbero in antico questo prenome. Fu ascritta al Consiglio Nobile di Vicenza, dove nel 1510 avea sei posti. Facea ancora parte del nobile Collegio dei Giudici. Nel 1648, ai 7 di Febbraio, fu aggregata al Patriziato Veneto mediante l'offerta alla Repubblica di centomila ducati.

Avea sepolcri a San Biagio, a S. Corona; a S. Michele, a S. Paolo e a S. Domenico. Case alle Gazzole, ai Piancoli e in contrà Riale, propriamente dove ora sorge il classico palazzo Cordellina.

Il ramo patrizio si estinse nel 1681 con *Cesare* dottore e giureconsulto celebratissimo nello studio di Padova, dove spiegò le Pandette. L'altro si estinse nella famiglia Da Schio nella prima metà del secolo scorso.

Ettore Ferramosca di Jacopo è annoverato tra i più dotti giureconsulti e più eloquenti oratori, che fiorirono in Vicenza sullo scorcio del secolo decimo sesto. [Il nome di Ettore è tramandato di generazione in generazione in questa famiglia in memoria, dicono, di quell'Ettore che fu celebre alla disfida di Barletta, e che si vuole loro appartenga.

Scipione di Ettore fu creato Consultore di Stato e Cavalier di S. Marco dalla Repubblica Veneta. Morì il 26 Febbraio 1646.

FERRARI (*De Ferrariis*)

Spaccato; nel 1.° di rosso, all'aquila sorante e rivolta di nero, imbeccata e membrata d'oro, sormontata da una corona reale dello stesso, appoggiata sopra un fascio di verghe di ferro orizzontali al naturale; nel 2.° d'oro, a tre bande d'azzurro. *Cod. Revese, Dall'Acqua, Schio e V. Gonzati.*

Alias. La stessa, nel 2.° bandato d'oro e d'azzurro di sei pezzi. *Cod. V. Gonzati.*

Alias. Spaccato; nel 1.° di rosso, all'aquila sorante di nero, imbeccata e membrata d'oro, sormontata da una corona reale dello stesso; nel 2.° bandato d'oro e d'azzurro di sei pezzi, alla fascia di quattro righe d'argento e di nero legata di sette pezzi d'oro. *Cimiero*: Due elmi baronali affrontati, quello a destra cimato da una testa e collo d'aquila di nero imbeccata e coronata d'oro volta a sinistra; e quello a sinistra cimato da tre piume di struzzo, una d'oro fra due d'azzurro. *Diploma originale di barone concesso al Cav. Giulio Ferrari di Vicenza. 1768.*

Antonio Maria dottore fu Alessandro entrò in Consiglio Nobile il 6 Gennaio 1643. Questa famiglia era pure ascritta al nobile Collegio dei Giudici

Federico il Grande Re di Prussia con diploma 7 Luglio 1768 creava Giulio Ferrari e i suoi discendenti d'ambo i sessi baroni del Regno.

Avea casa a Ponte Furo, e precisamente quella ornata con una loggia di bello stile, disegno di Ottavio Bertotti. Sepolcro al Duomo.

Giulio Ferrari, letterato e poeta fecondo, dedicò nell'anno 1780 a Sua Maestà Federico il Grande, che l'avea onorato del titolo di Barone, gran Ciambellano e Consiglier Aulico, un volume di *Prose e Rime* in isplendida edizione.

FERRETO (*De Ferreto, De Ferrettis*)

Un semivolo. *Cod. Schio e V. Gonzati.*

Famiglia antica di notai. Ascritta al Consiglio Nobile di Vicenza. Nel 1510 avea tre posti.

Avea sepolcri a S. Biagio, a S. Corona e a S. Lorenzo. Le case, anticamente, erano presso le mura di Vicenza, verso Padova.

Ferrèto de Ferreti letterato, poeta e storico del secolo XIV, a giudizio del Muratori, onora non solo Vicenza, ma l'Italia. Fu miglior latinista del Mussati e del Petrarca. Il primo letterato d'Italia che studiasse la *Divina Commedia* e ne-facesse onorevole menzione ne' suoi scritti; quando il Boccaccio non ancora l'aveva commentata pubblicamente.

Giambattista fu professore di diritto all'Università di Padova nella prima metà del secolo XVI, e Avvocato Concistoriale in Roma.

FERRO (dal) (*A Ferro*).

Spaccato d'argento e di rosso, a due grifi affrontati dell'uno nell'altro rampanti contro un fascio di verde di nero, attraversanti sullo spaccato e legate in alto e in basso d'oro; il tutto sostenuto da una terrazza di verde. *Cod. Revese, Dall'Acqua e V. Gonzati.*

Alias. Due leoni affrontati e rampanti. *Cod. Schio.*

Alias. D'azzurro, a due grifi affrontati rampanti contro uno scettro d'argento, sormontato da una pigna dello stesso. *Raccolta degli stemmi presentati all'I. R. Commissione Araldica.*

Famiglia antica e nobilissima cui Enrico VI, con diploma dell'anno 1197, avrebbe creati veri Principi del Sacro Romano Impero, e Lodovico Imperatore nel 1330 e Carlo V. nel 1532 avrebbero confermato. Fu ascritta al Consiglio Nobile di Vicenza dove nel 1510 avea due posti.

La Repubblica Veneta, con decreti Ducali del 1701 e 1702 decorò questa famiglia del titolo Comitale. Ottenne la conferma dell'avita nobiltà con Sovrana Risoluzione 1 Marzo 1820, e quella del titolo Comitale con Sovrana Risoluzione 13 Aprile 1829.

I Dal Ferro in seguito alla cospicua eredità Fracanzani assunsero il cognome Dal Ferro-Fracanzani. Si estinsero nel conte Teodoro morto il 30 Ottobre 1882.

Aveano sepolcri alla Cattedrale e ai Servi.

FERRO (Dal)

Partito: nel 1.º d'oro, bordato d'argento, al castello di rosso, fiancheggiato da due torri dello stesso, merlate ciascuna di 6 pezzi e rilegate da una cortina di 13 merli posta in capriolo, e sormontata da una terza torre di rosso più elevata, merlata di 7 pezzi, il tutto murato e finestrato di nero, colla porta d'oro caricata di una croce latina di rosso e cimata del leone di S. Marco d'oro (Città di Este); nel 2.º d'azzurro alla S. Tecla in piedi, al naturale, vestita d'argento, a fiori di rosso, fogliati di verde, tenente colla destra una croce di nero posta in banda, e colla sinistra una palma di verde; a due leoni d'oro accovacciati ai piedi della Santa, uno a destra, l'altro a sinistra, il tutto sostenuto da una terrazza di verde (Canonici del Duomo di Este). Al capo d'azzuro, caricato d'una colomba d'argento, volante verso il canton destro del capo, e colla testa rivolta a sinistra, tenente nel becco un ramoscello d'olivo di verde, e fra le zampe un tralcio di vite con due foglie di verde e un grappolo d'uva d'oro (Città di Thiene). — Divisa: Fides amando sperat. (Mons. P. Balan). *Franceschetti in Giornale Araldico, Marzo-Aprile 1897, pag. 87.*

Leone XIII, con lettere Apostoliche in forma di Breve, 30 Settembre 1896, erigeva in perpetuo *Abbazia* la Basilica Arcipretale di Santa Tecla di Este, e creava Abbate il suo Arciprete *pro tempore*.

Mons Giovanni Battista Dal Ferro, Vicentino, Arciprete e primo Abbate mitrato, che ne prese possesso il 25 Novembre 1896, assunse l'arma sopradescritta, nella quale volle unito al ricordo della sua patria, Thiene, la città di Este, il Capitolo del Duomo, e lo storico illustre Mons. Balan gloria di Este.

FESTARI

Spaccato; nel 1.º d'azzurro, alla stella orizzontale destra d'oro di sei raggi, alla colomba d'argento; al 2.º d'oro. *Cod. V. Gonzati.*

Distinta famiglia di Valdagno. *Girolamo* di Giuseppe, n. il 12 Ottobre 1738, m. il 3 Luglio 1801, fu medico e naturalista di molta fama. Conobbe ed ebbe relazione con gli uomini più eminenti del suo tempo. Lasciò parecchie dotte memorie.

Un altro *Girolamo*, n. il 5 -Aprile 1787 e m. il 4 Luglio 1861, allo studio della natura associò il culto delle arti. Dettò in purgata favella prose e poesie. Fu amicissimo del ·Barbieri.

- FILIPPI (*De Philippis de Bergomo*)

Di . . . a tre gigli di . . . . in capo, e alla collina di tre cime di verde in punta. *Cod. Schio.*

Venne a Vicenza da Bergamo nel secolo XVI. Avea sepolcro alla Cattedrale.

Il nome dei Filippi fu illustrato a Vicenza da un Francesco (n. 1794, m. 1860), prete, dottissimo nella lingua latina e autore e traduttore di versi squisiti.

FINOZZI (*Finocius, Finolius*)

D' argento, a sette fiamme di rosso, sormontate da una fede di carnagione, le braccia vestite di rosso. *Divisa :* Semper idem. *Cod. V. Gonzati.*

Marco Finozzi domandò la cittadinanza vicentina il 13 Aprile 1572.

Bernardino fu Marco comperò un posto in Consiglio Nobile dalle eredi del fu Bartolomeo Serpe il 31 Dicembre 1620.

FIOCARDO (*De Flocardis*)

D' azzurro, alla fascia d'oro caricata di tre corone d'alloro e accompagnata in capo da tre stelle male ordinate d'oro di otto raggi e in punta da un capriolo dello stesso. *Cimiero :* Un fanciullo nudo nascente colla divisa: *Soli Deo honor et gloria. Cod. Revese, Dall'Acqua, Schio e V. Gonzati.*

Alias. La stessa, ma la fascia e il capriolo sono d'argento. *Raccolta degli stemmi presentati all'I. R. Commissione A-raldica.*

Famiglia ascritta al Consiglio Nobile di Vicenza. Nel 1510 avea un posto. Era pure aggregata al nobile Collegio dei Giudici. Confermata nella sua nobiltà con Sovrana Risoluzione 27 Ottobre 1822.

Avea sepolcri alla Cattedrale, agli Scalzi, e case ai Carmini e ai Santi Apostoli, presso Ponte San Paolo, dove nel 1800 eressero un palazzo con disegni di Carlo Barrera.

Alberto Fioccardo, Canonico Arciprete è poi Arcidiacono della nostra Cattedrale, eresse quivi la cappella detta del Salvatore e la dotò. Morì il 28 Ottobre 1467 e fu sepolto nella cappella da lui fondata.

FIORINI (*Florinus*)

D' argento, alla rosa al naturale di rosso fogliata di verde. *Cod. V. Gonzati.*

Fioriva nel secolo XVI ; oggi estinta.
Avea sepolcro in San Biagio.

FLORIANI (*De Florianis*)

Spaccato ; nel 1.º d'azzurro, al mazzo di rose di rosso fogliate di verde, legate di rosso ; nel 2.º d'azzurro, a tre bande d'argento ; colla fascia di rosso attraversante sulla partizione. *Cod. Revese e V. Gonzati.*

Alias. La stessa, colle tre bande d'oro. *Cod. Dall' Acqua.*

Alias. Spaccato ; nel 1.º di verde, al mazzo di rose d'argento, fogliate al naturale, legate di rosso ; nel 2.º di verde a tre bande d'argento ; colla fascia di rosso attraversante sulla partizione. *Cod. Schio.*

Alias. La stessa, al mazzo di rose in un vaso d' argento. (*Nell' atto di professione di Suor Maria Teresa Florian monaca in S. Pietro, 1692*).

Famiglia ascritta al Consiglio Nobile di Vicenza. Nel 1530 avea già due posti. Era pure aggregata al nobile Collegio dei Giudici.
Aveano sepolcri a S. Lorenzo e a San Biagio. Estinta.
Girolamo di Pietro fu nel 1535 mandato dai Vicentini a comandare una galera contro i Turchi. *Carpoforo* è primo nominato fra i fondatori del Collegio dei medici.

FOLCO (*Fulcus*)

D' azzurro, alla fascia d'oro caricata di tre rose di rosso e accompagnata in punta da un capriolo d'argento, accostato da tre stelle d' oro di otto raggi. *Cod. Schio.*

Alias. La stessa, ma alla fascia d'argento. *Cod. V. Gonzati.*

Alias. Inquartato; nel 1.º spaccato di rosso, al corno ducale d'oro e palato di nero e d'oro di tre pezzi ciascuno; nel 2.º d'azzurro, alla fascia d'argento caricata di tre rose di rosso, accompagnata in punta da un capriolo d'argento accostato da tre stelle d'oro di cinque raggi e in capo da una rosa al naturale di rosso fogliata di verde; nel 3.º d'azzurro, alla riga d'oro da cui sorge una figura umana al naturale, vestita di rosso, con braccia aperte nude dall'omero in giù, recante nelle mani due gigli di Francia d'oro; nel 4.º di verde, al leone d'oro rampante accostato ad un cipresso al naturale con le zampe anteriori appoggiate alla chioma dell'albero. *Raccolta degli stemmi presentati all'I. R. Commissione Araldica.*

Famiglia ascritta al Consiglio Nobile di Vicenza. Nel 1510 aveva un posto. Fu confermata nobile con Sovrana Risoluzione 1 Marzo 1820. Francesco Leonardi nel lasciare a Francesco Folco tutti i suoi beni, ingiunsegli con testamento 8 Aprile 1816 di aggiungere al proprio cognome quello di Leonardi, e d'inquartare lo stemma delle due famiglie. Abitano il palazzo eretto dai Franceschini nella fine dello scorso secolo, a S. Marco, su disegni dell'architetto Ottavio Bertotti Scamozzi.

FONTANA (*Fontana*)

D'azzurro, alla fontana zampillante di tre bacini sovrapposti d'oro, sostenuta da una base di pietra quadra d'argento. *Cod. Revese, e V. Gonzati.* (Il *Cod. Dall' Acqua* ha la stessa con la base d'oro).

Alias. La stessa, ma dal bacino superiore s'innalza su piedestallo affusolato d'oro una croce dello stesso *Raccolta degli stemmi presentati all'I. R Commissione Araldica.*

Alias. Di rosso, alla fontana zampillante di un sol bacino d'argento, sostenuta da un piedestallo dello stesso. *Cod. Lod. e Vinc. Gonzati.*

Alias. Di nero, alla fontana d'oro zampilante d'argento, poggiata sopra una terrazza di verde. *Cod. V. Gonzati.*

Domenico Fontana con tutti i discendenti ottenne dal Consiglio la cittadinanza Vicentina il 26 dicembre 1621.

Sebastiano dottore ottenne a prestito da Marco Gualdo un posto in Consiglio il 31 Dicembre 1659. Confermata nobile con Sovrana Risoluzione 22 Settembre 1820. Francesco Farnese Duca di Parma con diploma 10 Dicembre 1711 conferiva a un ramo di questa famiglia il titolo Comitale. Estinta.

Aveano sepolcri alla Cattedrale, a S. Maria della Misericordia, a S. Michele, a S. Biagio e a Santa Corona.

Agostino Fontana Vicario Generale del Pisani Vescovo di Ceneda morì nel 1645.

FONTANABONO

Spaccato; nel 1.° d'azzurro, alla fontana d'argento zampillante di otto getti; nel 2.° d'oro, alla branca di leone di rosso posta in palo. *Cod. V. Gonzati.*

FONTANIVA (da) (*detta Montegalda*)

Di rosso, al leone d'argento. *Diz. blas. del Crollalanza.*

Uberto Fontaniva uno degli ambasciatori all'Imperatore Federico nel 1183 in Costanza.

FORTEZZA (*Fortetia, Fortecia*)

D'azzurro, alla colonna d'argento accostata da due leoni affrontati e controrampanti d'oro, e sormontata da una stella di otto raggi dello stesso. *Cimiero.* Un leone nascente d'oro tenente una colonna d'argento posta in sbarra. *In tutti i codici.*

Giuseppe fu Francesco comperò il 31 Dicembre 1542 un posto in Consiglio da Antonio fu Andrea Arnaldi. Questa famiglia era pure aggregata al nobile Collegio dei Giudici.

Avea sepolcro a S. Stefano, e case all'angolo di S. Corona, che poi furono Valmarana e quindi Salvi. Estinta.

Ercole Fortezza, poeta latino, fu il più degno imitatore dello Scroffa, ossia della poesia fidenziana nel secolo XVI. Scrisse sotto il pseudonimo di Iano Argiroglotto.

FRACANZANI
(*De Fracanzanis, De Frachancianis, Fracantianus*)

D'azzurro, a tre teste di leone d'oro volte a destra, 2 e 1. *Cimiero:* Un leone nascente d'oro. *In tutti i codici.*

Venne da Città di Castello nel secolo XIV. Fu ascritta al Consiglio Nobile di Vicenza, dove nel 1510 aveva sei posti. Era pure aggregata al nobile

Collegio dei Giudici. Fu confermata nobile con Sovrana Risoluzione 4 Giugno 1820.

I Fracanzan godettero anche del titolo Comitale per esser stati investiti da Pietro Barbo Vescovo di Vicenza il 25 Gennaio 1454 della Contea di Agugliaro; ma il titolo non venne in seguito a loro confermato.

Un ramo di questa famiglia si estinse nella famiglia dei Conti Dal Ferro che ne assunse il nome e ne ereditò i beni. Un altro ramo nel secolo XVI passò, e vive ancora, ad Este.

Aveano sepolcri alla Cattedrale, a S. Corona e a San Gaetano. Case a San Lorenzo.

Antonio di Antonio insegnò medicina nei pubblici studi di Padova e di Bologna nel secolo XVI. Fu uomo di meriti insigni, e meritò, come dice il Zorzi, di esser « appellato, a ragione, il principe dei medici del suo tempo ».

FRANCESCHINI (De Franceschinis)

Di rosso, alla fascia d'argento, accompagnata in capo da una cometa d'oro, e in punta da un crescente d'argento. *Cod. Revese, Dall'Acqua e V. Gonzati.*

Famiglia ascritta al Consiglio Nobile di Vicenza. Nel 1510 avea due posti.

Nella metà del secolo XVII godevano titolo Comitale, come si trova nelle pubbliche carte di quel tempo.

Ebbero sepolcro a San Lorenzo, e abitavano nella contrada omonima di fronte a casa Sale, oggi palazzo della Banca d'Italia.

FRANCESCHINI

Di rosso, ad un ramo di quercia di verde accompagnata in capo da tre gigli d'oro. *Cod. V. Gonzati.*

Alias. Interzato in fascia, nel 1.° d'azzurro a tre gigli d'oro; nel 2.° d'azzurro al ramo di quercia di verde; nel 3.° bandato di rosso e d'oro. *Portici di M. B.*

Questa famiglia ebbe grande rinomanza e grande fortuna in Vicenza col commercio delle sete.

Il primo volume del *Giornale d'Italia* del 1765 ci fa sapere che Jacopo Franceschini « eresse una fabbrica che uguale non vi ha certamente entro e fuori d'Italia, sì per la sua vastità, come pel modo sistematico ond'è diretta ne' suoi vari ripartimenti, per gli ordigni e per le macchine ». *Giovanni* suo figliuolo ridusse a maggior perfezione l'opera del padre. Migliorò le tratture e i filatoi, ingentilì l'orsoio e la trama, e fece gareggiare i nostri drappi con quelli di Firenze e di Lione. Ebbe dieci figliuoli, e dieci archi del grande Porticato di Monte Berico furono da loro innalzati.

6

I Franceschini eressero due grandi palazzi a Vicenza, il primo sui colli
Berici, ora Pasini, l'altro a San Marco, ora dei nob. Folco, con disegno di
Ottavio Bertotti Scamozzi.
Ebbero sepolcro agli Scalzi.

FRANCO (De Custogia, De Franchis, Francus)

Fasciato di verde e di rosso, al leone d'oro attraversante
sul tutto. Cod. Revese, Dall' Acqua, Schio e V. Gonzati.

Da Gabra, nel Milanese, venne a stabilirsi a Costozza, paese del Vicentino,
nel 1400. Esercitando in Vicenza il commercio e l'arte della lana vi ottenne
la cittadinanza. Fu poi ascritta al Consiglio Nobile di Vicenza.

Nel 1510 avea due posti. Era pure ascritta al nobile Collegio dei Giudici. Fu conf rmata nobile con Sovrana risoluzione 5 Maggio 1820. Con decreto ministeriale 14 Marzo 1896 le fu riconosciuto il titolo Comitale di cui
lo Schröder la diceva insignita. Ebbero costantemente le loro case a S. Domenico, e sepolcro a S. Pietro.

FRANZANI (Franzanus)

Inquartato; nel 1.° d'oro, all'aquila di nero coronata dello
stesso; nel 2.° di rosso, alla corona d'oro; nel 3.° trinciato di
nero e d'argento a tre gigli dell' uno all'altro, uno in capo e
due in punta, a una banda contra–doppio-merlata d'oro attraversante sulla partizione; nel 4.° d'azzurro, al giglio d'argento. Cod. Revese, Dall' Acqua e V. Gonzati.

Alias. Nel 1.° e 4.° d' oro, all' aquila di nero coronata
dello stesso; nel 2.° e 3.° trinciato di nero e d'argento a tre
gigli dell'uno all'altro, uno in capo e due in punta, e una
banda contra–doppio–merlata d'oro attraversante sulla partizione; sul tutto spaccato, nel 1.° di rosso, alla corona d'oro;
nel 2.° d'azzurro, al giglio d'argento. Cod. Revese, Dall'Acqua
e V. Gonzati.

Alias. Spaccato; nel 1.° d'oro, all'aquila di nero; nel 2.°
trinciato di nero e d'argento a tre gigli dell'uno all'altro, uno
in capo e due in punta, e una banda contra–doppio–merlata
d'oro attraversante sulla partizione. Cimiero: Un leone nascente di ... (Preposta al Canto de' Cigni per la felicissima
laurea del molto illustre et eccell. sig. Angelo Franzani Vicentino ecc. — Padova, Pasquati, 1659.

Angelo Franzani presenta supplica al Consiglio il 9 Settembre 1675 per esser ammesso coi suoi discendenti alla cittadinanza vicentina, e il 5 Gennaio 1676 i Deputati fanno fede che Angelo Franzan fu creato co' suoi discendenti cittadino.

Giambattista e nipoti Franzani ottengono il diritto di entrare in Consiglio Nobile di Vicenza coll'esborso di L. 25,600 il 25 Maggio 1687.

Nicolò dottore ottenne il 20 Novembre 1775 un posto in Consiglio.

Domenico di Nicolò fu creato Conte di Meduna nel 1661.

Ebbe sepolcro a S. Gaetano.

FURLAN

D' azzurro, al vaso d'argento carico di un mazzo di fiori al naturale, sostenuto da una terrazza di verde. *Port. del Monte Berico.*

GALO (*De Gallo, A Gallo, Gallus a Montia*)

Di..., a tre galli di... posti due e uno. *Cod. Schio.*

Famiglia « potente di ricchezze, di fattione, et del favor del popolo » la dice il Pagliarini e lo fu veramente.

S'intitolava un giorno via dei Galli quella che partendo dal Corso, la *strata major*, e precisamente dove l'odierna casa detta di Palladio, si allungava da mezzodì a tramontana, tagliando l'orto intero del Convento di Santa Corona. Il Da Schio sempre ardito, talora anche troppo, nelle sue congetture, presentiva in questo nome d'una delle primarie famiglie d'allora la Vicenza preromana; come lo sentiva per la stessa ragione nell'altra denominazione di Campo di Gallo. Ma quest'ultimo si chiamava così per la fiera, che vi si tenea il giorno di S. Gallo. (Bortolan, *S. Corona*).

Furono perseguitati dagli Ezzelini ai quali erano avversi. L'ultimo dei Gallo fu quel *Regle* o *Regolo*, celebre giureconsulto, per sette anni Consigliere degli Scaligeri. Morì il 6 Ottobre 1368 lasciando eredi di grandi ricchezze le sue cinque figliuole, accasate in cinque principali famiglie di Vicenza: Caldogno, Pagello, Porto, Losco e Scroffa.

Ebbero nobile sepolcro nel chiostro di Santa Corona, presso la porticina che mette in chiesa. È tuttora visibile in marmo rosso, con colonnine a tortiglia agli angoli, lo stemma coi tre galli, una B. V. col bambino ed il devoto inginocchiato in bassorilievo sul davanti. Sul labbro di quest'urna è scolpito: *Sepulcrum D. Regle de Gallo.*

Il Barbarano parla di un *Pietro Gallo del borgo di S. Piero huomo perfido capo di tutti gli eretici di Vicenza*, che disputò col B Bartolameo di Breganze, e convinto della verità si fece cattolico.

Un'altra famiglia Gallo, diversa da questa, fiorì in Vicenza, e fu ascritta al Consiglio Nobile, dove nel 1510 avea un posto.

GANZERLA *(Ganzerla, De Ganzerlis)*

D' oro, alla fascia di rosso. *Cod. Revese e V. Gonzati.*

Vincenzo fu Francesco acquistò un posto in Consiglio da Claudio Cappasanti il 6 Febbraio 1625. Si estinse con lo stesso Vincenzo e il suo posto fu comperato da Sebastiano Bornigoni.
Avea sepolcro a Santa Corona.

GARZADORI *(De Garzatoribus, Garzatorius, Bononia de Garzatoribus, Bologna de Garzatoribus)*

D' azzurro, al leone d'oro tenente con le branche anteriori una spiga d'oro. *Cod. Revese, Dall'Acqua, Schio e V. Gonzati.*

Famiglia ascritta al Consiglio Nobile di Vicenza. Nel 1510 aveva undici posti. Era pure aggregata al Nobile Collegio dei Giudici. Con diploma 10 Aprile 1699 fu da Francesco Duca di Parma e Piacenza decorata del titolo Comitale con tutti i suoi discendenti maschi. Venne confermata nell'avita nobiltà con Sovrana Risoluzione 5 Maggio 1820.
Avea case in via Piancoli e a S. Michele, ora Fiorasi, e sepolcri ai Servi, a S. Michele.
Coriolano, dottore in filosofia e teologia, fu creato Vescovo di Cherso e di Ossero in Dalmazia il 19 Gennaio 1575 da Gregorio XIII. Clemente VIII, lo inviò legato Apostolico ai tre Arcivescovi Elettori di Germania, e Ferdinando Duca di Baviera lo volle coadiutore di suo zio Arcivescovo di Colonia. Nel 1604 rinunziò il suo episcopato in favore del nipote Ottaviano.
Un altro *Ottaviano* figlio di Giambattista, fu elevato all'Episcopato da Gregorio XV, che lo pose sulla sede di Boviano nel Regno di Napoli. Urbano VIII. lo tramutò all'Arcivescovado di Zara. *Alberto,* Canonico Lateranese, fu Abate e Visitator Generale del suo Ordine. Amò e onorò le arti belle.

GRAZIANI-GARZADORI *(De Gratianis).*

D' azzurro, al leone d'oro rampante, tenente con la branca sinistra una banda di rosso attraversante sopra il leone. *Cod. Revese, Dall'Acqua e V. Gonzati.*
Alias. Di rosso, all'aquila d'oro coronata dello stesso, caricata in petto da uno scudo perale d'azzurro, al leone d'oro rampante, come la precedente. *Idem.*

Alias. Di rosso, all'aquila rivolta d'oro, caricata in petto da uno scudo perale d'azzurro, orlato d'argento, al leone d'oro rivolto, alla sbarra di rosso attraversante sul tutto. *Cod. Schio.*

Famiglia antica. Ascritta al Consiglio Nobile di Vicenza. Nel 1510 aveva un posto. Aveva sepolcri a S. Antonio Abate e a Santa Corona.

Nel 1451 Federico III. Imperatore accompagnato da 2000 cavalli, per la via di Trento venne in Italia per farsi incoronare a Roma. Passando per Vicenza fu incontrato ai confini dagli oratori veneziani, che lo accompagnarono con molti gentiluomini vicentini, i quali dall'Imperatore furono creati cavalieri, e fu lor concessa per arma l'aquila imperiale. Era tra questi Battista Graziano Garzadori.

Recatosi *Giambattista Graziano di Valerio,* conte palatino, a visitare i luoghi santi in Palestina, giunto sulle rive del Giordano santificate dalla presenza del Precursore, di cui portava il nome, fece voto, ritornato in patria, di erigergli un sacello sontuoso. E lo fece infatti nella Chiesa di Santa Corona dove anche oggi l'opera sua è una delle più splendide, delle più ricche ed originali. Una tela preziosa del Giambellino adorna quell'altare.

GASPARI (*De Gasparo*).

D'azzurro, al leone d'oro rampante accompagnato in capo da tre stelle dello stesso male ordinate. *Cimiero:* Un leone nascente d'oro, linguato di rosso tenente un salice di verde. *Cod. Schio e V. Gonzati.*

Francesco Gaspari da Caltran fabbricatore di panni, ottenne la cittadinanza vicentina par sè e discendenti con ducale 27 Aprile 1476.

Famiglia ascritta al Consiglio Nobile di Vicenza. Nel 1510 aveva due posti. Avea sepolcro a S. Corona.

GASPARINI (*De Gasparinis*).

(Non si conosce lo stemma).

Leonardo, Girolamo e Pietro fu Matteo Gasparini e Gugljelmo fu Francesco ottennero dal Consiglio la cittadinanza vicentina il 23 Dicembre 1571.

Lelio fu Girolamo ebbe a prestito da Marcantonio Vitriano un posto in Consiglio Nobile il 31 Dicembre 1639.

Estinta.

GATTI o DAL GATTO (*Gatus*)

Di . . . . . , alla fascia attraversata da un gatto rampante. *Cod. Schio.*

Teodoro medico comperava da Chierichino Chiericati l' 11 Gennaio 1599 un posto nel Consiglio Nobile.

Aveano sepolcri a Santa Chiara, a San Michele e a S. Pietro.

GECHELE (*Giechele*).

(*Non si conosce lo stemma*).

Ruggero fu Lodovico con tutta la sua discendenza ottenne dal Consiglio la cittadinanza vicentina il 27 Dicembre 1566. Lo stesso comprò il posto di Giambattista Lombardi nel Consiglio Nobile di Vicenza il 16 Ottobre 1568.

GENNARI

Spaccato d'argento e d'oro, al giglio al naturale di rosso attraversante sul tutto. *Cod. V. Gonzati.*

Giulio fu Giacomo Gennari coi posteri ottenne la cittadinanza vicentina il 15 dicembre 1619.

GHELLINI (*De Gellino, De Gilino*)

Trinciato ondato d'oro e d'azzurro. *Cod. Schio.*

Alias. Trinciato ondato d'azzurro e d'oro. *Cod. Revese, Dall'Acqua, e V. Gonzati.*

Alias. Spaccato ondato d'oro e d'azzurro, alla riga ondata di rosso attraversante sulla partizione. *Cimiero:* Una capra nascente d'argento. *Cod. V. Gonzati.*

Alias. Trinciato ondato d'azzurro e d'oro con capra rampante d'argento nel primo. *Raccolta degli stemmi presentati all'I. R. Commissione Araldica.*

Venne a Vicenza da Bologna nel 1315, e pare venga dagli Scanabecchi. Fu ascritta al Consiglio Nobile di Vicenza. Nel 1510 avea cinque posti. Era pure aggregata al nobile Collegio dei Giudici. Il Senato Veneto con Decreto 19 Marzo 1619 concedeva a Giulio Ghellini cavaliere e ai suoi discendenti il titolo Comitale, erigendo in Contea le sue possessioni chiamate la Villa Ghellina in quello di Thiene. Estinta quella linea, lo stesso Senato Veneto accordava all'altra linea (del fu Lucio) la continuazione del titolo medesimo, ordinando la iscrizione dei loro nomi nell'aureo libro dei titolati con Ducale 1735. 19 Agosto. Fu confermata nobile con Sovrane Risoluzioni 11 Marzo e 5 Maggio 1820.

Avea sepolcri a S. Maria delle Grazie, a S. Corona, e case in Carpagnon e in contrà Proti, dove, nell'area delle case Bonifacio, Marcantonio Ghellini eresse nel 1684 un grande palazzo barocco con disegni dell'architeto Piz-zocchero.

Gellio Ghellini fondò a sue spese in Vicenza il pio luogo del Soccorso, asilo di penitenza alle donne traviate. Prese la laurea in diritto all'Università di Padova, e di S. Teologia in Ferrara. Fu Canonico della nostra Cat. tedrale, ma dopo qualche anno rinunziò, come rinunziò al Vescovado di Pa-renzo in Istria offertogli dal Pontefice. Coadiuvò il Calasanzio nella fonda-zione delle Scuole Pie. Morì parroco di S. Faustino, dove fu sepolto il 29 Agosto 1616. Il 9 Gennaio 1809 trasferito alla Cattedrale. È venerabile.

Suor Terenzia Ghellini, dama della Croce Stellata, fu donna, come lasciò scritto il Tornieri, di raro talento, capace d'intraprendere qualunque lavoro e riuscirvi a meraviglia. Morì il 3 Giugno 1810. Era nata nel 1736.

GIACOMAZZI (*De Jacobatiis*)

Spaccato; nel 1.° d'oro, all'aquila di nero; nel 2.° d'argento, a due mazze di nero, passate in croce di S. Andrea. *Cod. Revese, Dall'Acqua e V. Gonzati.*

Giambattista Giacomazzi ottenne dal Consiglio la cittadinanza Vicentina il 27 Luglio 1581. Con deliberazione Consigliare 22 Luglio 1714 Camillo Giacomazzi e suoi discendenti sono dichiarati capaci dei Consigli dei 500 e dei 150.

Questa famiglia era pure ascritta al nobile Collegio dei Giudici. Confer-mata nobile con Sovrana Risoluzione 11 Marzo 1820. Nel 1795, sedendo il Doge Lodovico Manin fu investita di un caratto del feudo giurisdizionale e Contea di Cesana e dell'annessovi titolo Comitale. Come tale fu descritta nel-l'Aureo libro dei titolati.

Avea sepolcro a San Michele.

GIANESIN (*Ianesinus*)

(*Non si conosce lo stemma*).

Marcantonio ottenne la cittadinanza vicentina e comperò da Francesco fu Ottavio Zanechin un posto in Consiglio Nobile il 30 Settembre 1632.

GIAFILIACCI (*Gianfiliacius*)

(*Non si conosce lo stemma*).

Andrea Gianfiliazzo ottenne dal Consiglio la Cittadinanza Vicentina il 27 Decembre 1559.

Andrea, di origine fiorentino, comperò da Lorenzo di Benedetto Sesso un posto nel Consiglio Nobile il 19 Gennaio 1560.

GIORDANI

Spaccato; nel 1.° d'azzurro, a due stelle accostate d'argento; nel 2.° di nero, al capriolo d' argento; con la fascia ondata d'argento attraversante sullo spaccato. *Cod. V. Gonzati.*

Giordani, Giordano, Giordana, famiglie che ora terminando in una vocale ora in altra è frequente trovarsi, specialmente sopra Schio.

Giordano Pace, nato alle Valli l'anno 1588, dottore in ambe [le leggi, Auditore Generale, riformatore degli studi in Roma, fu da Papa Gregorio XV. creato Vescovo di Trau nella Dalmazia.

GISLANZONI

D'azzurro, al leone d'oro tenente nelle sue branche una bandiera di rosso svolazzante a sinistra. *Divisa:* Nihil timeo nisi turpia. *Diz. Blas. del Crollalanza.*

Alias. Inquartato : nel 1.° spaccato d'oro alla torre conica di rosso a tre merli con la porta aperta, e d'azzurro al triregno d'oro sormontante le chiavi in croce di S. Andrea d'oro; nel 2.° spaccato d'azzurro al drago di nero linguato di rosso, e di rosso a tre caprioli d'oro rovesciati e doppio merlati; nel 3.° trinciato d'argento e di rosso, nell'argento due scacchi neri; nel 4.° inquartato: il I. e il IV. d'oro, all'aquila bicipite di nero coronate d'oro; il II. e il III. di rosso all'aquila d'oro patente guardante a sinistra e sormontata da corona dello stesso; caricato nel centro d'azzurro al bue andante verso sinistra di rosso. Il tutto caricato d'azzurro, al leone d'oro tenente nelle sue branche una bandiera di rosso svolazzante a sinistra. *Raccolta degli stemmi presentati all'I. R. Commissione Araldica.*

Milanese di origine. Fu ascritta alla nobiltà patrizia di Crema, da dove si trasferì in Venezia e finalmente in Vicenza Nel secolo XVI. acquistarono la possessione di Bertesina da Valerio Chiericati In seguito alle eredità Bruschi si stabilirono in Vicenza. dové, con disegni del Miglioranza, rifabbricarono le case che a loro toccarono sul Corso. Si estinse in questi ultimi anni con Filippo. I Gislanzoni ebbero il titolo di Conti di Barco, confermato dalla Veneta Repubblica con Terminazione del Magistrato sopra i feudi del 20 Settembre 1762.

GISLARDI (*De Gislardis, De Ghislardis, Ghislardus*)

Di..., all'orso passante tenente colla branca anteriore destra un coltello; esso orso accompagnato da cinque stelle di... di otto raggi, tre in capo e due in punta. *Cod. Schio e V. Gonzati.*

Alias. D'azzurro, all'orso rampante al naturale, poggiante le zampe anteriori e la posteriore destra ad una croce d'argento: esso orso accompagnato da due stelle d'oro di sei raggi, una alle spalle, l'altra sotto il braccio destro della croce. *Raccolta degli stemmi presentati all'I. R. Commissione Araldica.*

Nel 1239 erano a Vicenza ricchi e prestanti, venuti, dicono, da Bologna. Fu ascritta al Consiglio Nobile di Vicenza. Nel 1510 aveva un posto. Era pure aggregata al nobile Collegio dei Giudici. Fu confermata nobile con Sovrana risoluzione 22 Settembre 1820. Avea sepolcri a S. Michele e a Santa Corona.

Antonio di Lorenzo, uomo di molta considerazione in servizio ora dell'Imperatore di Russia, ora del Re di Sicilia e ora della Repubblica, con Ducale 21 Aprile 1489 fu nominato Collaterale a Zara. 1 23 Giugno 1529 venne insignito dei titoli di Cavaliere e Conte Palatino.

GIUSTI (*De Iusto, De Iustis*)

(*Non si conosce lo stemma*).

Famiglia ascritta al Consiglio Nobile di Vicenza. Nel 1510 avea un posto.

GIUSTINIANI (*Iustinianus*)

Di rosso, al castello d'argento sormontato da tre torri, quella di mezzo più elevata, aperto e finestrato di verde; col capo d'oro, all'aquila nascente di nero coronata dello stesso, il tutto sinistrato d'azzurro alla fascia d'oro. Lo scudo sul petto di un'aquila bicipite, spiegata d'oro, coronata dello stesso, tenente nell'artiglio destro una spada e nel sinistro uno scettro d'oro. *Cod. Schio.*

Alias. La stessa non sinistrata e con l'aquila in campo rosso. *Cod. Revese.*

Alias. Di rosso, al castello d'argento sormontato da tre torri, quella di mezzo più elevata, aperta e finestrata di nero ; col capo d' oro all'aquila nascente di nero coronata dello stesso. *Cod. Revese e Dall'Acqua.*

Alias. La stessa, ma il castello sta in fondo azzurro in luogo del fondo rosso, *Cod. V. Gonzati.*

Questa doviziosa e nobile famiglia venne a Vicenza da Genova. Godeva titolo Marchionale ed era insignita da Giacomo Stuardo di Scozia del cavalierato di S. Andrea.

Vincenzo ebbe a prestito da Ferdinando Antonio Zorzi un posto in Consiglio Nobile il 31 Dicembre 1754. Si estinse nella famiglia Zorzi che ne ereditò il nome e le ricchezze.

Avea case a S. Francesco Novo, dove nel 1656 con disegni dell' architetto Antonio Pizzochero eresse un grande palazzo di stile barocco.

Avea sepolcro a S. Francesco Novo.

GODI (*De Godis*)

Partito di rosso e d'argento, al leone d'oro attraversante sulla partizione, addestrato in capo da una stella di otto raggi dello stesso. *Cimiero:* Un leone nascente d'oro. *Cod. Revese, Dall'Acqua, Lodov. e Vinc. Gonzati.*

Famiglia antica. Ascritta al Consiglio Nobile di Vicenza. Nel 1510 aveva sette posti. Era pure aggregata al nobile Collegio dei Giudici. Confermata nobile con Sovrana Risoluzione 4 Giugno 1820. Avea sepolcri a S. Michele e alle Grazie, e case alle Gazzolle, il palazzo che passò ai Nievo e oggi è sede prefettizia

Enrico Antonio Godi, giureconsulto, è rimasto celebre per la sua famosa arringa in favore degli ebrei banditi da tutti i luoghi soggetti alla Veneta Repubblica. Si narra che il Godi, senza lasciarsi sgomentare dal decreto che stabiliva la pena di morte contro chi avesse osato difendere la loro causa, siasi presentato al Senato con un capestro al collo e n' abbia con tanto ardore perorata la causa da ottener la rivocazione di quel decreto. Gli ebrei lo ricompensarono con diecimila scudi d' oro e un piatto d'argento cesellato.

Orazio di Pietro Godi, per aver ammazzato Fabio Piovene, venne il 26 Luglio 1578 bandito, i beni di Carrè confiscati e dati in feudo ai Nipoti dell'ucciso, e la casa al Corso rasa al suolo. Tutto ciò è ricordato dalla seguente iscrizione: Dove l'anno 1578 — per decreto dei Dieci — furono rase al suolo le case — del micidiale Orazio Godi — i fratelli Storato — l'anno 1733 — costrussero quest' ala della loro casa e la scala. — Giovanni Scola erede — pose questa memoria nel 1876.

GONZATI (*Gonzatus*).

Grembiato d'argento e di rosso, alla branca di leone d'oro attraversante sul tutto. *Cod. V. Gonzati.*

Alias. Spaccato; nel 1.° d'azzurro, a tre stelle di sei raggi d'oro male ordinate, quella di mezzo caudata; nel 2.° di verde, a tre branche di leone d'oro, ordinate in fascia: colla fascia d'oro attraversante sullo spaccato. *Cimiero:* Un leone nascente d'oro. *Cod. Revese, Dall'Acqua, Lod. e V. Gonzati.*

Bernardino e Girolamo fu Malatesta Gonzati di Cornedo, ottennero dal Consiglio la cittadinanza vicentina il 2 Gennaio 1601.

Augusto comprò da Antonio de Belli un posto in Consiglio Nobile il 27 Novembre 1663.

Massimiliano Emanuele Elettore di Baviera con diploma 15 Giugno 1717 conferiva ai cugini Giovanni e Bonifacio Gonzati il titolo ereditario di Marchese.

Estinte le due linee, il Governo Veneto trasferì lo stesso titolo alla linea superstite con la diplomatica investitura 26 Settembre 1792 e ne scrisse i nomi nell'aureo libro dei titolati con la qualifica di Nobili Marchesi. Anche questa linea si estinse con Lodovico canonico Arcidiacono della Cattedrale, morto il 12 Settembre 1876.

Avea sepolcro a San Lorenzo e case a Santo Stefano.

Tommaso fedele e valoroso soldato al servizio della Veneta Repubblica sul finire del secolo XV. e nel principio del XVI. *Vincenzo,* nato il 25 Marzo 1774 e morto il 9 Ottobre 1849, fu il più grande e benemerito raccoglitore di cose patrie che sia vissuto a Vicenza. La sua cospicua libreria, alla morte del figliuolo *Mons. Lodovico*, passò alla Bertoliana.

Bernardo, figliuolo di Vincenzo, dei Minori Conventuali, eloquente predicatore e facile scrittore pubblicò la splendida illustrazione della Basilica del Santo di Padova. Morì il 1 Giugno 1852.

GONZATI DETTI LOLI E RUGGIERI

Spaccato; nel 1.° di rosso, alla cometa d'oro; nel 2.° di verde, alla branca di leone d'oro posta in palo, alla riga d'oro attraversante sulla partizione. *Cod. V. Gonzati.*

GORGO (Dal) (*A. Gurgo*)

Partito d'argento e d'azzurro, al cervo d'oro rampante sul tutto. *Raccolta degli stemmi presentati all'I. R. Commissione Araldica.*

Famiglia antica ascritta al Consiglio Nobile di Vicenza. Nel 1510 aveva otto posti Era pure aggregata al nobile Collegio dei Giudici. Fu confermata nobile con Sovrana Risoluzione 14 Luglio 1820. Avea sepolcri a San Biagio, a S Michele e a S. Corona. Case anticamente ai Santi Apostoli.

Un ramo di questa famiglia nel sécolo XVI. si trapiantò nel Friuli, dove infatti fino dal 1537 si trova aggregata al Consiglio Nobile della città di Udine. Essendo in possesso di Villa Vicentina in Friuli, dove avea giurisdizione di mero e misto impero, fu ascritta al Consiglio Provinciale delle principesche Contée di Gorizia e Gradisca. Carlo VI. Imperatore con diploma 17 Febbraio 1723 decorò Giovanni Camillo Gorgo co' suoi discendenti maschi, coll'ordine di primogenitura, del titolo di Conte nello Stato Milanese col predicato di Felenfeld.

GOTTARDI (*De Gotardis*)

(*Non si conosce lo stemma*).

Giambattista comperò da Gisberto Cavalcabò un posto in Consiglio Nobile di Vicenza il 2 Gennaio 1621.

GRADENIGO N. V.

Di rosso, alla scala d' argento di dieci gradini, posta in banda. *Cod. Revese e Dall'Acqua.*

Famiglia antica e potente in Vicenza.
Avea sepolcri in San Michele.

Era fama al tempo del Pagliarino che questa famiglia fosse una di quelle che si rifuggirono per timore di Attila in Venezia abbandonando Vicenza sua patria.

É registrata nel Codice Dall'Acqua tra le famiglie che furono aggregate al Consiglio della Magnifica città di Vicenza.

GRANDI (*De Grandis*)

(*Non si conosce lo stemma*).

Alessandro e fratello Grandi ottennero la cittadinanza Vicentina dal Consiglio il 19 Marzo 1549.

Angelo fu Alessandro comprò il 24 Febbraio 1562 un posto in Consiglio Nob le da Alessandro ed Ercole fu Matteo Dalla Costa.

Avea sepolcro alla Cattedrale.

Antonio Maria, barnabita, fu dotto nella lingua greca e latina, conobbe la francese, la tedesca, l' inglese. Insegnò nelle scuole dell'Ordine suo in Milano, Bologna e Cremona, belle lettere, matematica e filosofia.

Fu Cancelliere Generale e Vicario Generale dell'Ordine. Godè la stima degli uomini più eminenti e in specialità del Pontefice Pio VII. Morì di anni 62 il 6 di Novembre 1822 lodato e compianto.

GRASSI (*De Crassis*)

D' azzurro, al dragone alato d'oro, accompagnato in capo da una stella di otto raggi dello stesso. *Port. del Monte Berico.*

Fioriva già a Vicenza nel secolo XVI.

Avea sepolcro a San Michele.

Giovanni Pietro Canonico Vicentino nel 1531 fu creato Vescovo di Viterbo da Clemente VII. Paolo III. lo fece suo prelato domestico.

Pier Maria dotto Agostiniano, amico del Magliabecchi visse nel secolo XVIII.

GRIMANI N. V. (*De Grimanis*)

Palato di rosso e d'argento di otto pezzi, alla crocetta di rosso in capo al secondo palo. *Cod. Revese e Dall'Acqua.*

Il Pagliarino dice che fu ricca e potente in Vicenza. Avea sepolcro in San Michele, e il Barbarano ne riporta l'iscrizione. Da Vicenza si sarebbe trasportata in Venezia fino dal 1206. È registrata nei Codici tra le famiglie che furono aggregate al Consiglio della Magnifica città di Vicenza.

GRITTI (*De Gritis*)

Spaccato d'azzurro e d'argento, l'azzurro caricato di una crocetta d'argento. *Raccolta degli stemmi presentati all'I. R. Commissione Araldica.*

Carlo comperò il 27 Decembre 1685 un posto in Consiglio da Flaminio e Bernardino Angiolelli.

GUALDO (*De Gualdo*)

D'argento, alla cometa di rosso. *Cod. Revese, Dall'Acqua e V. Gonzati.*

Alias. Spaccato; nel 1.º d'argento, alla cometa di rosso; nel 2.º d'argento a tre bande di verde; alla fascia di rosso attraversante sulla partizione. *idem.*

Alias. Spaccato; nel 1.º di . . . . . alla cometa di . . . .; nel 2.º di . . . . a due sbarre di . . . . *Cod. Schio.*

Alias. Partito semispaccato nel 1.° d'azzurro, alla mez-z'aquila di nero coronata d'oro, nel 2.° spaccato d'oro e di rosso, nel 3.° di nero; al leone rampante d'oro, coperto il capo di un cappello di nero e attraversante sugli spaccati. *Cod. Schio.*

Alias. Partito di uno e spaccato di due; nel 1.° e 6.° dell'Impero; nel 2.° e 3.° d'argento, alla cometa di rosso; nel 4.° e 5.° d'argento a tre bande di verde, col capo di rosso: sul tutto partito; a destra di rosso, alla fascia d'argento; a sinistra d'argento, alla torre di rosso. *Cimiero.* L'aquila Dell'Impero. *Cod. Revese, Dall'Acqua e V.-Gonzati.*

Alias, La stessa, posta in uno scudo ovale sul petto di un aquila bicipite, spiegata di nero, coronata di rosso. *Cod. Revese e V. Gonzati.*

Famiglia antichissima ed illustre in Vicenza. Fu ascritta al Consiglio Nobile, dove nel 1510 aveva sei posti. Era pure aggregata al nobile Collegio dei Giudici. L'Imperatore Carlo V, ospite dei Gualdo in Vicenza, creava nel 1532 Stefano e tutti i suoi discendenti Cavalieri Aurati e Conti Palatini, titoli che furono poi riconosciuti dalla Repubblica Veneta, che nel 1729 ordinava la descrizione dei Gualdo nell'aureo libro dei titolati. Confermata con Sovrane risoluzioni 11 Marzo 1820 e 9 Agosto 1826.

Avea case in Piazza Gualdi agli Scalzi. Quivi era il famoso Museo Gualdo, che fu uno dei più pregevoli del secolo XVI, e celebre non solo in Italia, ma anche fuori.

Avea sepolcri alla Cattedrale, a S. Lorenzo, a S. Bartolomeo, a S. Michele.

Girolamo, canonico e letterato, uomo splendidissimo, autore del Museo Gualdo, fondò pure in Vicenza l'Accademia dei Costanti, che aprì solennemente nel suo palazzo il 20 Febbr. 1556. Morì 13 Novembre 1566 d'anni 74. *Paolo,* canonico e letterato, ebbe la sorte di ospitare in casa sua a Padova, l'infelice Torquato Tasso, fuggiasco di Ferrara, perseguitato dagli uomini e dalla fortuna. *Nicolò* capitano valoroso e avventuroso fu Governatore per la Repubblica a Peschiera, a Crema e a Udine, e negli ultimi anni della sua vita Revisore nei Regni della Serenissima oltre il mare. Morì in Candia nel 1634. *Galeazzo,* dopo esser stato con onore al servizio di principi e della V. Repubblica, nel 1652 venne chiamato in Francia dal Cardinal Mazzarino a scrivere la storia della Rivoluzione di quella corona e del suo ministero. Ed egli compì con tanta soddisfazione del Sovrano l'incarico avuto che, oltre ad esser stato chiamato come nativo di Francia, fu eletto Consigliere dell'Ordine Regio di S. Michele e Maresciallo di campo. Il Pontefice Alessandro VII. nel 1656 lo abilitò, con ampio diploma, a tutte le dignità dell'augusta Metropoli; e la Regina Cristina di Svezia nel 1659 lo fece gentiluomo di camera e suo inviato alle Corti straniere. Nel 1663, preso congedo dalla Regina di Svezia, passò in Vienna in qualità di storiografo di quel Monarca e Consigliere di Stato. Morì l'8 di ottobre 1678.

GUALDO-PRIORATI

Partito di uno e spaccato di due; nel 1.° e 6.° dell'Impero; nel 2.° e 3.° d'argento alla cometa di rosso; nel 4.° e 5.° d'argento a tre bande di verde, col capo di rosso; sul tutto partito; a destra di rosso, alla fascia d'argento, accompagnata da due crocette d'oro, una in capo ed una in punta; a sinistra d'argento, alla torre di rosso terrazzata di verde. *Cod. Dall'Acqua.*

GUAZZO (*Guacius-Guatius*)

Di rosso, al leone d'oro rampante, tenente fra le branche uno stendardo d'argento, svolazzante a sinistra, attaccato ad un'asta d'oro sormontata da una testa di moro. *Cod. Revese, Dall'Acqua e V. Gonzati.*

Mario fu Ettore Guazzo ottenne dal Consiglio la cittadinanza Vicentina il 3 Febbraio 1572.

Dario fu Giambattista ebbe da Prasildo Volpe un posto in Consiglio Nobile il 3 Settembre 1583.

Avea sepolcro a San Pietro. Questa famiglia si estinse nel secolo scorso.

GUERINO

Spaccato; nel 1.° d'argento, alla cometa di rosso; nel 2.° bandato d'argento e di verde; colla fascia di rosso attraversante sullo spaccato. *Diz. blas. del Crollanza.*

È registrata così nel *Dizionario Blasonico* del Crollalanza, ma di lei non trovo notizia.

GUERRA

Inquartato; nel 1.° e 4.° d'azzurro a due sbarre d'oro; nel 2.° d'argento, ad un braccio di rosso armato, sporgente dal canton sinistro del capo tenente una mazza di nero posta in banda; nel 3.° d'argènto, all'elmo di nero: sopra il tutto d'argento a due spade di nero, passate in croce di S. Andrea. *Cod. V. Gonzati.*

Alias. Inquartato; nel 1.° e 4.° d'azzurro a tre sbarre d'oro; nel 2.ª d'argento, ad un braccio di nero armato di una mazza dello stesso posta in palo; nel 3.° d'argento, all'elmo di nero. Sul tutto di rosso a due spade d'argènto, manicate d'oro, passate in croce di S. Andrea, le punte in alto. *Port. del Monte Berico.*

Fioriva in Vicenza nel secolo XVII Arricchì con la fabbrica delle sete. Avea case in contrà Piaccoli dove la via volge alle Barche, e sepolcro a San Faustino. Si estinse nella famiglia Cabianca che ne fu erede.

GUZZI-BARETTA (*Vedi Baretta*)

Porta lo stemma dei Baretta, dato dal *Cod. Revese e Dall'Acqua.*

Giuseppe Guzzo e Pierantonio Baretta domandano la cittadinanza Vicentina il 26 Agosto 1680.

Carlo ebbe a prestito dai fratelli di Francesco Cisotti un posto in Consiglio Nobile il 31 Dicembre 1736.

IMPERIALI (*Imperialis*)

(*Non si conosce lo stemma*).

Giovanni fu Giambattista, dottore, ebbe a prestito da Orazio e Claudio fratelli Capra un posto in Consiglio il 30 Dicembre 1650, e Carlo dottore il 22 dicembre dell'anno susseguente comperava il posto di Vicenzo Thiene. Questa famiglia era pure ascritta al nobile Collegio dei Giudici.

Avea sepolcro a Santa Corona.

Si estinse nella Famiglia Nicolosi che, a sua volta, terminò negli Stecchini, eredi oggi del predio dell'Anconetta, già proprietà degli Imperiali.

Giambattista è giudicato dall'Hoffmann: medico insigne, oratore eccellente, erudito illustratore e commentatore di Galeno. Messina e Padova gli offersero a gara Cattedra e generoso stipendio; egli prescelse di rimanere in patria, dov'era altamente riverito ed amato. Morì il 26 Maggio 1623. Era nato l'11 Agosto 1569. Il figliuolo suo primogenito, come il padre, medico, letterato e scrittore, continuò le tradizioni paterne ed ebbe fama e considerazione. Morì nel 1670 a 74 anni.

INGELOTO (*De Ingeloto, Chiminelus de Hengeloto*).

(*Non si conosce lo stemma*).

Famiglia antica estinta. Ascritta al Consiglio Nobile di Vicenza. Nel 1510 aveva un posto.

LAGO

D' azzurro, ad una torre al naturale, aperta e finestrata di nero, terrazzata dello stesso, chiusa fra due muraglie mer-late di rosso movente dai fianchi dello scudo, accompagnata in capo da tre stelle d'oro male ordinate. *Cod. V. Gonzati.*

Alias. D' azzurro, ad una torre d'argento aperta del campo, i battenti d'oro, chiusa fra due muraglie d'argento, il tutto terrazzato di verde. La torre accompagnata in capo da una cometa e due stelle di otto raggi. *Portici di M. Berico.*

Famiglia di rinomati fabbricatori di seta in Vicenza. *Andrea Lago* avea nel 1765 duecento e cinquanta telai. Avea case a Santa Corona e sepolcro nel Santuario di Monte Berico. Si estinse nel 1831.nella famiglia Caldonazzo, che, a sua volta, spariva nel 1897.

LANZÈ (*De Lanzade*)

D' azzurro, ad una lancia d'argento con l' asta di rosso, posta in banda, attraversata e passata in croce di S. Andrea da un volo d'argento. *Cod. Revese e V. Gonzati.*

Famiglia antica in Vicenza. Pagliarino dice che dominò in Lanzè dove avea un forte castello. Nel principio del secolo XIV avea case a Santo Stefano ove sono oggidì quelle dei Negri e che poi furono rifabbricate dai Sessi non senza però toglier loro tutte le reliquie della loro antica costruzione. Il sepolcro era a Santa Corona.

LANZI (*De Lantiis, De Lanciis*)

Spaccato; nel 1.º d'oro, all'aquila di nero; nel 2.º di rosso, a tre dardi d'argento, posti in banda e ordinati in fascia. *Cod. V. Gonzati.*

Vincenzo dottore, ascritto al nobile Collegio dei Giudici, entrava il 1° Gennaio 1541 nel Consiglio Nobile di Vicenza per diritto del Collegio a cui apparteneva.

Avea sepolcro nella Chiesa di S. Eleuterio, e case al di là del Ponte degli Angeli, dove nel 1760 eressero, con disegni di Francesco Antonio Ziggiotti, una cattiva fabbrica, ora dei Biego, che diè luogo a pubblicazioni in pro e contro.

LAVEZARI (Lavezarius)

D' azzurro, all'aquila di nero imbeccata e membrata d'oro, ad un nastro d'argento attortigliato alla coda. *Diploma di laurea di Giuseppe Lavezari vicentino, 1728.*

Tommaso Lavezzari domanda di esser ammesso alla cittadinanza vicentina il 16 Maggio 1684. Il Lavezzari era stampatore.

Avea sepolcro a San Faustino.

LAZARI N. V. (De Lazaris)

D'argento, al leone di rosso coronato d'oro, tenente tre spighe fogliate dello stesso. *Cod. Revese, Dall' Acqua e V. Gonzati.*

Modesta famiglia Vicentina, arricchì colla vendita di panni e quindi con il commercio della seta. Al tempo della guerra di Candia offerse alla Veneta Repubblica 100 mila ducati, e il 14 Marzo 1660 fu iscritta nel libro d'oro del Patriziato. Si estinse nel 1775 con *Giovanni Battista* fu Francesco.

Abitava a San Biagio e avea sepolcro a S. Faustino.

LAZZARINI

Inquartato; nel 1.° e 4.° d'argento, alla sbarra doppio-merlata di rosso; nel 2.° e 3.° d'azzurro, al sole al naturale; al capo d'oro, caricato di un'aquila di nero, coronata dello stesso *Da pergamena.*

Lo stemma è desunto da un libro di memorie della famiglia Lazzarini, di Trissino, dal 1400 al 1800. Nell'albero annessovi figura pure quel Domenico Lazzarini, Patrizio di Macerata, professore nell'Università di Padova che ebbe l'onore di una statua nel Prato della Valle. Visse negli ultimi tempi a Vicenza. Estinta nei Dalle Ore di Novale.

LECCO (*De Leuco*)

(*Non si conosce lo stemma*).

Famiglia ascritta al Consiglio Nobile di Vicenza. Nel 1510 aveva due posti.

Avea sepolcro a S. Lorenzo.

LEONARDI (*Leonardi*)

Di verde, al pino al naturale, terrazzato di nero, sinistrato da un leone rampante d'oro. *Cod. V. Gonzati.*

Giulio Leonardi ottenne dal Consiglio la cittadinanza vicentina il 29 Dicembre 1558.

Bortolo q. Francesco Leonardi è aggregato al Consiglio dei 500 il 18 Gennaio 1769. Lo stesso ebbe a prestito dagli eredi di Alessandro Ferrari un posto in Consiglio Nobile il 31 Dicembre 1769.

Questa famiglia ebbe sepolcri alla Cattedrale e a Santa Corona.

LEONI-MONTANARI

Partito; nel 1.° d'azzurro, ad un pino di verde accostato da due leoni controrampanti e affrontati d'oro; il tutto sostenuto da una terrazza di verde; nel 2.° partito *a)* d'oro, alla mezz'aquila di nero coronata del campo, movente dalla ripartizione; *b)* d'oro, a quattro fascie ondate di nero. *Cod. Revese e V. Gonzati.*

I fratelli Leoni Montanari, previa obblazione di ducati 4000, il 27 Gennaio 1676 supplicano di venir ammessi alla cittadinanza, e fatti capaci dei Consigli di Vicenza. Il 15 Marzo 1676 il Consiglio di Vicenza accorda loro la cittadinanza nobile, esborsando essi per aggradimento alla città ducati 4000.

Giovanni III. Re di Polonia, con decreto 28 Maggio 1693, insignì Giovanni, Cristoforo e Leone fratelli Leoni Montanari e loro discendenti del titolo di Conte, titolo che nell'anno successivo ai 2 di Giugno venne loro confermato dalla Veneta Repubblica.

I Leoni, marzari da prima, mercanteggiarono poi nella seta dove arricchirono. Assunsero il nome di Montanari per l'eredità di un Giovanni Montanari, ricchissimo mercante di seta, ch'è fama lasciasse loro cento cinquanta mila ducati.

Giovanni Leoni Montanari eresse nel 1686 sull'angolo di Santa Corona e contrà della Pozza un sontuóso palazzo, ora della vedova di Luigi Milan Massari, di stile barocco con stucchi del Vittoria, fregi del Dorigny e statue di Orazio Marinali.

Aveano sepolcro a Santa Corona.

LEPORINI (*Leporinus*).

(Non si conosce lo stemma).

Giovanni Maria fu Cristofaro Leporini ottenne per sè ed eredi la cittadinanza vicentina dal Consiglio il 21 Giugno 1632. Lo stesso comperò il 27 Novembre 1634 da Prospero Muzan un posto in Consiglio Nobile.

LETHER

Interzato in fascia d'argento, d'azzurro e di rosso. L'argento e l'azzurro caricati da un leone d'oro, tenente colla branca anteriore destra un libro aperto d'argento colle lettere L. R. di nero e cimato da un aquila bicipite di nero coronata di rosso. Il leone posa colla branca posteriore sinistra su di una collina di tre cime di verde attraversante sul rosso e nascente dalla punta. *Port. del Monte Berico.*

Famiglia della Val dei Signori presso Schio. Quivi, in chiesa, avea sepolcri cospicui. Oggi vive a Schio.

LIOY

D'azzurro, alla fascia d'argento sostenuta da due sbarre dello stesso, ed accompagnata da due stelle una in capo ed una in punta; quella in capo accostata da due mascheroni moventi dai lati dello scudo, il tutto d'argento. *Dal diploma di Cavaliere.*

Famiglia napoletana. Francesco Lioy avendo fatto le sue prove all'Ordine Costantiniano vi fu nel 1800 ricevuto per giustizia. È iscritta col titolo di nobile nell'*Elenco Ufficiale Napoletano* avendone diritto le famiglie dei Cavalieri Costantiniani per giustizia. Venne a Vicenza in seguito al matrimonio di Felice Lioy con Cecilia Modena. Vedi Modena.

Ha casa a San Paolo.

LISIERA (*De Liseria*)

(*Non si conosce lo stemma*).

Girolamo di Bartolomeo nel 31 Dicembre 1542 entrava in Consiglio Nobile di Vicenza per averne ereditato il posto di Vicenzo fu Vajente dei Vajenti.

LITOLFI (*De Litolphis*)

(*Non si conosce lo stemma*).

Famiglia antica in Vicenza. Fu ascritta al Consiglio Nobile, dove nel 1510 avea tre posti. Avea sepolcri a San Marco.

LIVIERA (*De Liveria, Liveria Zuglanus*)

Spaccato; nel 1.° d' argento, al sinistrocherio di carnagione, vestito di rosso, tenenté una leva al naturale posta in sbarra; nel 2.° di rosso, a due bande d' argento caricate di due leve al naturale. *Cod. V. Gonzati.*

Famiglia aggregata al Consiglio Nobile di Vicenza. Nel 1510 avea un posto. Avea sepolcro alla Chiesa del Carmine.
Giovanni Battista Liviera scrisse a 18 anni la sua tragedia *Cresfonte.*

LODI (*De Laude, Lodius*)

Spaccato d'azzurro e di verde, ad una stella d'oro di otto raggi nel primo; con la fascia d'oro attraversante sulla partizione e caricata di un leone passante di nero. *Cod. Revese, Dall'Acqua e V. Gonzati.*

Famiglia ascritta al Consiglio Nobile di Vicenza. Nel 1510 avea un posto. Era pure aggregata al nobile Collegio dei Giudici.
Avea case nella contrada omonima, e sepolcri a . . . .

LOMBARDI (*De Lombardis*)

(*Non si conosce lo stemma*).

Giovanni Girolamo fu Luigi comperò il 2 Ottobre 1554 un posto in Consiglio Nobile da Pietro fu Giovanni Biagio Malchiavelli.

LONGARE (*De Longare*)

D' azzurro, all' albero di verde, terrazzato dello stesso, sormontato da tre stelle d'oro di otto raggi male ordinate. *Cod. Revese, Dall'Acqua e V. Gonzati.*

Alias. Spaccato; nel 1.° d'argento; nel 2.° palato d'azzurro e d'argento, all'albero di verde attraversante sul tutto. *Cimiero:* Un gallo al naturale. *Cod. L Gonzati.*

Michele e Giovanni fu Corradino da Longare ottennero la cittadinanza vicentina con Ducale 4 Febbraio 1405. Fu ascritta al Consiglio Nobile di Vicenza. Nel 1510 avea un posto.

Avea sepolcri agli Scalzi e ai Servi.

Si estinse nei Bonin e nei Fincati che ne assunsero il nome.

LONGO (*Longus*)

(*Non si conosce lo stemma*).

Cristoforo era ascritto al Consiglio Nobile di Vicenza nei principio del secolo XVIII. Il figlio Carlo gli subentrò il 31 Dicembre 1728.

Leonardo Longo, rettore da prima della Chiesa di S. Paolo in Vicenza e poi curato di quella di Torrebelvicino, accolse in sua casa i primi stampatori, nè imparò l'arte e l'esercitò.

LONIGO (*De Leonico*)

D' oro, a tre caprioli merlati di nero, la sommità di ciascuno avente due merli in forma di capriolo rovesciato. *Cod. Revese, Dall'Acqua e V. Gonzati.*

Famiglia antica già estinta in Vicenza. Venne da Lonigo. Fu ascritta al Consiglio Nobile Vicentino dove nel 1510 aveva quattro posti. Era pure aggregata al nobile Collegio dei Giudici. Avea case a S. Gaetano sul Corso, e sepolcro a San Michele. Un ramo di questa famiglia passò in Este e vive ancora in Padova.

Nicolò, nato nel 1428 e morto il 29 Giugno 1524, fu uno dei più dotti cultori delle scienze e delle lettere del suo tempo. A 18 anni avea già dato saggi di smisurata memoria. I Medici e i Picò lo invitarono alle loro corti, ma egli preferì gli Estensi, e infatti in Ferrara insegnò per molti e molti anni matematiche, filosofia e medicina. Profondo conoscitore della lingua greca ebbe l'incarico di tradurre in latino le opere di Galeno. Lasciò molte traduzioni e non poche opere sue.

LOSCHI (*De Luschis*)

D' oro, alla fascia di rosso caricata di tre gigli d'argento. *Cod. Revese, Dall'Acqua e V. Gonzati.*

Alias. D' oro, col capo di rosso, caricato di tre gigli d'argento. *idem.*

Alias. D' oro, alla fascia di rosso, caricata di tre gigli d'argento, accompagnata in capo dall'aquila di nero. *Cimiero:* L'aquila. *Cod. Schio.*

Alias. La stessa, all' aquila dell'Impero. *Cod. Revese, Dall'Acqua e V. Gonzati.*

Alias. Inquartato; nel 1.º e 4.º d'oro, alla fascia di rosso caricata di tre gigli d'argento, e sopra un' aquila bicipite di nero coronata di rosso; nel 2.º e 3.º d'azzurro, a tre gigli d'oro posti due e uno. *Divisa: Rigatum sanguine fluxit. Cod. Revese, Dall'Acqua e V. Gonzati.*

Famiglia antica ed illustre. Ascritta al Consiglio Nobile di Vicenza. Nel 1510 aveva sedici posti. Era pure aggregata al nobile Collegio dei Giudici. L' Imperator Sigismondo, Re de' Romani e d'Ungheria, concedeva ad Antonio Loschi e a tutti i suoi discendenti maschi, con diploma segnato a Buda in data 22 Agosto 1426, il titolo di Conte del Sacro Palazzo Lateranense. Nel 1557 poi Lodovico Pico Signore della Mirandola e della Concordia ammetteva la famiglia Loschi alla nobiltà della sua illustre Casa, e dai re di Francia avea il privilegio d' inquartare lo stemma con i Gigli. Fu confermata con Sovrane Risoluzioni 11 Marzo 1820, 29 Settembre 1824 e 2 Giugno 1829. Si estinse nel 1848 con Luigi Loschi, che lasciò eredi della sua cospicua sostanza la moglie Drusilla dal Verme e il nipote conte Camillo Zileri Dal Verme degli Obizzi, cui alla morte di Drusilla pervenne l' intera sostanza.

Avea case in Riale, case e torri a San Marcello. Nel secolo scorso eresse sul Corso un sontuoso palazzo su disegni del co. Ottone Calderari. Edificò una cappella nella Cattedrale dove ebbe i propri sepolcri. Avea ancora sepolcri ai Carmini, a S. Marco.

Antonio Loschi, Cancelliere di Giangaleazzo Visconti, segretario dei Pontefici Gregorio XII e Martino V, fu oratore e poeta celebratissimo, commentò sapientemente le *Orazioni* di Cicerone, dettò « *l'Achille* » la prima tragedia regolare dei tempi moderni. Ebbe l'amicizia di Enea Silvio Piccolomini, del Poggio, del Filelfo, del Barbaro ed altri grandi del suo tempo. Con testamento 17 Febbraio 1440 ordinò l' erezione di una cappella in Duomo dal lato della Canonica e la costruzione in essa di un'arca lapidea *pro corpore testatoris*. Morì il 28 Maggio 1441. Drusilla Dal Verme, moglie a Luigi Loschi, ultimo di sua famiglia, nel 1878 restaurò ed abbellì la cappella, ed eresse alla grande memoria di Antonio un monumento.

Valerio, fu creato Senatore di Roma con breve del 15 Novembre 1425 di Papa Martino V. Per mandato dello stesso Pontefice tenne quindi l'ufficio di Podestà a Perùgia e altrove. Firenze, Perugia, Siena ed altre città gli conferirono la cittadinanza Morì ai primi di Maggio del 1460 in patria.

Nicolò, uomo d'arme di grande valore, fu carissimo ai signori della Mirandola. Nell'Assedio di Mirandola, Lodovico lo nominò suo Luogotenente Generale, con autorità suprema in caso di assenza, come appare da Patente 28 Aprile 1552. E Mirandola fu salva. Enrico Re di Francia nel 22 Marzo 1554 gli concessse il titolo e le insegne di Cavaliere, e insieme il diritto di portare tre gigli d'oro sullo stemma gentilizio. Caterina dei Medici, moglie di Enrico II, lo nominò suo procuratore per levare al sacro fonte Ippolita della Mirandola figlia di Lodovico e di Renata d'Este. E Lodovico ai 14 Ottobre 1557 per mostrare al mondo quanto lo amava concesse a lui e ai suoi discendenti in perpetuo di essere costituiti e chiamati della nobile ed illustre famiglia Pico de' Manfredi, come se di detta famiglia fossero naturalmente nati, godendo di quei privilegi personali e reali che godevano i figli propri. Nello stesso giorno gli cedeva la sua casa in Mirandola nel Borgo di S. Francesco e, pochi anni dopo, nel 12 Febbraio 1562 gli donava la bella possessione di Mortizolo. Morì in Mirandola il 20 Marzo 1574

Torquato, uomo raro ne' trattati e maneggi de' Principi, fu chiamato il Conclavista insigne. Intervenne infatti in conclave serrato alla creazione dei Pontefici Innocenzo IX, Clemente VIII e Leone XI. Morì in Firenze il 27 Gennaio 1630.

Alfonso ebbe l'onore di esser levato al sacro fonte da Federico Pico della Mirandola e da Ippolita di Alfonso d'Este sua moglie. Si dedicò agli studi storici, ed ebbe fama di scrittore esimio in tutta la colta Europa. I suoi *Compendii Historici*, ch'ebbero ben sei volte l'onore della stampa, furono il manuale degli studiosi nei secoli XVII e XVIII Scrisse ancora i *Commentari di Roma* e compilò l'albero della sua famiglia. Essendo Principe dell'Accademia accolse nel Teatro Olimpico di Vicenza il Granduca Ferdinando II. de Medici e Giovanni Casimiro figlio di Sigismondo III. Re di Polonia. Morì alla Mirandola l'11 Settembre 1668, e la salma fu trasferita in patria il 10 Maggio 1670.

Venceslao, cultore lodato delle umane lettere e primamente delle poetiche, fu uno dei più prestanti fondatori dell'Accademia dei filologi. Morì trentenne nel 1823.

Luigi, ultimo di sua stirpe, uomo buono, colto, amato, fu membro del comitato Provisorio per la patria indipendenza nel memorando 1848. Ritornata Vicenza dopo il 1° Giugno sotto il giogo straniero, Luigi Loschi esulò dalla patria e morì di crepacuore a Bologna il giorno 29 Luglio di quello stesso anno.

Drusilla, figlia di Luchino dal Verme e di Francesca Loschi, sposa allo zio Luigi, alle sue virtù tributò inconsolabile vedovanza, e alla spoglia venerata, ridonata alla patria nel 1856 fece scolpire dal Vela degno monumento. Morì il 14 Marzo 1885.

LOVO

D' azzurro, alla navicella ancorata di nero, natante in un laghetto al naturale circondato da un boschetto di verde. *Port. del Monte Berico.*

Famiglia che fioriva a Schio nel secolo XV. A Vicenza aveano casa al Porto, dove tenevano barche. *Carlo* di Gaetano eresse un arco del portico di Monte-Berico nel 1760.

LOZZO E CASTELNOVO (*Conti di*).

D' argento, alla fascia di verde. *Cod. Revese.*

Discendono dall'antica famiglia dei Conti. Così il Salici.

LUCIANI (*De Lucianis*)

(*Non si conosce lo stemma*).

Famiglia ascrttta al Consiglio Nobile di Vicenza. Nel 1510 avea un posto.

LUCIO (di). (*De Lucio*)

Di rosso, alla fascia d'argento. *Cod. Revese e Gonzati.*

Discende dall'antica famiglia dei Conti. Venne da Padova e fu lungamente in fiore a Vicenza. Avea case alla Cattedrale, che poi passarono nei Bissari, e sepolcro a San Lorenzo.

LUGO (*De Lugo*, *Cha da Lugo*)

Spaccato; nel 1.º partito di . . . . . e di . . . . .; nel 2.º di . . . a una treccia di . . . . posta in cerchio, le estremità passate in croce di S. Andrea e rivolte verso i due cantoni del capo. *Cod. Schio.*

Famiglia ascritta al Consiglio Nobile di Vicenza. Nel 1510 aveva un posto. Era pure aggregata al nobile Collegio dei Giudici.
Avea sepolcro a S. Maria della Misericordia.

MACCHIAVELLI (*De Malclavellis, Malclavellus*)

Di rosso, a tre pali scaccati d' azzurro e d' argento di due file; col capo dell' Impero. *Cod. Revese, Dall'Acqua e V. Gonzati.*

Venne a Vicenza da Modena nel secolo XIV. Questa famiglia fu ascritta al Consiglio Nobile di Vicenza dove nel 1510 aveva nove posti. Era pure aggregata al nobile Collegio dei Giuristi. Si estinse nel principio del secolo nostro.

Avea sepolcro alla Cattedrale e a S. Corona. *Sepulcrum D. Muletti de Malclavellis de Mutina*

MAFFEI (*Maphaei, De Maffiis*)

Spaccato; nel 1.° d'azzurro, al cervo uscente d'oro; nel 2.° d'oro, a tre gigli d'azzurro, 2 e 1. *Cod. Revese Dall'Acqua e V. Gonzati.*

Alias. La stessa, coi gigli d'argento. *Cod. Schio.*

Fioriva in Vicenza nel secolo XVII. Nella prima metà di questo secolo si preparava sepolcri in San Biagio e a S. Faustino. Avea case a Monte Berico, presso il Santuario, nel luogo detto *della Bragadina.* Estinta.

Francesco Maffei, pittore, gareggiò a Vicenza col Cittadella e col Carpioni, degno di competere coi migliori. Avea stile facile e grande e certa grazia che lo distingue dai manieristi del suo tempo. Morì nel 1660.

MAGRÈ (*De Magrade, De Camino de Magrade, Macradius*)

Di rosso, alla banda cucita d'azzurro, caricata di tre stelle di sei raggi d'oro. *Cimiero:* Un artiglio d'aquila alato. *Cod. Revese, Schio e V. Gonzati.*

Alias. La stessa, colla banda caricata di tre comete d'argento *Cod. Dall'Acqua.*

Alias. Bandato d' argento e di verde, colla terza banda caricata di tre stelle di otto raggi d'oro. *Cod. Schio.*

Uguccione da Magrè ottenne la cittadinanza di Vicenza con Ducale 19 Giugno 1408.

Ascritta al Consiglio Nobile di Vicenza. Nel 1510 aveva sette posti. Era pure aggregata al nobile Collegio dei Giudici. Avea case al Ponte degli Angeli e sepolcri a S. Lorenzo, ai Carmini, agli Scalzi, a S. Michele, á S. Stefano e a S. Corona.

MAINENTI (*De Mainente, De Mainentibus*)

Spaccato; nel 1.° d'oro, all'aquila di nero, coronata del campo; nel 2.° di rosso, a tre sbarre d'argento. *Cod. V. Gonzati.*

Alias. D' azzurro, alla sbarra di rosso, caricata di una stella di otto raggi d'oro, accostata da due rose dello stesso. *Cimiero*: Una fiamma di rosso. *Cod. Schio.*

Alias. D' azzurro, alla sbarra di rosso caricata di una stella di otto raggi d' oro accompagnata da due rose d' argento: in capo due stelle d' oro di sei raggi, in punta un calamaio su bacile d' argento sormontato da penna falcata piumata di nero. *Raccolta degli stemmi presentati all' I. R. Commissione Araldica.*

Famiglia ascritta al Consiglio Nobile di Vicenza. Nel 1510 aveva due posti. Era pure aggregata al nobile Collegio dei Giudici. Confermata nobile con Sóvrane Risoluzioni 4 Giugno e 8 Luglio 1820. Avea case in contrà S. Pietro. Estinta. I suoi beni passarono alla Casa di Ricovero.

Avea sepolcri all'Araceli, a S. Corona, e a S. Pietro.

MALACAPELLA (*Conti*)

D'argento, alla fascia di rosso *Cod. Revese e V. Gonzati.*

Discendono Dai Conti. Furono potenti a Verona e a Vicenza.

MALACREDA (*Malacreda*)

Spaccato; nel 1.° di rosso, caricato a destra da un leone d'oro coronato dello stesso, tenente una spada al naturale, e a sinistra da un castello sormontato da due torrette d'argento, quella a destra merlata, quella a sinistra sormontata da una cupola; nel 2.° d'oro a due pali di verde. *Cod. Revese e V. Gonzati.*

Alias. La stessa, con due bande in luogo dei pali. *Cod. Dall'Acqua.*

Alias. Spaccato; nel 1.° di ...., caricato a destra di un leone, tenente uno stocco al naturale, e a sinistra da un castello merlato aperto; nel 2.° di ...., a tre sbarre di ...., alla fascia attraversante sulla partizione. *Cimiero:* Un leone nascente tenente uno stocco. *Cod. Schio.*

Bernardino, Livio e Alessandro fu Giampietro Malacreda da Padova ottennero la cittadinanza vicentina il 23 Dicembre 1571;

Bartolomeo fu Benedetto ebbe a prestito dai fratelli Fontana un posto in Consiglio Nobile il 31 Decembre 1742.

Avea sepolcro a Santa Chiara. Abitava in Borgo Berga.

MALASPINA

Di.... allo spino fiorito sradicato. *Cod. Schio.*

Alias. Spaccato di rosso e d'oro, allo spino di verde fiorito d'argento, attraversante sul tutto. *Cod. Revese e V. Gonzati.*

Alias. La stessa, allo spino di nero. *Cod. Dall'Acqua.*

I Malaspina fiorivano in Vicenza nel secolo XIV. Il Marchese Leonardo Malaspina con testamento 9 Luglio 1403 legava « *de bonis suis ducatos mille, de quibus quingentis fiat una capella in Ecclesia Majori Vincentiae, sub vocabulo S. Iacobi, et de aliis emantur possessiones ad sacerdotem instituendum* ». È la cappella ora di S. Teobaldo, la terza a destra, della quale conservano anche oggidì il patronato i Marchesi Malaspina di Fosdinovo di Toscana.

Il Pagliarino dice che questa famiglia « stette lungo tempo fra noi », e che « possedeva molti beni in Montecchio Maggiore et in altri luoghi ».

Spinella Malaspina, fratello di Leonardo, fu Podestà di Vicenza l'anno 1395.

Il ramo dei Malaspina di Verona venne a stabilirsi in Vicenza nel 1893.

MALLONI (*Malloni, Mallonus, Mallonius*)

D'azzurro, alla fascia d'oro caricata di un'aquila bicipite d'argento, coronata dello stesso, e accompagnata in capo da tre mosche d'oro, e in punta da tre torri merlate d'argento, sostenute da una campagna di verde. *Cod. V. Gonzati.*

I Deputati attestano il 25 Luglio 1648 che Carlo Francesco Malloni di Puschiavo è cittadino vicentino per incolato.

Carlo Francesco ebbe a prestito un posto in Consiglio Nobile da Girolamo Ferramosca il 31 Dicembre 1651.

Avea sepolcro a San Giacomo.

Giovanni Antonio, chierico regolare Somasco, insegnò lettere nel Collegio Clementino a Roma; filosofia e teologia a Pavia e altrove. Ebbe i più alti uffici nel suo Ordine. Urbano VIII. lo creò nel 1628 Vescovo di Sebenico in Dalmazia; nel 1634 fu trasferito alla sede di Belluno rimasta vacante per la rinunzia del Vescovo Dolfin. Morì il 7 Febbraio 1649 ottantenne.

MALO (*De Malado*)

(*Non si conosce lo stemma*).

Bortolo fu Giberto da Malo ebbe la cittadinanza vicentina con Ducale 29 Maggio 1405. Fu ascritta al Consiglio Nobile di Vicenza. Nel 1510 aveva due posti.

Avea sepolcro a S. Corona.

MALTRAVERSI (*Conti*)

D' argento, alla fascia di rosso. *Cod. Revese e V. Gonzati.*

Discendono dalla potente famiglia dei Conti.

Bernardo fu per dieci anni Vescovo di Padova, morì nel 1059, Uberto, nato a Vicenza intorno alla metà del secolo XI unitamente a suoi fratelli fondava nel 1080 il Monastero di Praglia e lo dotava riccamente prima di morire. *Giordano* fu Preposito della Chiesa di Modena, poi Vescovo di Padova nel 1216, dove morì nel 1228 dopo aver retto saggiamente per dodici anni la sua diocesi. *Nicolò* fu nel 1213 da Innocenzo III innalzato al Vescovado di Reggio in Lombardia e nello stesso anno nominato con lettera 26 Aprile Amministratore della Chiesa Vicentina, che governò fino al 1219. Onorio III. lo creò suo legato in Oriente, perchè recasse colà aiuto ai Cristiani che combattevano contro i Saraceni, Gregorio IX. lo elesse Mediatore fra Bolognesi e Modenesi. Morì nel 1244.

Angelo, domenicano, fu da Innocenzo IV. nominato Arcivescovo di Creta nel 1255, e dall'Arcivescovado di Creta promosso da Alessandro IV. alla Cattedra Patriarcale di Grado, che resse per 16 anni, fino cioè alla sua morte avvenuta nel 1271. *Guido*, domenicano, fu inquisitore a Bologna, Provinciale del suo Ordine e nel 1304 per volontà di Benedetto IX. Vescovo di Ferrara.

MANCASOLA (*Mancasola*).

D' argento, a due uomini affrontati, la testa calva, dandosi le mani, e posti sopra una terrazza di verde; quello a destra vestito di una cotta d'arme d'oro e calzato d'argento; quello a sinistra vestito di una cotta d'arme d' argento e calzato d' oro; col capo caricato di tre caprioli di rosso; di cui il primo si perde nella bordura superiore dello scudo. *Cod. Revese, Dall'Acqua e V. Gonzati.*

Il Consiglio di Vicenza ammette Pietro Mancasola al Consiglio de 500 e dei 150 il 6 Decembre 1738.

Antonio Maria Gaetano ottenne il 31 Dicembre 1757 il posto in Consiglio che avea ereditato suo padre Andrea da Vincenzo Cavagion.

Si estinse nei Piovene in questo secolo.

MANFRONI

Inquartato; nel 1.º e 4.º d'azzurro, ad un liocorno nascente d'argento, cornato e crinito d'oro, movente da un poggio di rosso; il liocorno del 1.º rivolto; nel 2.º e 3.º fasciato ondato d'argento e d'azzurro di cinque pezzi. *Cod. Revese e V. Gonzati.*

Famiglia di Schio illustrata da celebri guerrieri.

Giampaolo, detto il Fortebraccio, nato verso la metà del secolo XV, è ricordato dagli storici come uno dei più illustri conduttori d'arme del suo tempo. Morì il 19 Settembre 1528 all'assedio di Pavia, e fu sepolto nella basilica di Sant'Antonio in Padova, dove la salma venne trasferita. Il figlio *Giulio* con le sue gesta si mostrò degno del padre valorosissimo, al quale era premorto, ucciso da un colpo d'archibugio il 15 Agosto 1526 nell'assalto dato in quel giorno a Cremona dai Veneziani.

Suor Domicilla Manfron di Schio con le Suore Lodovica Trento, Angelica e Benvenuta Lanzè fondarono nel 1539 il Monastero di Santa Maria Nova in Vicenza.

MANENTI o MANENTE (*De Manentibus*).

Spaccato; nel 1.º d'oro, ad una piramide d'argento; nel 2.º d'argento a due bande di rosso. *Cod. V. Gonzati.*

Venne da Verona al tempo degli Scaligeri. Fu ascritta al Consiglio Nobile di Vicenza, dove nel 1510 avea tre posti.

MANERBI (*De Manerbis*)

(*Non si conosce lo stemma*).

Famiglia ascritta al Consiglio Nobile di Vicenza. Nel 1510 aveva un posto.

MANTEGNA (*Mantegna*)

Fasciato d' oro e di nero di quattro pezzi, col capo d' azzurro al sole d'oro. *Archivio storico dell'arte ; fasc. III, pag. 81 anno 1888.*

Famiglia ascritta al Consiglio Nobile di Vicenza. Nel 1510 aveva un posto.

Il Comm. Fed. Stefani prova con un documento del 1452, 2 Gennaio, che il celebre pittore *Andrea Mantegna* fu nativo di Vicenza — *Andream Blasij Mantegna de Vicentia* — Arch. Ven. fasc. 57 del 1885, pag. 191 e segg.

Il dotto quanto munifico principe Marchese Lodovico Gonzaga con animo squisitamente gentile volle attestare al Mantegna l'alta stima e considerazione in cui lo teneva coll' insignirlo dello stemma della propria Casa, solo con qualche modificazione (*modicum diferente*) e coll'accordagli anche l' *impresa* del Sole col motto — *par un désir* — che lo stesso Marchese aveva assunto nel 1448, dopo la battaglia di Caravaggio, autorizzandolo ad usarne pubblicamente.

MARANGONI (*Marangonius, Marangonus*)

Di . . . . alla riga di . . . . accompagnata in capo da una aquila di . . . . imbeccata, membrata e coronata di . . . . movente dalla riga, ed in punta dal compasso di . . . . . aperto *Cod. Schio.*

Alias. D'argento, al braccio sinistro vestito di porpora, movente dal fianco destro dallo scudo, la mano di carnagione tenente un compasso d'oro, aperto, le punte rivolte verso il capo, e una crocetta patente dello stesso, caricata d' un disco nel centro, sospesa per un anello al dito mignolo della mano ; al capo palato di sei pezzi: di porpora, di verde, di rosso, d'oro, d'argento e d' azzurro, ciascun palo caricato di un giglio di . . . . . ; il capo sostenuto da una fascia composta di sei pezzi: d' azzurro, d'oro, d'argento, di rosso, di verde e di porpora. *Raccolta degli stemmi presentati all' I. R. Commissione Araldica.*

Venturino fu Girolamo Marangoni da Chiampo domandava la cittadinanza vicentina il 31 Maggio 1606,

Bartolomeo fu Venturino comperava il 30 dicembre 1623 un posto in Consiglio Nobile da Orazio Lugo.

Avea sepolcro alla Cattedrale.

Giovanni fu Canonico della Cattedrale di Anagni, Protonotario Apostolico e prete dell'Oratorio di San Girolamo della Carità in Roma dove visse molti anni e morì nel 1753. Fu dotto in storia ecclesiastica e nell'antiquaria. Il Muratori lo ricorda sovente con animo grato per gli aiuti ricevuti. Presiedette l'estrazione delle ossa dei Santi Martiri nelle Catacombe.

MARANGONI

D' azzurro, al marangone (*pelecanus*) passante su di una spiaggia al naturale, accompagnato nel canton destro del capo da un sole radioso d' oro; al capo d'oro, alla fede francescana. *Stemma di Mons. Lod. Marangoni Vescovo di Chioggia.*

Mons. Lodovico Marangoni, nato in Vicenza il 27 Luglio 1820, minore conventuale, ministro generale del suo ordine, fu da Papa Pio IX preconizzato Vescovo di Gortina nel Decembre 1874 e traslato alla sede di Chioggia il 21 Settembre 1877. Uomo dotto pubblicò molti scritti in prosa e poesia, che riunì in quattro volumi col titolo di *Raccolta di Pastorali, Omelie ed altri scritti* (Chioggia, Duse, 1891-1894).

MARANO (*De Marano*)

Di rosso, al leopardo d'oro illeonito e rampante. *Cod. Revese, dall'Acqua, Schio e V. Gonzati.*

Famiglia antica. Ascritta al Consiglio Nobile di Vicenza dove nel 1510 aveva un posto. Era pure aggregata al nobile Collegio dei Giudici. Si estinse nella famiglia Rossi.

Aveà case e sepolcri a S. Lorenzo.

Alberto fu Vicario Imperiale di Federico II. nella città di Verona. Fiorì nella prima metà del secolo XIII. — *Pietro,* Consigliere di Can Grande della Scala, fece nel 1344 edificare, a sue spese, la sontuosa e artistica porta di San Lorenzo in Vicenza, dove, sopra l'architrave della porta, fu collocata e si vede tuttora la sua statua in abito di Consigliere degli Scaligeri. *Andrea* di Marco, morto di 82 anni nel 1744, fu uomo di elevata coltura. amò con pari amore le lettere e le scienze. Scoprì molti errori in cui caddero gli interpreti di Euclide. Col Bergamini e col Zampieroni tentò di riformare il teatro e l'ortografia italiana.

MARASCALCHI

D' azzurro, alla fascia di rosso caricata di cinque gigli d'oro, accompagnata in capo da un' aquila di nero rostrata e membrata di rosso, ed in punta da un leone d' oro tenente fra le sue branche un ferro da cavallo d'argento. *Diz. blas. del Crollalanza.*

Il Consiglio di Vicenza conferisce a Carlo Alfonso Marascalchi la cittadinanza nobile il 24 Giugno 1724.

MARASCHINI

Inquartato d'azzurro e di rosso; i quarti d'azzurro caricati ciascuno di tre ciliegie di rosso, coi steli e foglie di verde; i steli in alto; i quarti divisi da un filetto d'oro in croce. *Cod. Schio.*

Famiglia di mercanti di panni-lani a Schio, nel secolo scorso.

Don *Pietro Maraschini* coltivò con amore gli studi geologici. Per essi viaggiò l'Italia, la Francia e l'Inghilterra. Appartenne ai principali istituti scientifici del suo tempo ed ebbe illustri amicizie. Lasciò molte e dotte memorie. Morì il 26 Settembre 1825 di anni 51.

Maria Maraschin di Giovanni il 3 Nov. 1846 andò sposa al grande industriale Alessandro Rossi, gran Cordone della Corona e Senatore del Regno.

MARCHESINI (*Marchesinus*)

Semispaccato partito; nel 1.° d'argento, nel 2.° di rosso, nel 3.° di azzurro, ad un albero di verde terrazzato dello stesso attraversante sulla partizione e sinistrato da un leone d'oro coronato dello stesso sull'azzurro, rampante contro il fusto. *Cod. Revese, V. Gonzati e Port. del Monte Berico.*

Alias. La stessa, coll'albero accompagnato in capo da una stella d'oro di sei raggi. *Cod. Dall'Acqaa e V. Gonzati.*

Alias. Spaccato d'azzurro e di rosso, all'albero di verde, terrazzato dello stesso, attraversante, sinistrato da un leone d'oro rampante, e accompagnato in capo da una stella d'oro di otto raggi. *Port. del Monte Berico.*

Lucio Marchesini ottenne dal Consiglio la cittadinanza vicentina per se e discendenti il 20 Giugno 1620.

Giovanni dottore di Girolamo ebbe in dono il 17 Ottobre 1632 un posto in Consiglio Nobile da Leonardo Loschi.

Avea sepolcri ai Carmini e a San Faustino.

MARCHESINI (DE)

Di rosso, alla bilancia librata d'oro; al capo dello stesso caricato di un palo azzurro, sopracaricato di una stella di sei raggi d'oro. *Diploma Imperiale.*

Famiglia Tirolese. Venne a Vicenza con Bernardo, Consigliere del Tribunale Provinciale, nella prima metà del secolo nostro. L'Imperatore Francesco Giuseppe, con Sovrano Rescritto 23 Settembre 1851, creò detto Bernardo Cavaliere di III. classe della Corona di ferro, e con diploma 13 Giugno 1852 lo elevò, con tutta la sua legittima discendenza e in perpetuo, al grado di Cavaliere dell'Impero Austriaco.

MARCHIORI (*De Marchioris*)

Spaccato; nel 1.º d'azzurro, a due stelle di sei raggi d'oro e al giglio d'argento, posti 2 e 1; nel 2.º d'azzurro, a tre bande d'argento. *Cod. V. Gonzati.*

Casato assai diffuso in Vicenza.
Avea sepolcro in Santa Croce.

MARCOLIN (*Marcolini, Marcolinus*)

(*Non si conosce lo stemma*).

Marco Antonio Marcolin viene ammesso alla cittadinanza vicentina il 31 Dicembre 1667.

Giovanni fu Marcantonio ebbe a prestito un posto in Consiglio Nobile da Maddalena fu Domenico Bolis il 1 Gennaio 1668.

Avea sepolcro a Santo Stefano.

MARESIO (*Maresius*)

(*Non si conosce lo stemma*).

Giandomenico Maresio è aggregato alla cittadinanza vicentina il 29 Decembre 1679.

Giuseppe di Domenico ebbe a prestito un posto in Consiglio Nobile da Girolamo Breganze il 31 Dicembre 1684.

MARISO o MORISIO

Di . . . . . alla collina di tre cime di . . . . , ciascuna delle due cime inferiori sormontata da un pioppo di . . . . ; il tutto sostenuto da una terrazza fasciata ondata di . . . . e di . . . . . *Cod. Schio.*

Illustre ed antica famiglia vicentina. La sua casa con torri, posta in faccia a Santo Stefano, fu abbattuta nelle funeste rappresaglie di partito del

1209. Avea beni e case anche in Lonigo e fur messi a sacco dal Conte di Sambonifacio nel 1232.

Pietro Morisio fu prode militare, fautore di Federico II. ossia degli Ezzelini. Il figliuolo *Gerardo,* causidico, è lo scrittore dell'istoria nostra più antico che ci resti: va dagli anni 1183 al 1237. Gerardo fù uomo di penna e di spada. Partigiano degli Ezzelini militò sempre nelle loro file, prima col padre, poi solo. Morì circa il 1237, senza vedere a quali atti di estreme barbarie trascorressero quei da Romano, ch'egli in vita avea tanto lodato.

Giacomo Mariso di Antonio preparava a sè e ai posteri il sepolcro nel 1535 in Santa Corona. Estinta.

MAROLA (*De Marola*)

(*Non si conosce lo stemma*).

Famiglia antica e ricca. Fu ascritta al Consiglio Nobile di Vicenza. Nel 1510 aveva un posto.

Avea sepolcro alla Cattedrale. Pagharino dice che ne' tempi antichi avea palazzi merlati e scoperti dentro porta S. Pietro.

MARTINOLO

D'argento, al castello di rosso merlato di due pezzi posto verso destra, sinistrato da un leone al naturale tenente colla branca destra una spada di nero posta in banda colla punta in alto, il tutto accompagnato in capo da tre stelle di rosso di sei raggi, col capo d'azzurro. *Da un codice della Bertoliana.*

MARZARI (*De Merzariis*)

D'azzurro, a due fascie d'oro; col capo cucito d'azzurro, caricato da una collina di tre cime d'oro, sormontata da un'aquila di nero, coronata d'oro. *Cod. Revese, Schio e V. Gonzati.*

Alias. Spaccato; nel 1.º d'oro, ad una collina di tre cime di verde sormontata da un'aquila di nero coronata d'oro; nel 2.º fasciato d'azzurro a due fascie d'oro. *Cod. Dall'Acqua.*

Alias. Spaccato; nel 1º d'oro, alla collina di tre cime di verde, all'aquila di nero; nel 2.º fasciato di verde a due fascie d'oro. *Cod. V. Gonzati.*

Alias. D'azzurro, al sole radioso d'oro. *Portici del Monte Berico.*

Famiglia antica, venuta a Vicenza da Valdagno, dove avea larghi possedimenti. Fu aggregata al Consiglio Nobile di Vicenza. Nel 1510 avea quattro posti. Era pure ascritta al nobile Collegio dei Giudici. Un ramo di questa famiglia appartenne al Consiglio Nobile della Città di Padova fino dal 1444, Confermata nobile con Sovrana Risoluzione 13 Maggio 1823. Estinta nella famiglia Donà.

Avea sepolcri a S. Corona e a Santo Stefano. Case a . . .

Francesco di Girolamo, eccellente giureconsulto del secolo XVI, fu giudice nella Rota di Genova, di Bologna e di Firenze. A Firenze tenne anche l'ufficio di Podestà. Ebbe il titolo di Conte e Cavaliere della Camera Cesarea; così egli stesso si sottoscriveva nella dedica al Duca de' Medici de suoi « Consigli ». *Orazio* di Bartolomeo, Protonotario Apostolico, ebbe da Gregorio XIII la nomina di Governatore di Ascoli e di Spoleto e da Sisto V. quella di Vice Governatore di Borgo in Roma, e poi quella di Vescovo di S. Severino nel 1 Dicembre 1586. Morì in sede il 3 Giugno 1607 lasciando fama di pio, provvido e caritatevole. *Giacomo* di Gio. Pietro pubblicò in Venezia nel 1591 la *Histuria di Vicenza*, divisa in due libri.

MARZARI-PENCATI (*De Mertiariis Pencatis*).

Inquartato; nel 1.º d'azzurro, all'aquila di nero, coronata d'oro, sostenuta da una collina di tre cime dello stesso; nel 2.º di verde, ad una crocetta patente d'argento; nel 3.º fasciato d'azzurro a due fascie d'oro; nel 4.º di rosso, caricato da una gamba umana d'argento tagliata alla coscia; col capo d'oro. *Cod. Revese, Dall'Acqua e V. Gonzati*.

Giuseppe Marzari-Pencati, celebre geologo, a 22 anni pubblicò il suo elenco delle piante spontanee osservate nel territorio di Vicenza. Erborizzò con Iussieu. Viaggiò molto e fece ovunque studi profondi. Inventò il tachigonimetro, e ne fu ricompensato dal Consiglio di Stato con una medaglia d'oro. Fu ispettore alle miniere e Consigliere di Stato. Fu amico e maestro de' più riputati mineralogisti del suo tempo. L'Humboldt venne espressamente a Vicenza per toccare la mano, com'egli disse, al più profondo e dotto geologo italiano. Morì di 56 anni nel 30 Giugno 1836. Era nato il 22 luglio 1779.

MASCARELLO (*De Mascarellis, Mascarellus*).

Spaccato; nel 1.º d'azzurro, caricato di un leone passante d'oro; nel 2.º di rosso, a tre pigne manicate d'oro disposte 2 e 1. *Cod. Revese e V. Gonzati*.

Famiglia antica. Fu ascritta al Consiglio Nobile di Vicenza. Nel 1510 aveva due posti. Era pure aggregata al nobile Collegio dei Giuristi. Fu confermata nobile con Sovrana Risoluzione 14 Luglio 1820. Lo Schröder la dice altresì insignita del titolo Comitale, del quale godeva l'uso da tempo remoto, ma di cui non si conosce la procedenza, nè le venne riconfermato.

Avea sepolcri a S. Lorenzo e a Santa Corona. Case a . . . .

Bartolomeo fu uno dei riformatori dello Statuto Vicentino nel 1339 e sindico generale del Comune di Vicenza nel 1346.

MASSARIA (*Massaria*)

D'argento, al palo increspasto di rosso; col capo d'azzurro; caricato di una stella di rosso nascente. *Cod. Revese e V. Gonzati.*

Alias. Spaccato; nel 1.º d'azzurro, alla stella nascente di otto raggi di rosso; nel 2.º d'argento, al palo increspato di rosso. *Cod. Dall'Acqua.*

Luigi Antonio di Bernardino il 30 Dicembre 1545 ebbe a prestito un posto in Consiglio Nobile da Marcantonio Malchiavelli. Questa famiglia era pure ascritta al nobile Collegio dei Giudici. Confermata nobile con Sovrana Risoluzione 22 Settembre 1820.

Avea sepolcri ai Servi.

Alessandro, celebre medico, aprì in Vicenza una scuola anatomica e istituì nel 1562 il Collegio dei Medici. Dopo la terribile pestilenza del 1576, durante la quale ebbe dai Magistrati cittadini il carico supremo della salute pubblica, scrisse i suoi *libri della peste,* il più compiuto lavoro che abbia veduto quella età su questo argomento. Rimasta vacante, per la morte di Mercuriale, la prima cattedra di pratica ordinaria nell'Università di Padova, il Senato Veneto chiamò il Massaria a succedergli, e il nome suo divenne illustre in Italia e fuori. Morì vecchio in Padova il 18 Ottobre 1598 e fu sepolto nella Basilica del Santo.

MASTINI

Spaccato; nel 1.º di . . . . . , al cane mastino abbaiante movente da una riga di . . . . attraversante sulla partizione, ed accompagnato nel cantone destro del capo da una stella; nel 2.º sbarrato di . . . . e di . . . . . *Cod. Schio.*

Alias. D'azzurro, al mastino d'argento movente da una collina di verde, accompagnato nel cantone destro del capo da una stella d'oro. *Cod. V. Gonzati.*

Famiglia di Valdagno illustrata nello scorso secolo da medici distinti e da *Arcangelo* che fu bibliografo e filologo assai stimato.

MATTARELLI (*Mattarellus, De Mattarellis*)

Spaccato; nel 1.° azzurro, ad un uomo d'oro nascente e tenente colla sinistra una freccia di nero, accompagnato da quattro stelle d'oro, una a destra, accostata da un crescente rivolto d'argento, e tre a sinistra male ordinate; nel 2.° bandato di rosso e d'oro. *Cod. Revese, dall'Acqua e V. Gonzati.*

Il 17 Maggio 1745 Francesco fu Pietro Mattarelli viene dal Consiglio dichiarato capace dei Consigli de' 500 e de' 150. Lo stesso ebbe in dono da Giambattista Cisotti un posto in Consiglio Nobile il 24 Maggio 1745. Si estinse nei Verlato che ne furono eredi sul finire del secolo scorso. E i Verlato pure sparirono.

Avea sepolcro questa famiglia alla Cattedrale.

MATTIAZZI (*Mattheaccius, Matthaeatius*)

Partito; a destra d'argento, ad un cane rampante d'oro, volto a sinistra, alla campagna di verde; a sinistra spaccato; nel 1.° d'azzurro, a tre stelle di sei raggi d'oro, poste in triangolo e addestrate da un crescente di argento; nel 2.° di rosso, alla torre merlata d'argento, movente da una campagna di verde. *Diz. blas. del Crollalanza.*

Famiglia antica Marosticense illustrata da uomini dottissimi così nelle scienze che nelle lettere. *Angelo Matteazzi*, professore di diritto civile all'Università di Padova, fu dall'Imperatore Rodolfo II. insignito dei titoli di Cavaliere e di Conte. Gli fu coniata una medaglia. Morì il 16 Febbraio 1600. *Marcantonio*, fratello di Angelo, medico insigne fu inviato a Costantinopoli dalla Repubblica Veneta a medicarvi l'Imperatore dei Turchi; e *Pietro* di Giuseppe, dotto giurista, fu dalla stessa Repubblica prescelto a recar presenti alla Regina d'Ungheria.

MAULE

Spaccato; nel 1° d'azzuro, alla stella di sei raggi d'oro; nel 2.° di rosso, al corno di caccia d'argento. *Cod. V. Gonzati.*

MAZZOLENI (*Mazzoleni*)

Semipartito-spaccato; nel 1.° di verde; nel 2.° d'oro, al sinistrocherio armato al naturale, tenente una mazza d'armi di nero in palo attraversante sulla partizione; nel 3.° d' argento, ad una collina di tre cime di verde. *Cod. Dall' Acqua.*

Alias. D' azzurro, al sinistrocherio al naturale tenente una mazza d'argento. *Raccolta degli stemmi presentati all' I. R. Commissione Araldica.*

Francesco fu Girolamo ebbe a prestito un posto in Consiglio Nobile da Domenico Suardi il 28 Dicembre 1637. Confermata nobile con Sovrana Risoluzione 1 Marzo 1820.

Avea sepolcro a San Biagio.

MEZA (*De la Meza*)

(*Non si conosce lo stemma*).

Famiglia antica. Venne da Malo. Fu ascritta al Consiglio Nobile di Vicenza. Nel 1510 avea un posto.

Avea sepolcro a Santa Corona.

MICHETTI

D' azzurro, al monte di cinque cime d'oro, movente dalla punta, accompagnato in campo da due stelle dello stesso; col capo d'oro, caricato di un'aquila di nero coronata d'oro. *Port. di Monte Berico.*

Fioriva a Vicenza nel secolo scorso.

Avea sepolcro a San Giacomo.

MIGLIORANZA (*De Meliorantiis*)

(*Non si conosce lo stemma*).

Famiglia antica. Venne da Verona. Fu ascritta al Consiglio Nobile di Vicenza dove nel 1510 aveva due posti.

MIGLIORINI (*Meiorini*)

D' azzurro, all'albero d'oro piantato sopra una collina di tre cime di verde, ed accostato da due leoni affrontati d'oro. *Port. del Monte Berico.*

Il Pagliarino ricorda una famiglia antica di questo nome, nella quale l'anno 1320 « fuit domina Francisca Meliorina suae familiae ultima et valde dives ».

Questa già fioriva in Vicenza nel secolo XVI. Giovanni Miglìorini preparava a se e agli eredi il sepolcro in San Lorenzo nel 1607.

Il *P. Luigi Migliorino* di Vicenza, Generale dei Chierici Regolari Somaschi, fiorì nei primordi di quella Congregazione, dalla quale compilò le prime costituzioni, e si rese assai benemerito pel decoro che le aggiunse col suo sapere e con le sue virtù. Era così addentro nelle dottrine teologiche, sopratutto nelle morali, che in Genova, dove visse parecchi anni, si faceva capo a lui come ad oracolo. Pari al sapere era in lui la copia del dire e lo zelo per l'onore di Dio, la qual cosa gli attirò alcune volte lo sdegno dei Signori di Genova, che offesi delle sue franche parole il vollero allontanato dalla propria città. Ma poi con nobile ammenda, lo richiamarono.

MILAN MASSARI

Partito; nel 1.º spaccato, *a)* di nero, alla croce patente scorciata d'oro; *b)* palato di rosso e d'argento di dieci pezzi; nel 2.º spaccato d'azzurro e d'oro, al leone dell'uno nell'altro. *Cod. V. Gonzali.*

Bartolamio e fratelli q. Mattio della Milana, il 20 Decembre 1707 domandano al Gravissimo Consiglio di essere aggregati coi loro discendenti alla cittadinanza vicentina.

L'Imperatore d'Austria con Diploma 20 Dicembre 1817 conferiva a Girolamo Milana cavaliere della Corona di Ferro, e ai suoi discendenti d'ambo i sessi la nobiltà dell'Impero Austriaco col predicato di Carpanè.

Anticamente abitava in contrà dei Giudei. Avea poi le sue case a Santa Lucia e negli ultimi anni passò nel palazzo Montanari che acquistò dagli Anselmi.

Avea sepolcro a S. Lorenzo.

In origine erano mercanti drappieri, poi rinomati fabbricatori di sete, che procurarono a loro grandi ricchezze.

Giacomo Milan amò le lettere nostre. Meditò una storia di Vicenza e ne scrisse come saggio, con limpido stile, un episodio della lega di Cambrai. Morì a 48 anni il 18 Gennaio 1844. Ebbe splendidi funerali e un ricco Mausoleo scolpito dal Finelli Romano.

Si estinse con *Luigi* Milan Massari morto nel 23 Dicembre 1884; eredi i conti Porto-Barbaran.

MODENA *(Modena)*

D'azzurro, alla pianta di verde, terrazzata dello stesso, al bue d'argento passante. *Cod. V. Gonzati e Portici del Monte Berico.*

Famiglia di operosi stampatori. Si estinse nella famiglia Lioy, nella quale era passata per matrimonio Cecilia figlia di Francesco Modena.

Il celebre comico *Gustavo Modena* è oriundo da questo casato.

MOLIN (*Molinus*)

D' azzurro, alla ruota da molino d'oro. *Cimiero:* Un leone nascente, tenente con le branche una ruota da molino, il tutto d'oro. *Cod. Schio.*

Fioriva a Vicenza nel secolo XVII. Avea case in San Faustino e sepolcro nella Chiesa omonima, dove *Carlo,* giureconsulto, eresse un altare nel 1698.

Lo stesso *Carlo* morendo lasciò erede della sua bella sostanza il celebre avvocato Carlo Cordellina.

MOLVENA (*De Molvena*)

(*Non si conosce lo stemma*).

Famiglia ascritta al Consiglio Nobile di Vicenza Nel 1510 aveva un posto. Del 1538 vendette il suo posto in Consiglio ad Antonio Casson.

MONTANARI (*De Montanariis*)

Partito; nel 1.º d'oro, alla mezz' aquila di nero, coronata dello stesso e movente dalla partizione; nel 2.º d'oro, a quattro fascie ondate di nero. *Cod. Revese e V. Gonzati.*

Famiglia ascritta al Consiglio Nobile di Vicenza. Nel 1510 avea un posto. Fu confermata nobile con Sovrana Risoluzione 8 Luglio 1820.

Avea sepolcro a Santa Chiara e a San Francesco Novo.

MONTE (DAL) o MONTI (*De Monte*)

Di . . . . , alla collina di cinque cime di . . . . . , all'aquila di . . . . , coronata, movente dalla cima della collina. *Cod. Schio.*

Alias. Spaccato; nel 1.º d'oro, all'aquila di nero coronata d'oro; nel 2.º di rosso, alla collina di cinque cime d'argento moventi dalla punta. *Cod. Revese, Dall'Acqua e V. Gonzati.*

Famiglia ascritta al Consiglio Nobile di Vicenza. Nel 1510 aveva un posto. Era pure aggregata al nobile Collegio dei Giudici.

Avea sepolcri e case a S. Corona.

Conte di Monte tenne cattedra di medicina e filosofia all' Università di Padova. Amò anche le lettere e scrisse una tragedia che fu rappresentata con plauso a Venezia nel 1565. Morì nel 1587 e fu sepolto in San Girolamo.

MONTEBELLO (*Conti di*)

Spaccato semipartito d'argento, d'oro e di nero. *Cod. Revese e V. Gonzati.*

Discende dall'antica e potente famiglia dei Conti.

MONTECCHIO (*De Monticulo*)

D'azzurro, al leone d'oro tenente una spada nuda alzata e movente da un monte di tre cime dello stesso. *Cod. Revese, dall'Acqua e V. Gonzati.*

Famiglia antica. Si vuole così chiamata da un Giovanni detto Montecchio, perchè di Montecchio Maggiore.

Avea sepolcro a San Biagio.

Sebastiano, nato nel 1538 morto nel 1612, fu professore di diritto nello studio di Padova ed è autore di molte opere.

MONZA (*De Modoetia, De Montia, De Modoecia*)

Di . . . . . a due bande di . . . . . . *Cimiero:* un leone nascente. *Cod. Schio.*

Alias. Partito; a destra: d'azzurro, al leone d'oro, coronato dello stesso; a sinistra fasciato di rosso e d'argento di otto pezzi. *Cimiero:* Un leone nascente d'oro coronato dello stesso, tenente la divisa: *Merito. Cod. Revese, dall'Acqua e V. Gonzati.*

Venne da Milano nel secolo XIV. Fu ascritta al Consiglio Nobile di Vicenza Nel 1510 avea dieci posti. Era pure aggregata al nobile Collegio dei Giudici. Fu confermata nobile con Sovrana Risoluzione 11 Marzo 1820. Questa famiglia nel 1407 venne in possesso della villa di Dueville con la giurisdizione del Vicariato, pensionatico ecc. L'acquistò l'11 di febbraio da Cortesia Serego. La Repubblica Veneta le rinnovò l'investitura nel 1612, nel 1625 e finalmente nel 1784. Usò il titolo Comitale, ma tardi.

Avea sepolcri a San Michele e a Santa Corona, case a Santa Lucia e ai Santi Apostoli.

Pietro, giureconsulto dottissimo, il 22 Dicembre 1485 fu da Innocenzo

VIII eletto Auditore della Camera Apostolica, e più tardi nel Maggio 1487 innalzato al Vescovado di Cesena, dove eresse il Tempio di S. Croce e istituì e dotò la dignità Arcidiaconale nel Capitolo di quella Cattedrale. Dallo stesso Innocenzo fu inviato Nunzio a Ferdinando Re di Napoli perchè consegnasse alla Sede Ap. i negati tributi e perchè governasse con maggiore lealtà i suoi popoli. Uomo invitto combattè per la causa della giustizia sotto il regime dei Borgia; ebbe persecuzioni, fu deposto e relegato nel Castello Sant' Angelo, ma morto Alessandro VI. per decreto del S. Collegio liberato, e da Giulio II. con universale esultazione restituito alle sue Dignità. Morì di contagio, a soli 50 anni, il 22 Luglio 1504.

MORA N. V.

Bandato di rosso e d'argento di sei pezzi; col capo d'argento, caricato da un leone passante di rosso, e tenente colla branca destra un fiore di giardino al naturale, abbassato sotto un altro capo d'oro, all'aquila bicipite di nero, coronata d'oro. *Cod. V. Gonzati.*

Alias. Inquartato nel 1.º d'argento, al leone rampante di rosso e tenente colla branca destra un fiore di giardino al naturale, nel 2.º d'oro all'aquila bicipite di nero coronata del campo, nel 3.º d'azzurro, a due spade d'oro passate in croce di S. Andrea. le punte in basso, accostate da quattro rose al naturale, posta una in capo, una in punta, due ai lati; nel 4.º bandato di argento e di rosso di sei pezzi. *Cod. V. Gonzati.*

Famiglia di mercanti. Fioriva a Vicenza nel secolo XVI. Si trasferì a Venezia nella seconda metà del secolo XVII. e pochi anni dopo, il 17 Maggio 1665, fu ascritta al patriziato veneto mediante lo sborso dei cento mila ducati. Fu confermata nella sua nobiltà con Sovrana Risoluzione 30 Dicembre 1817 e 2 Dicembre 1819.

Avea sepolcri a San Biagio.

MORATO

Di . . . . . alla testa di moro, sormontato da un capriolo di . . . . . . *Cod. Schio.*

Panfilo Morati domandò la cittadinanza vicentina 13 Aprile 1572.

MORATELLI

Semipartito-spaccato; nel 1.º d'argento, al leone di rosso coronato d'oro; nel 2.º d'azzurro a tre sbarre losangate d'argento; nel 3° d'azzurro, all'aquila bicipite di nero sormontata da una corona d'oro. *Cod. V. Gonzati.*

Alias. La stessa, ma nel 2.° losangato d'azzurro e d'argento. *Port. del Monte Berico.*

Fioriva a Vicenza nel secolo scorso. Venne da Noventa Vicentina.

MORELLATO (*De Morelatis*)

Di . . . . . all'albero di moro al naturale nascente da quattro fascie ondate, accostato a destra da una testa di moro al naturale. *Cod. Schio.*

Avea sepolcri in Santa Corona e in San Biagio.

Paolo fu uomo di versatile ingegno e di studi profondi. Ebbe immenso amore per la musica e riuscì di preferenza eccellente nella musica sacra. I suoi scritti lo affermano compositore robusto, contrappuntista profondo e peritissimo conoscitore degli effetti orchestrali. Perfezionò il clavicembalo. Morì a 67 anni nel 1807.

MOSCHINI

D'oro, al capriolo di rosso accompagnato in capo da una stella di otto raggi dello stesso ed accostato da tre mosche al naturale disposte due e una. *Dagli Ordeni et Capitol della honoranda fraglia de Calegari et pellatieri della città di Vicenza, mss. alla Bertoliana*

MOSTO (*De Musto*)

D'azzurro, alla fascia d'argento, caricata di un tralcio di vite pampinoso e fruttifero al naturale, posto nel senso della fascia. *Cod. V. Gonzati.*

Famiglia ascritta al Consiglio Nobile di Vicenza dove nel 1510 aveva un posto. Era pure aggregata al nobile Collegio dei Giudici.

Avea sepolcro a Santa Corona.

MOZZI PAROLINI (*Motii Parolini*)

(*Non si conosce lo stemma*).

Girolamo fu Aurelio ottenne a prestito dagli eredi di Tiburzio Marzari un posto in Consiglio Nobile il 31 Dicembre 1645.

MURIS (*De Murro, De Murris*)

D' azzurro, alla fascia cucita di rossso, coll'oca d'argento, membrata ed imbeccata di rosso, attraversante sulla fascia. *Cod. V. Gonzati.*

Famiglia antica ascritta al Consiglio Nobile di Vicenza. Nel 1510 aveva due posti Era pure aggregata al Nobile Collegio dei Giudici. Avea sepolcro agli Scalzi. Pagliarini dice che ai tempi suoi abitavano a Portanova.

MUSOCCO (*Rosora de Musocho*)

(*Non si conosce lo stemma*).

Francesco fu Michelangelo ottenne a prestito il 31 Dicembre 1619 un posto in Consiglio Nobile da Vincenzo fu Antonio Biavon. Avea sepolcro a Santa Chiara.

Giuseppe, avvocato, poi sacerdote e finalmente filippino in Trento, fu uomo di grande pietà e di molta coltura. Fu accetto a Giuseppe I. e a Carlo VI. Imperatori d'Austria, carissimo al Card. Gregorio Barbarigo che lo volle suo confessore benchè di soli 26 anni. Morì in concetto di Santo in Vicenza, a 86 anni, il 23 Luglio 1754. Scrisse moltissime opere ascetiche, ch' ebbero plauso e sono anche oggi lodate.

MUTTONI (*Muttoni, Muttonius*)

Inquartato; nel 1.° d'azzurro, nel 2.° di rosso, nel 3.° di rosso a tre pali, d'argento, nel 4.° d'argento, con una fascia d'oro attraversante sull' inquartatura, ed un sinistrocherio vestito di rosso attraversante sul quarto quartiere movente dal fianco, tenente colla mano di carnagione un albero terrazzato di verde attraversante sul tutto, sormontato da un giglio di argento e da una corona antica rovesciata d'oro. *Cod. Revese, Dall'Acqua, e V. Gonzati.* (Ma il Gonzati ha il 3.° palato d'argento e di rosso).

Alias. Inquartato, nel 1.° d' azzurro, ad un semivolo d'argento in fascia, sormontato da una corona reale d' oro, nel 2.° di rosso, nel 3.° di rosso a tre pali d'argento, nel 4.° d'argento, con una fascia d'oro attraversante sulla inquartatura;

il quarto d'argento caricato di un sinistrocherio vestito di rosso, movente dal fianco, tenente un albero terrazzato di verde attraversante sul tutto; e cimato di un giglio d'argento e sormontato da una corona antica rovesciata d'oro. *Cod. Revese.*

Alias. Inquartato; nel 1.° d'azzurro, al semivolo d'argento, sormontato da una corona reale d'oro, nel 2.° di rosso, al giglio d'argento sormontato da una corona rovesciata d'oro, nel 3.° palato di rosso a due pali d'argento, nel 4.° d'argento, alla fascia d'oro in capo al terzo e quarto quartiere, al sinistrocherio vestito di rosso, movente dall'ultimo quarto, tenente un albero al naturale terrazzato di verde, attraversante la fascia e parte del secondo quartiere. *Cod. Schio.*

Alias. Inquartato; nel 1.° di verde; nel 2.° di rosso al giglio d'argento sormontato da una corona rovesciata d'oro; nel 3.° palato d'argento e di rosso; nel 4.° d'argento, alla fascia d'oro attraversante sull'inquartatura, al sinistrocherio vestito di rosso movente dall'ultimo quarto, impugnante una mazza di verde posta in palo, attraversante la fascia e parte del secondo quartiere. *Cod. V. Gonzati.*

Alias. La stessa, col 1.° quarto caricato di un semivolo d'argento, sormontato da una corona d'oro. *Cod. V. Gonzati ed I. R. Commissione Araldica.*

Camillo di Battista ebbe a prestito il 6 Dicembre 1646 un posto in Consiglio Nobile da Vincenzo di Andrea Civena.

Questa famiglia era pure ascritta al nobile Collegio dei Giudici.

Augusto II. Re di Polonia, con diploma 11 Agosto 1716 concesse a Giovanni Battista e Cugini Muttoni e a tutta la loro discendenza d'ambo i sessi il titolo di Conte. La Repubblica Veneta ne riconobbe nell'anno stesso il titolo e ne ordinò l'iscrizione nell'aureo libro dei titolati. Fu confermata nobile con Sovrane Risoluzioni 22 Settembre e 24 Novembre 1820 e 13 Aprile 1829. Il ramo che ebbe il titolo di Conte è già estinto.

Avea sepolcro a San Biagio e case alle Grazie.

MUZANI *(De Muzano, Mulianus)*

Spaccato d'oro e d'azzurro. *Cimiero:* Una testa umana nascente, barbuta e posta di fronte. *Cod. Revese, Dall'Acqua, V. Gonzati ed I. R. Commissione Araldica.*

Famiglia antica ascritta al Consiglio Nobile di Vicenza. Nel 1510 aveva sette posti. Era pure aggregata al nobile Collegio dei Giudici. Da tempo remoto questa famiglia gode anche il titolo Comitale, che le venne riconosciuto nel 1730, benchè se ne ignorasse la procedenza, dal Magistrato sopra i Feudi, dal quale fu altresì ordinata la descrizione degli individui della stessa nell'aureo libro dei Titolati. Fu confermata nella sua nobiltà con Sovrane Risoluzioni 1 Marzo, 11 Marzo e 24 Novembre 1820.

Avea case in Pusterla e sul Corso; e sepolcri a S. Antonio Abbate, ai Carmini, a S. Francesco Nuovo e a S. Biagio.

I Muzzan furono eredi dei Piovini, che in loro si estinsero.

Cristoforo, dotto gesuita, predicò con molto plauso per vent'anni nelle principali città italiane: Bologna, Genova, Firenze, Parma, Pisa, Milano, Roma, Torino ecc. Soppresso l'Ordine suo si ritirò in Thiene, dove dettò i suoi poemetti sopra le Caccie e compose altre delle sue opere teologiche. Nel 1798 Mons. Zaguri lo volle Canonico Penitenziere della Cattedrale. Morì vecchio il 4 Gennaio 1813 stimato e compianto. Antonio di Giov. Battista fu Cavaliere del Sacro M. Ordine Gerosolimitano, Ciambellano di S. M l'Imperatore d'Austria, e Consigliere di Luogotenenza.

MUZZI (De Muciis, de Mutiis, Mutius de Pusterla)

(Non si conosce lo stemma).

Famiglia antica. Fu ascritta al Consiglio Nobile di Vicenza dove nel 1510 avea un posto.

Avea sepolcro in S. Corona.

NALDO (De Naldo)

(Non si conosce lo stemma).

Nella prima metà del secolo XVI avea posto nel Consiglio Nobile di Vicenza.

NANTI (Nanti)

D'azzurro, ad una torre di rosso posta sopra una collina di verde, cimata da un avambraccio vestito d'argento, tenente uno pennone dello stesso. Cod. Dall'Acqua.

Alias. La stessa, ma col pennone di rosso. Cod. V. Gonzati.

Alias. D'azzurro, alla fascia d'argento, colla torre di rosso aperta e finestrata di nero attraversante sulla fascia e piantata sopra una terrazza di verde, ad un braccio vestito d'argento movente dai merli della torre ed impugnante un pennone dello stesso svolazzante a sinistra. Cod. Revese, Dall'Acqua.

Alias. Spaccato d'argento e d'azzurro, alla fascia del primo, colla torre pure d'argento aperta e finestrata di nero, terrazzata di verde, attraversante sul tutto. *Cod. V. Gonzati.*

Paolo fu Nascimbene da Nanto ottenne la cittadinanza vicentina con Ducale 16 Luglio 1436.

Giambattista, Bortolo e *Camilla* ottengono l'aggregazione al Consiglio Nobile di Vicenza coll'esborso di lire 25,600 il 29 Aprile 1687. Giambattista fu Giovanni ottenne un posto in Consiglio da Scipione Repeta il 17 Maggio 1687. Estinta.

Avea case a Santi Apostoli, quelle Beregan acquistate da Giovanni Battista di Camillo nel 1649.

NAVARRA (*De Navara, De Navaria*)

(Non si conosce lo stemma).

Famiglia ascritta al Consiglio Nobile di Vicenza. Nel 1510 avea un posto. Melchiorre fu Battista da Arzignano comperò il 22 Dicembre 1533 dagli eredi di Pietro Antonio de Navarra il suo posto in Consiglio.

NEGRA (dalla). (*A Nigra*)

Spaccato; nel 1.º d'argento, ad un busto di mora, movente dalla partizione; nel 2.º bandato d'oro e di rosso di otto pezzi, colla fascia di rosso attraversante sulla partizione. *Cod. Revese.*

Paolo fu Giovanni Dalla Negra viene ammesso coi discendenti alla cittadinanza vicentina dal Consiglio il 4 Gennaio 1494.

Giambattista fu Lodovico ebbe a prestito il 3 Gennaio 1623 un posto in Consiglio Nobile dagli eredi di Bartolomeo Orino. Questa famiglia era pure ascritta al nobile Collegio dei Giudici.

Avea sepolcro a San Biagio.

NEGRI (*De Nigris, Niger*)

Spaccato d'azzurro e di verde, alla banda d'argento caricata di tre teste di moro al naturale. *Cod. Revese, Dall'Acqua, V. Gonzati e I. R. Commissione Araldica.*

Alias. Inquartato; nel 1.º e 4.º di rosso, al leone di S.

Marco d'oro; nel 2.° e 3.° spaccato d'azzurro e di verde, alla banda d'argento caricato di tre teste di moro al naturale. *Cimiero:* Una mezza figura di carnagione impugnante colla destra una picca. *Cod. Revese e V. Gonzati.*

Alias. La stessa, ma col 2.° e 3.° quarto alla banda di nero, caricata di tre teste al naturale. *Cod. Schio.*

Alias. Inquartato; nel 1.° e 4.° spaccato d'azzurro e di verde, alla banda d'argento caricata di tre teste di moro al naturale; nel 2.° e 3.° di rosso, al leone di S Marco d'oro. *Cod. Dall' Acqua.*

Famiglia antica: Ascritta al Consiglio Nobile di Vicenza. Nel 1510 avea sei posti. Era pure aggregata al nobile Collegio dei Giudici. Confermata nobile con Sovrane risoluzioni 1 Marzo e 8 Luglio 1820.

Il Senato Veneto, regnante il doge Francesco Molin, nell'anno 1653 conferiva, per benemerenze, al cav. Vincenzo Negri e alla sua discendenza il titolo di Conte.

Estintosi questo ramo, Umberto I. Re d'Italia, con decreto di *motu proprio* del 9 Febbraio 1882, concedeva al comm. Pietro Eleonoro Negri, tenente generale in riposo, e al nipote di lui Edoardo, tenente colonnello di fanteria nella milizia territoriale, di assumere il titolo di Conte, già appartenuto al ramo collaterale della loro famiglia, trasmissibile ai loro discendenti maschi in linea e per ordine di primogenitura maschile.

Avea case a S. Stefano.

Sepolcri a S. Michele, alle Grazie, a S. Bortolo, ai Servi, a Santo Stefano.

Vincenzo di Egidio fu pei Vicentini ambasciatore al Doge Giovanni Cornaro ed ebbe da lui la nomina a Cavaliere della Repubblica. Nel 1637 fu eletto Proveditore e Consultore in materia dei Confini tra la Repubblica e l'Impero, e nel 1646 colonnello o sopraintendente alle milizie dei Sette Comuni. I Veronesi nel 1651 lo crearono loro concittadino unitamente a tutti i suoi discendenti. Il Doge Molin lo donò di una collana d'oro e l'onorò, come fu detto, del titolo di Conte. Morì vecchio.

Ottavia di Egidio, sposa al conte Girolamo Giuseppe Velo, fu donna di molta coltura. Scrisse in due volumi la Cronaca di Vicenza dal 1796 al 1814. Morì a 50 anni nel dì 8 Marzo 1814

NEGRO

D'azzurro, ad un altare d'argento, sul quale brucia un fuoco di rosso, posto sopra una terrazza di verde; con un fascio di foglie di quercia d'oro, legate di rosso, attraversante sull'altare e sulla terrazza. *Port. del Monte Berico.*

NERI

Inquartato; nel 1.° e 4.° partito a) d' azzurro, a tre stelle d'oro, 2 e 1, b) di nero, ad un levriere rampante d'argento, collarinato d'oro; nel 2.° e 3.° interzato in fascia; nel I d'argento, a tre teste di moro al naturale, nel II. d'argento, a tre fascie ondate di nero, nel III. partito d' argento e d'azzurro, a tre gigli male ordinati, il primo dell' uno nell'altro, gli altri due dall'uno all' altro. *Cod. V Gonzati.*

Alias. La stessa, nel III partito d'azzurro e d'argento ecc. *Port. del Monte Berico.*

Alias. Spaccato cucito; nel 1.° d' azzurro, al cuore di rosso, accompagnato in capo da tre stelle d'oro di sei raggi, quella di mezzo caudata; nel 2.° d' azzurro, a due corni da caccia d'oro, passati in croce di S. Andrea e circondati da otto stelle di sei raggi. *Cod. V. Gonzati.*

Antonio e fratelli Neri sono aggregati alla cittadinanza vicentina l'undici Febbraio 1721, previo lo sborso di ducati 500.

Aveano sepolcro alla Cattedrale.

NICHELE (*Nichelle*)

(*Non si conosce lo stemma*).

Giovanni e fratelli Nichele sono riammessi alla cittadinanza vicentina il 21 Marzo 1560.

Treviso fu Giovanni comperò da Alimento Muzano un posto in Consiglio Nobile il 29 Dicembre 1584.

NIEVO (*Del Nevo, Naevius*)

D' oro, a tre bande di rosso. *Cod. Revese e V. Gonzati.*

Alias. Spaccato; nel 1.° d'oro, all'aquila di nero, coronata dello stesso; nel 2.° bandato d'oro e di rosso. *Cimiero:* Un cavallo nascente di nero. *Cod. Schio, e Lod. Gonzati.*

Alias, La stessa, ma nel 2.° d'oro a tre bande di rosso. *Cod. Revese, Dall' Acqua, V. Gonzati ed I. R. Commissione Araldica.*

Alias. Bandato di..... e di..... *Cod. Schio.*

· *Alias.* Spaccato; nel 1.° d'oro, all'aquila di nero, coronata dello stesso; nel 2.° di rosso a tre sbarre d'oro. *Nell'atto di professione di Suor Barbariga Nievo, monaca in S. Pietro, 1708.*

Si stabilì a Vicenza nel secolo XIII. Il 1° Dicembre 1333 il Vescovo di Vicenza concedeva a Balzanello di Sigonfredo l'investitura dei feudi e contee di Montecchio Precalcino nella nostra provincia e di Montecchia e Castel Cerino nella provincia di Verona. Ascritta al Consiglio Nobile di Vicenza. Nel 1510 aveva otto posti. Era pure aggregata al nobile Collegio dei Giudici. La Veneta Repubblica con Ducale del 17 Giugno 1729 riconobbe ai Nievo il titolo di Conte che usavano da lungo tempo, e ne ordinò l'iscrizione nell'aureo libro dei titolati. Fu confermata nell'avita nobiltà con Sovrana Risoluzione 5 Maggio 1820. Estinta nella famiglia Bonin-Longare, in cui entrò la contessa *Maria Nievo* ultima di quella linea.

Un'altra famiglia dello stesso nome eravi a Vicenza, ch'ebbe pure titolo di nobiltà, e che della sua nobiltà ebbe la conferma con Sovrana Risoluzione 24 Luglio 1820. Era detta Bacchiglione. Dicono abbia le medesime origini, ma probabilmente ciò non è vero.

I Nievo aveano sepolcri a Santa Corona e a S. Bortolo. Case alle Gazzolle e a Santa Corona.

Alessandro Nievo, teologo e canonista, insegnò per 26 anni diritto canonico nell'università di Padova. Morì a 57 anni nel 1484. *Giovanni Battista Nievo* (era Bacchiglione) medico di altissimo grido « Summum artium et medicinae decus » eresse a sue spese in S. Corona la ora distrutta cappella di Santa Catterina da Siena, e da lui cominciava il diritto di giuspatronato nella sua famiglia. Morì nel 1468. *Bartolomeo* detto *Balzano* fu nel 1509, con altri ventiquattro cittadini di Vicenza, ambasciatore all'Imperatore Massimiliano I., e il 17 Novembre di quello stesso anno fu inviato ambasciatore al doge di Venezia Leonardo Loredano.

NOGAROLA

Di rosso, a tre bande controdoppiomerlate d'argento. *Cod. Revese* e *V. Gonzati.*

Alias. D'azzurro, a tre bande contradoppiomerlate d'oro. *Cod. Dall'Acqua.*

Antica famiglia Vicentina, forse d'origine cimbra. Un ramo di questa famiglia si stabilì a Verona e divenne molto illustre, l'altro rimase a Vicenza e non mancò di celebrità. Si estinse nel secolo XVI.

Ebbe sepolcri a San Lorenzo e case sul Corso.

NUSSI

D' azzurro, a tre noci smaltate, coricate e male ordinate d'oro. *Decreto Reale 7 Settembre 1885.*

Famiglia nobile di Cividale (Udine), come tale riconosciuta da Umberto I Re d'Italia con decreto 7 Settembre 1885. Un ramo si trasferì a Vicenza nella seconda metà di questo secolo, erede della famiglia Stecchini che in questo ramo si estinse.

OLIVIERI (*De Uliverio*)

D' azzurro seminato di stelle d'oro, ad un olivo di verde, terrazzato dello stesso; ad una lista d' argento ondeggiante, caricata del motto: *Hoc iter est superis* in lettere maiuscole di nero, posta in sbarra e attraversante sul tutto. *Cod. Revese e V. Gonzati.*

Alias. La stessa, all' olivo di verde col fusto di rosso. *Cod. Dall'Acqua.*

Alias. La prima, senza la lista e il motto. *Cod. Dall'Acqua.*

Alias. di...., al capriolo di....., accompagnato in capo da una stella di sei raggi, e in punta da un olivo d..... piantato sopra una collina di tre cime. *Cod. V. Gonzati.*

Questo abbiamo rilevato dai Codici citati; però dobbiamo credere che si tratti di un errore, giacchè nell'*Alamanna di M. Antonio Francesco Oliviero Vicentino, Venetia, 1567* abbiamo sopra il ritratto dell'Olivieri lo stemma di.... al capriolo di.... accompagnato in capo da una stella di otto raggi e in punta da tre ramoscelli d'olivo piantati sopra una collina di tre cime. Sotto poi il ritratto come impresa lo stemma sopra descritto dai codici, circondato dalla *divisa*.

Famiglia ascritta al Consiglio Nobile di Vicenza. Nel 1510 aveva due posti. Era pure aggregata al nobile Collegio dei Giudici.

Aveà sepolcro agli Scalzi. Case a Santa Lucia.

Anton Francesco fu giureconsulto, poeta e architetto. Scrisse due poemetti in verso sciolto: *l'Alemana* e *Carlo V. in Olma:* Presiedette alla fabbrica della Basilica. Morì nel 1580.

ORE (dalle). (*Ab Oretis, Ab Horis*)

Spaccato; nel 1.º d'azzurro a tre stelle d'oro di otto raggi male ordinate; nel 2.º di rosso, all'oriuolo d'oro sul quadrante d'azzurro, dinotante le dodici ore di nero in circolo d'argénto, colla 'fascia dello stesso attraversante sullo spaccato. *Cod. Revese.*

Alias. Simile al precedente con le stelle di sei raggi. *I. R. Commissione Araldica.*

Famiglia ascritta al Consiglio Nobile di Vicenza. Nel 1510 avea tre posti. Fu confermata nella sua nobiltà con Sovrana Risoluzione 11 Marzo 1820. Lo Schröder dice che fu altresì decorata del titolo di Conte, di cui però non si conosce la procedenza. Erede Colonnese. Estinta nei Quirini, Patrizi Veneti, in cui passò l'ultima donna.

Avea sepolcri a S. Biagio e alla Cattedrale.

ORGIAN (*De Orglano, Orgianus, De Aureliano*)

D' argento, reticolato di rosso, col capo del primo caricato da un leone uscente del secondo, coronato dello stesso. *Cod. Dall'Acqua.*

Alias. Di nero reticolato d'oro; col capo del primo caricato da un leone uscente dal secondo. *Cod. Schio.*

Alias. Spaccato; nel 1.° d'argento alla sbarra di rosso; nel 2.° d'argento cancellato di rosso, alla banda dello stesso col leone d'oro passante su di essa col capo uscente dal primo. *Raccolta dagli stemmi presentati all' I. R. Commissione Araldica.*

Alias. Di rosso, tralciato d'argento; col capo d'azzurro incappato d'oro, l'azzurro caricato di un triangolo di rosso caricato di un leone uscente d'oro, coronato dello stesso, e accostato da due leoni affrontati d'oro. *Cimiero:* Un leone uscente d'oro, tenente uno scettro dello stesso. *Diz. blas. del Crollalanza.*

Biasio notaio da Orgiano con tutti i suoi discendenti ottenne la cittadinanza vicentina con Ducale 27 Marzo 1409. Nel 1510 gli Orgiano fanno parte del Consiglio Nobile di Vicenza e vi hanno sei posti. Furono pure inscritti al nobile Collegio dei Giudici. Confermati nell'avita nobiltà con Sovrana Risoluzione 22 Settembre 1820.

Aveano sepolcri alla Cattedrale, a S Michele e a S. Paolo.

Matteo d'Aureliano o d'Orgiano, fu cultore delle lettere classiche e ammiratore del Boccaccio. Servì lungo tempo gli Scaligeri e quindi altri Signori d'Italia. Morì vecchio in sul principio del secolo XV.

Da un ramo di questa famiglia trasferitosi nella Contea d'Avignone in

Francia a mezzo il secolo decimoquinto, sarebbe nato il 13 Gennaio del 1683 il celebre Luigi Francesco Gabriele d'Orléans de la Motte, Vescovo d'Amiens, il nome e l'opera del quale si collegano così strettamente alla storia ecclesiastica della Francia nel secolo XVIII da non potervisi alcun fermar sopra senza ricordarne le fatiche, gli studi e lo zelo. Protestantesimo, giansenismo, parlamentarismo, filosofismo trovarono in lui un oppugnatore imperterrito. Alla cospirazione degli sforzi comuni degli eretici il Santo Vescovo oppose costantemente il meraviglioso spettacolo d'una pietà a tutta prova e d'una parola franca e coraggiosa. Morì santamente più che novan'enne il 10 Giugno 1774.

ORINO (*De Orino*).

(Non si conosce lo stemma).

Nel 1546 era già iscritta al Consiglio Nobile di Vicenza. Questa famiglia era pure aggregata al nobile Collegio dei Giudici.

ORSATO (*Orsato*)

D' azzurro, ad un pioppo di verde, sinistrato da un orso di nero rampante contro il fusto, il tutto sostenuto da una terrazza del secondo. *Cod. Revese. Dall' Acqua, e V. Gonzati*.

Stefano Sangaletto detto Orsato ottiene la cittadinanza vicentina il 3 Marzo 1672.

Pietro Benedetto, comperò dagli eredi Vitella un posto in Consiglio Nobile il 9 Luglio 1736. Confermata nobile con Sovrana Risoluzione 9 Dicembre 1819.

Avea sepolcro a San Faustino.

ORZI (*Ab Urceis, Ab Urtiis*)

(Non si conosce lo stemma).

Famiglia ascritta al Consiglio Nobile di Vicenza. Nel 1510 avea un posto.

OVETARIO (*De Ovetariis*)

Di verde, alla fascia d'argento, caricata di un'aquila di nero, accompagnata da tre biscie di nero in fascia, due in capo, una in punta. *Cod. V. Gonzati*.

Venne a Vicenza da Padova nel 1270. Fu ascritta al Consiglio Nobile, dove nel 1510 aveva un posto.

Avea sepolcro alla Cattedrale.

Benedetto fu segretario del Card. Antonio Correr nel 1448 e più tardi di Giovanni Lusignano Re di Cipro, col quale visse lungo tempo.

PACE (A *Pace, Pacius de Beriga*)

D' azzurro, alla banda d' oro, sostenente una colomba d' argento, col volo spiegato, e tenente nel suo becco un ramo d'olivo di verde. *Cod. V. Gonzati.*

Alias. D' azzurro, alla colomba rivoltata d' argento col volo spiegato e portante nel becco un ramo di olivo; bordato di due rami d' olivo al naturale partenti dalla punta e racchiudentisi al centro del capo. *Raccolta degli stemmi presentati all' I. R. Commissione Araldica.*

Alias. Spaccato; nel 1.° di .... alla colomba passante di..... tenente nel becco un ramoscello d'olivo; nel 2.° di ..... a tre bande di ...., alla fascia di .... attraversante sul tutto. *Dall'Estimo di Sossano del 1648.*

Nell'Aprile 1460 fu ammessa al Collegio dei Notari. Fu in seguito ascritta al Consiglio Nobile di Vicenza, dove nel 1510 avea due posti. Fece ancora parte del nobile Collegio dei Giudici. Confermata con Sovrana Risoluzione 4 Agosto 1820. Nel 1491 un ramo di questa famiglia, o tutta, fu ascritta alla cittadinanza di Padova.

Avea sepolcri a San Michele e a S. Marco. Case in Borgo Berga, e forse, dal luogo ove abitavano, i Pace si chiamavano anche *Pace de Berica.*

· Estinta.

Fabio di Paolo fu medico insigne nel secolo XVI. Le Università di Pavia, di Messina e di Bologna lo aveva chiamato ad insegnar medicina, il Re di Polonia alla sua corte, ma egli, rifiutando così ambiti onori, avea prescelto di rimanere in patria, nella quale avea aperta, in casa sua, pubblica scuola ed eretto un teatro anatomico. Solo negli ultimi anni avea aderito al comando del suo principe, che gli imponeva il carico di professore primario di medicina pratica nella Università di Padova. Fu versatissimo nella lingua italiana, latina e greca, dotto nella ebraica. Tradusse da Omero, da Orazio, commentò Galeno. Morì l' 11 Ottobre 1614 a 67 anni.

Giulio, fratello di Paolo, celebre giureconsulto e filosofo, insegnò da primo in Ginevra, quindi per due lustri ed Heidelberg (1585-1595), poi a Sedan, a Nimes, a Mompellieri e a Valenza menando vita a questo modo errante di cattedra in cattedra e di città in città. L'anno 1619 abjurò solen-nemente il protestantesimo che avea abbracciato in giovane età e ritornò in patria, dove fu accolto con gran festa. La Signoria lo creò Conte e Cavaliere di S. Marco e professore di diritto civile nella Università di Padova. Però nel 1621 ritornò alla antica cattedra di Valenza, dove insegnò ancora per tre lustri. Morì vecchio di 85 anni pieno di gloria l'anno 1635.

PAGANELLI-ZICAVO

Spaccato; nel 1.º d'oro, all'aquila spiegata di nero, linguata di rosso e coronata d'oro ; nel 2.º d'oro, alla muraglia di rosso movente dalla punta e dai fianchi dello scudo, murata di rosso, aperta e finestrata di nero, a due torri quadre merlate e murate di rosso finestrate di nero, collocate ai lati della porta. *Da una patente del Generale Paganelli-Zicavo 1774, all'Archivio di Stato di Venezia.*

Oriunda da Zicavo in Corsica. Nella prima metà del secolo scorso si trasferì a Venezia e quindi a Vicenza nel principio del nostro.

Domenico fu sergente generale dei Veneziani e governatore di Brescia. Morì a Cremona il 28 Maggio 1744. Il nipote *Giovanni Carlo* fù pure al servizio di Venezia col grado di sergente maggiore di Battaglia.

PAGELLO (*De Pajellis, Pajellus*)

Di rosso, alla volpe rampante d'argento, caricata di tre bande di verde. *Cod. Revese e V. Gonzati.*

Alias. La stessa, posta in uno scudo ovale sul petto di un' aquila dell' Impero. *Cod. Revese, Dall'Acqua e V. Gonzati.*

Alias. Di rosso diaprato, alla volpe d'argento fasciata di verde. *Cod. Schio.*

Alias. Di rosso, alla volpe rivolta d'argento, caricata di due sbarre di verde. *Raccolta degli stemmi presentati all'I. R. Commissione Araldica.*

Famiglia antica. Parteggiò sempre per gl'imperiali; forse per questo si tenne d'origine tedesca. Potente e prepotente ai tempi del Pagliarino. Fu ascritta al Consiglio Nobile di Vicenza, dove nel 1510 avea sei posti.

Era pure aggregata al nobile Collegio dei Giudici. Confermata con Sovrana Risoluzione 11 Marzo 1820. Gode da lungo tempo titolo Comitale, titolo però che non le venne riconfermato dall'Austria.

Avea sepolcri a Santa Corona.

Case a San Bortolo, a S. Francesco Novo, al Duomo, oggi nel Corso, erede della potente famiglia Caldogno che si estinse con *Pier Angelo* nel 1867. Il ramo di San Bortolo è già estinto.

Guglielmo, Cavaliere con diploma 1 Maggio 1465 di Federico III. Imperatore, e Senatore di Roma con decreto 13 Luglio dello stesso anno, fu segretario di Paolo II, protettore del Pagello fino da quando era Vescovo di

Vicenza. Nel 1468 il Papa lo mandò ad incontrare a Ferrara l'Imperatore Federico che veniva al Sepolcro degli Apostoli a sciogliere un voto, e nel 1469 lo inviò a Sigismondo Arciduca d'Austria. Nel 1470 fu eletto Podestà di Bologna. Morì nel 1477 e fu sepolto in Santa Corona.

Bartolomeo di Lodovico ebbe fama nel suo secolo di elegante imitatore di Virgilio, di Catullo e di Tibullo. Fu anche eccellente prosatore e lasciò molti scritti. In patria godè molta considerazione e autorità. Fu per essa più volte oratore al Principe di Venezia, e da essa fu inviato ad incontrare nel 1489 Federico III. Imperatore, che lo creò Cavaliere. Morì nel 1530 e fu sepolto in Santa Corona. — *Livio*, poeta ed oratore, promosse con ardore in Vicenza lo studio delle lettere, caldeggiò l'erezione del teatro Olimpico, presiedette l'erezione dell'Ospitale di S. Valentino. Morì nel 1599 e fu sepolto in Santa Corona. — *Leonoro*, Arcidiacono della Chiesa Cattedrale Vicent'na, Vicario Capitolare per morte del Vescovo Civran, fu da innocenzo XI creato Vescovo di Pola il 7 Novembre 1689. Morì nel Maggio 1695 e sepolto in Pola. Nel Santuario di Monte Berico i fratelli gli eressero un monumento. — *Antonio* di Girolamo, favorì e promosse nel secolo scorso l'agricoltura, amò le arti utili e belle.

PAGLIARINI (*De Pajarinis*)

Spaccato: nel 1.º di rosso, a tre spighe fogliate d'oro, ordinate in fascia; nel 2.º d'argento, a tre bande d'azzurro. *Cod. Schio.*

Alias: Spaccato; nel 1.º d'azzurro, a tre spighe fogliate d'oro ordinate in fascia; nel 2.º bandato di rosso e d'oro, alla fascia d'argento attraversante sullo spaccato. *Cimiero:* Un uomo nascente colla destra alzata armata di una spada posta in fascia sopra il capo, e colla sinistra tenente una testa di uomo recisa. *Cod. Schio e Dall'Acqua.* (Il cod. Schio però è senza colori).

Alias. Spaccato, nel 1.º d'argento, a tre spighe fogliate, ordinate in fascia, nel 2.º bandato di rosso e d'oro. *Cod. V. Gonzati.*

Alias. D'azzurro a cinque spighe fogliate d'oro, i gambi raccolti in punta. *Cod. V. Gonzati.*

Famiglia antica. Venne da Trieste. Era detta Dalle Spighe. Fu ascritta al Consiglio Nobile di Vicenza, dove nel 1510 aveva sette posti. Era pure aggregata al nobile Collegio dei Giudici. Estinta.

Avea sepolcri a S. Bortolo e a S. Marco.

Le case a San Francesco, furono demolite nel 1503 per la fabbrica del monastero di S Francesco.

Giovanni Battista di Antonio, notaio, scrisse in latino, in sei libri, le *Cronache di Vicenza*, che presentò ai Deputiti cittadini nel 1480. Il Pagliarino vissuto in tempi anteriori all'incendio che consumò gran parte dell'archivio antico del Comune, potè veder documenti, di cui si ebbe a lamentare successivamente la perdita. Nacque circa l'anno 1415 e pare che la sua vita più che ottantenne si protraesse oltre il fine dei secolo XV.

PALLADIO e DALLA FEDE

Di ....., alla pianta d'olivo, con la fede di ..... attraversante sul tutto. *Cod. Schio.*

La lapide, che copriva in Santa Corona il sepolcro, dove nell'Agosto 1580 fu deposta la salma dell'immortale architetto Andrea Palladio, non aveva alcuna iscrizione, ma solo gli stemmi del Palladio e dei Dalla Fede insieme congiunti, com'è qui sopra descritto.

Andrea Palladio, ebbe quattro figli, tre maschi ed una femmina accasatasi in Dalla Fede. Silla gli sopravisse, Orazio e Leonida gli premorirono. La vita artistica del Palladio è così nota al mondo che sarebbe superfluo il compendiarla. Il 19 Agosto 1845 le sue ceneri vennero trasportate con gran pompa da S. Corona al Cimitero in ricco e grandioso mausoleo erettogli per volontà del conte Girolamo Egidio di Velo. Ha monumenti in patria, nel Panteon Veneto e nel Campidoglio. Nel terzo centenario della sua morte gli furono celebrate feste solenni. Antonio Magrini ne illustrò la vita e le opere.

Dalla Fede, famiglia di orefici vicentini.

PALLAVICINO *(Palavicinus)*

(Non si conosce lo stemma).

Gregorio Pallavicino, cittadino Genovese, ottenne dal Consiglio la cittadinanza vicentina il 14 Gennaio 1563. Girolamo di Francesco aveva a prestito un posto in Consiglio Nobile da Marcantonio Monza il 31 Dicembre 1585.

PALAZZI *(A Palatio)*

Di rosso, all'aquila d'argento. *Cod. Revese, Dall' Acqua, V. Gonzati e I. R. Commissione Araldica.*

Alias. D'azzurro, all'aquila d'argento. *Cod. Dall' Acqua.* Il *Cod. Schio* la dà senza i colori.

Famiglia antica. Il Duca di Milano, quale Vicario Imperiale, la investiva nel 1391 in ragione di feudo nobile e gentile di alcuni beni e decime nei Comuni di Schiavon e Tretto, e la Repubblica di Venezia ne confermava nel 1407 l'investitura. Fu ascritta al Consiglio Nobile, dove nel 1510 avea un posto. Era aggregata anche al nobile Collegio dei Giudici. Confermata nobile con Sovrana Risoluzione 4 Giugno 1820.

Avea sepolcri alla Cattedrale, a S. Pietro e a S. Corona. Vedi: Perlo.

PANOZZI (*Panozzi*)

D' azzurro, al cavallo d'argento corrente sulla pianura di verde; al sinistrocherico di carnagione vestito di rosso, tenente una coppa d'argento portante due pani dello stesso. *Cod. Revese e V. Gonzati.*

Pietro di Giambattista ebbe a prestito da Alvise Revese un posto in Consiglio Nobile il 31 Dicembre 1777. Famiglia estinta.

Avea casa ai Carmini.

PANTAIATI (*De Pantaiatis, Pantagia*)

(*Non si conosce lo stemma*).

Giovanni Angelo comprò il 3 Marzo 1559 un posto in Consiglio Nobile da Antonio Maria Revese.

PARISE (*De Parisiis*)

Di..... alla fascia di..... accompagnato da tre gigli di...... 2 in capo e 1 in punta. *Cod. Schio.*

Fioriva e viveva con molto decoro a Vicenza nel secolo scorso. Tommaso ebbe tipografia in piazza dei Signori.

Aveva sepolcro alla Cattedrale.

Don Francesco Parise, salì in fama di grande oratore: Predicò a Roma, a Bologna, a Milano, a Venezia, a Vienna con grande successo. Godè il favore di alti personaggi e molta considerazione in patria. La Nobiltà Vicentina lo mandò nel 1803 suo deputato al Governo di Vienna per ricuperare o mantenere i privilegi e la costituzione antica di Vicenza così come l'avea goduta sotto i Veneti. Morì parroco di Santo Stefano di Vicenza il 27 Agosto 1822.

PASETTO

Spaccato; nel 1.° d'oro, all'aquila bicipite di nero; nel 2.° di verde a cinque pesci d'oro, posti in fascia 3 e 2, alla fascia d'azzurro caricata da tre stelle d'oro di sei raggi, attraversante sulla partizione. *Cod. V. Gonzati.*

Venne a Vicenza da Trissino in sul finire del secolo scorso. Avea casa presso i Gualdi al Porton del Luzzo.

PASINI (*Paxinus, De Pasino*)

(Non si conosce lo stemma).

Venne a Vicenza da Milano con Pasino Dal Pozzo nel 1350, se crediamo alle Glorie degli Incogniti. Pagliarino la dice venuta a' suoi tempi da Creazzo. Fu ascritta al Consiglio Nobile di Vicenza, dove nel 1510 avea un posto. Avea sepolcri ai Carmini, agli Scalzi e a S. Biagio.

A donna *Vincenza Pasini* appariva nel 7 Marzo 1426 e nel 2 Agosto 1428 sul Monte Berico, dove stava pregando, la Vergine Madre di Dio, comandandole di annunziare ai Vicentini di fabbricarle in quel luogo una chiesa, se volevano esser liberati dalla peste che devastava le loro contrade. Della prodigiosa apparizione si conserva nella patria Biblioteca un documento ben più prezioso che l'autorità spesso vacillante di tutti i cronisti e gli storici cittadini, il processo originale del memorando avvenimento, composto due soli anni dopo, per ordine di coloro che presiedevano alla pubblica cosa, dal dottissimo giureconsulto Giovanni da Porto, e dichiarato vero in ogni sua parte dai notai della città, e dalla giurata testimonianza di moltissimi cittadini e forestieri. Il corpo della Ven. Vincenza Pasini, morta nel 1431, sepolto dapprima nel cimitero comunale e in seguito trasportato nel monastero d'Ogni Santi nel sepolcro costruito appositamente, venne finalmente trasferito nel Santuario di Monte Berico, dove si conserva tuttora presso l'altare della Madonna. Nella ricognizione del corpo fatta dal celebre medico Alessandro Massaria, fu constatato che l'osso della spalla destra per l'impressione miracolosa fatta dalla mano della Vergine, era ancora molle e rubicondo.

Pietro fu nel 1509 inviato ambasciatore dai Vicentini all'Imperatore Massimiliano. *Pasini Pace.*, suo figliuolo, filosofo e poeta, dovette subire due anni d'esilio in Zara per le sue torte opinioni in filosofia. Fattane ammenda ritornò in patria e fu Vicario in varî Castelli del Vicentino. Morì nel 1641 sessantenne. Le sue lettere meritarono d'essere impresse con quelle di Galileo Galilei e di altri nella famosa edizione delle opere di Keplero.

In questo secolo il nome Pasini fu illustrato a Vicenza da due uomini di alto valore scientifico: *Lodovico* e *Valentino Pasini*, di famiglia scledense. Per deliberazione 31 Maggio 1881 del Consiglio Comunale di Vicenza fu chiamata *Contrà Pasini* la contrada Carpagnon, dove i Pasini ebbero casa propria e dove abitarono.

Lodovico nacque a Schio il 4 Maggio 1804. Nel 1848 presiedette all'Assemblea Veneta, quindi fu Deputato, Senatore e Ministro dei lavori pubblici del Regno d'Italia. Ebbe il titolo e le insegne di Cavaliere dell'Ordine Civile di Savoia, di Commendatore dei Santi Maurizio e Lazzaro, di Grande ufficiale della Corona d'Italia e di Gran cordone dell'ordine del Leone di Zähringen di Baden. Coltivò con grande amore gli studi geologici e raccolse un prezioso museo di storia naturale, che il nipote Eleonoro donò generosamente alla città di Vicenza. Morì il 22 Maggio 1870.

Valentino, giureconsulto insigne, nacque pure a Schio il 23 Settembre 1806. Fino da giovane mostrò la vastità della sua mente scrivendo di agricoltura, di diritto e di economia politica iu relazione al progredire continuo presso gli stranieri di quelle discipline. L'illustre autore della genesi del Diritto Penale gli fu largo di lodi. Nel 1848 fu membro del Governo Provvisorio e ambasciatore di Venezia a Parigi, Brusselles, Vienna e Londra. Esule fu da tre collegi eletto Deputato al Parlamento Nazionale. Morì a 57 anni in Torino il 4 di Aprile 1864, e ai 15 di Decembre 1880 ne furono trasferite solennemente le ceneri in patria.

Eleonoro di Valentino, Cavaliere della Corona d'Italia, sindaco di Vicenza dal 19 Decembre 1897.

PAVIN *(Pavinus, De Pavinis)*

(Non si conosce lo stemma).

Gabriele comperava dagli eredi di Andrea Sarego un posto in Consiglio Nobile il 29 Dicembre 1562. Questa famiglia, o un ramo di questa famiglia si trasferì in Padova, dove si preparava la tomba nella Chiesa del Carmine l'anno 1579.

PEDONI

Di verde, alla gamba umana d'argento tagliata alla coscia. *Cod. V. Gonzati.*

Fioriva a Valdagno nel secolo scorso.

D. Gaetano Pedoni appassionato geologo raccolse molti petrificati, che furono poi il nucleo del Museo Scortegagna.

PELLATIERO *(Pellaterius)*

(Non si conosce lo stemma).

Famiglia ascritta al Consiglio Nobile di Vicenza. Nel 1510 aveva un posto.

PELO-ANGUISSOLA
(Pellus, Pello, Pello Angussola, Angussola de Pilis)

Spaccato inchiavato di rosso e d'argento. *Cod. Revese e V. Gonzati.*

Francesco di Antonio comperava il 21 Novembre 1566 un posto in Consiglio Nobile di Vicenza da Bernardino Broglian.

Avea sepolcro in Santa Corona e in San Michele.

Fra *Spirito*, degli Eremitani di Sant'Agostino, uomo dotto ed eloquente, fu procuratore generale del suo Ordine, e Generale dello stesso. Nel 1565 fu inviato dal Re di Napoli al Gran Maestro dell'Ordine di Malta per congratularsi della vittoria riportata sul Turco. Morì a Bologna il 14 Maggio 1586 di anni 52. La salma venne trasferita in Vicenza, dove in San Michele ebbe solenni onoranze.

PENCATI (*Pencatus*)

Spaccato; nel 1.º di verde, ad una crocetta patente d'argento; nel secondo di rosso, caricato di una gamba umana d'argento tagliata alla coscia, alla fascia d'oro attraversante sullo spaccato. *Cod. Revese, Dall'Acqua e V. Gonzati.*

Francesco fu Antonio ebbe a prestito da Gualdinello Colzè un posto in Consiglio Nobile il I Gennaio 1567. Si unì più tardi con la famiglia Marzari.
Avea sepolcro a Santa Corona.

PERAROLO (*Perarolus*)

(*Non si conosce lo stemma*).

Giovanni Battista ebbe in dono da Gerolamo fu Francesco Ghellini un posto in Consiglio Nobile il 2 Gennaio 1582.
Avea sepolcro a San Biagio.

PERECINI

Di......, al pero fruttifero al naturale sradicato. *Cod. Schio. e V. Gonzati.*

Avea case e sepolcro a Santa Corona.

PERGOLA

Semispaccato; nel 1.º d'oro, all'aquila di nero coronata d'oro; nel 2.º d'argento alla vite fruttifera al naturale, terrazzata di verde, accollata ad un pergolato posto in banda; partito d'azzurro al leone d'oro. *Cod. V. Gonzati.*

Avea sepolcro a San Michele.
Bonifazio Pergola nel 1612 raccolse le vite dei Santi e dei Beati Vicentini, opera che rimase ed è tuttora inedita.

PERINO (*De Perino*)

(Non si conosce lo stemma).

Nella prima metà del secolo XVI avea un posto nel Consiglio Nobile di Vicenza. Estinta.

Avea sepolcro a S. Lorenzo.

PERLO (*De Perlo*)

(Non si conosce lo stemma).

Sotto il nome Perlo questa famiglia avea due posti in Consiglio nel 1510. Avea sepolcro a San Pietro (1494).

Forse è la stessa famiglia Palazzi che prese il nome dal palazzo annesso al feudo di cui erano stati investiti.

PERSICO (*De Persico, Brogia de Persico*)

(Non si conosce lo stemma).

Sotto questo nome avea un posto in Consiglio. Forse è una cosa sola con la famiglia Broglia. Scrive infatti il Pagliarino: « De Broia. Haec famiglia quod et alio nomine dicit De l'ersico, a Civitate Pergami originem habuit ». Vedi Broglia.

PIACENTINI (*De Placentinis*)

(Non si conosce lo stemma).

Bartolomeo fu Antonio comprò il 30 Dicembre 1536 un posto in Consiglio Nobile da Luca fu Giacomo Piacentino.

PIANTON

Semispaccato; nel 1. d'argento a tre grappoli d'uva di nero posti in fascia; nel 2.° d'argento a due bande di nero; partito d'argento al pino di verde terrazzato dello stesso, sostenuto alla destra da un leone rampante di ...... *Cod. V. Gonzati.*

Pietro dottor Pianton, Vicentino, uomo benefico, sacro oratore plaudito e scrittore fecondo. Fu Abate di Santa Maria della Misericordia in Venezia, Prelato domestico di Sua Santità, Protonotario Apostolico, Cappellano Conventuale, Commendatore del Gran Priorato Gerosolimitano del Regno Lombardo Veneto. Morì a 89 anni il giorno 25 di Aprile 1864

PIAZZA (dalla). (*A Platea*)

(Non si conosce lo stemma).

Girolamo e Giuseppe Dalla Piazza da Marostica ottengono la cittadinanza vicentina dal Consiglio il 2 Settembre 1537.

Francsco fu Bartolomeo comperò il 13 Dicembre 1560 un posto in Consiglio Nobile da Gianmarco dalla Zoga.

PICCOLI (*Piccoli*)

(Non si conosce lo stemma).

I Deputati dichiarano il 6 Maggio 1660 Valentino Piccoli, nativo di Udine, cittadino di Vicenza.

Angelo comperò da Marcello Bonomo Olivieri un posto in Consiglio Nobile il 14 Dicembre 1696

Avea sepolcro a San Michele.

PIETROBELLI
(*De Petrobellis, De Petrobellis de Bergomo dicto ante de Blaconibus*)

(Non si conosce lo stemma).

Famiglia ascritta al Consiglio Nobile di Vicenza. Nel 1510 avea un posto.

Avea sepolcro in Santa Corona come attesta il Barbarano che ne riprodusse l'iscrizione da un inventario fatto il 27 Febbraio 1552.

PIGAFETTA (*De Plegaphetis, De Pigafetis*)

Di nero, alla banda d'argento, caricata di una rosa d'oro, ed accostata da altre due rose dello stesso ordinate in sbarra; col capo d'argento. *Cod. Revese, Dall'Acqua e V. Gonzati.*

Famiglia antica ed illustre in Vicenza. Il Pagliarino la dice venuta tra di noi da Firenze. Fu ascritta al Consiglio Nobile di Vicenza. Nel 1510 avea sei posti. Era pure aggregata al nobile Collegio dei Giudici.

Avea sepolcri a S. Domenico, a S. Michele e a S. Corona. Case al di qua e al di là del ponte di S. Paolo. È celebre per vaga architettura quella alla Luna col motto *Il n'est rose sans épine.* Fu edificata nel 1481 da Matteo Pigafetta, lo stesso che Federico III. creò nel 1469 Conte Palatino.

Girolamo, domenicano, detto pei suoi scritti in prosa ed in verso « *etatis sue delicias* e « giardino della Religiosa famiglia di S. Domenico », meritò, si dice, di essere coronato d'alloro da Leone X. — *Antonio* fu compagno di Ferdinando Magellano, in quell'ardita navigazione che provò, materialmente, la sfericità della terra (1519-1522), e ne scrisse giorno per giorno la storia, lavoro questo di grandissimo valore per noi, che da essa sappiamo meglio che d'altronde gli avvenimenti di quel primo viaggio attorno al mondo. Fu creato Cavaliere Gerosolimitano, ed ebbe la commenda di Norcia, Todi, Arquata ed annessi.

Filippo, come *Antonio* viaggiatore e scrittore di grande rinomanza, visitò la Francia, la Spagna, il Portogallo, la Germania, l'Ungheria, la Persia, l'Arabia, Costantinopoli e l'Egitto, il Monte Sinai e la Terra Santa. Papa Sisto IV. lo mandò. ambasciatore al Re di Persia e al Re di Francia. Guerreggiò in Croazia e in Ungheria. Fu caro a Principi e a Pontefici. Morì il 24 Ottobre 1603 e sepolto in S. Domenico.

PIOVENE (*De Plovenis, Ploveneus*)

D' argento, al leone rampante di rosso. *Cod. Revese, Dall' Acqua; Schio e V. Gonzati.*

Alias. D'argento, al leone rampante di rosso, coronato dello stesso. *Cod. V. Gonzati.*

Famiglia antica in Vicenza. Ebbe la Signoria del Castello di Piovene. Lo vendette alla città di Vicenza nel 1236. Fu ascritta al Consiglio Nobile, dove nel 1510 avea sette posti. Era pure aggregata al nobile Collegio dei Giudici. Ottenne nelle varie discendenze la conferma nell'avita nobiltà, con Sovrane Risoluzioni 5 Maggio, 8 Luglio e 22 Settembre 1820.

La Repubblica Veneta con Ducale 27 Marzo 1797 le riconobbe il titolo Comitale che da gran tempo godeva, ma l'Austria non glielo riconfermò. Oggi ne è ritornata in possesso.

Un ramo, ora estinto, fu nel 29 Gennaio 1654 ascritto al Patriziato Veneto mediante l'esborso di 100 mila ducati, ed è già estinto. *Luigi-Lelio* fu creato Conte dell'Impero Austriaco con diploma 14 Luglio 1820, ma non ebbe discendenza. Per disposizione testamentaria della contessa Paolina Porto-Godi-Pigafetta vedova Bissari, Francesco Piovene aggiunse nel 1825 al proprio il cognome Porto-Godi.

Avea sepocri a San Biagio, a S. Corona, a S. Lorenzo e a S. Francesco Nuovo.

Case a 'S. Francesco Novo, in Riale, al Porton del Luzzo e sull'Isola dove Guidone e Giuliano Cavalieri, eressero sul Bacchiglione nel secolo XVI un « superbissimo palazzo d'imperatoria spesa » (oggi distrutto). Quivi nel 1566 ospitarono e splendidamente onorarono Emanuele Filiberto duca di Savoia, e Guglielmo duca di Mantova e Marchese del Monferrato. Oggi abitano sul Corso, a San Marco e a Monte Berico.

La famiglia Piovene dei Collegiati abita a S. Faustino.

10

Guido e Cesare prima paggi alla Corte di Carló III. duca di Savoia, poi gentiluomini al seguito del duca Emanuele Filiberto, che accompagnarono nelle guerre di Picardia. Guido, cavaliere dell'Ord. Mauriziano, fu governatore di orino. Morì nel 1590 governatore generale dell'Isola di Candia per la Repubblica di Venezia al cui servigio era passato dopo la morte di Emanuele Filiberto. Cesare, suo fratello, morì da forte il 15 Agosto 1570 ucciso in una sortita da Nicosia, dopo di aver riportate due belle vittorie sul Turco. Gli fu eretta una statua nel Prato della Valle a Padova.

Lelio di Antonio, nato nel 1631, letterato e poeta, nel Luglio 1679 scoprì, studiò ed illustrò la celebre fonte delle acque minerali di Recoaro che da lui prese il nome. *Antonio di Alessandro*, architetto, discepolo del Calderari, nacque il 6 Luglio 1774 e morì il 6 Agosto 1858.

Luigi di Francesco, Cav. Mauriziano e della Corona d'Italia, fu podestà di Vicenza dal 2 Agosto 1852 al 12 Marzo 1856 e sindaco dal Maggio 1868 al 3 Gennaio 1874. Morì il 6 Ottobre 1886.

PIOVINI (*De Plovinis, Pluvinus*),

Spaccato d'azzurro e di verde, alla fascia nebulosa d'argento, attraversante sullo spaccato, e accompagnata in capo da una nuvola dello stesso vibrante dardi d'oro verso la fascia. *Cimiero*. Un braccio nascente di carnagione impugnante tre dardi di nero; *Divisa*: Fecit potentiam. *Cod. Revese, Dall'Acqua e V. Gonzati.*

Alias. La stessa, ma spaccato d'azzurro e d'oro. *Cod. Lod. Gonzati.*

Giuseppe fu Gregorio comperava dal dott. Girolamo Almerico il 12 Giugno 1569 un posto in Consiglio Nobile.

Avea case in piazza Castello, dove nel 1658 Giuseppe e Giovanni Battista eressero in piazza Castello nel 1658, con disegni dell'architetto Pizzochero, un palazzo di stile barocco.

Avea sepolcri ai Servi e a Santa Corona.

Si estinse nei Muzzan.

PIAZZETTA (*Pizzetta*)

Spaccato; nel 1.º d'oro, all'aquila bicipite di nero; ciascuna testa coronata dello stesso; nel 2.º d'azzurro, ad una fontana zampillante d'oro; colla fascia di rosso attraversante sullo spaccato. *Cod. Revese e V. Gonzati.*

Alias La stessa, senza la fascia. *Cod. Dall'Acqua.*

Gio. Battista e Marcantonio fratelli il 9 Settembre 1707 domandano alla città di Vicenza di esser aggregati ai Consigli della medesima.

Giuseppe fu Carlo ebbe a prestito dai Vicentini un posto in Consiglio Nobile il 31 Dicembre 1742.

Avea sepolcro a San Lorenzo.

POJANA

(*De Pojana, Poliana, Pogiana, Poiana de Paltineriis*)

Di rosso, all'astore d'argento, accompagnato nel cantone destro del capo da una stella di otto raggi d'oro. *Cod. Revese, Dall' Acqua, Schio* e *V. Gonzati.* Il Cod. Schio ha la stella d'argento.

Alias. La stessa, posta in uno scudo ovale sul petto di un' aquila imperiale in campo d'oro. *Cod. Revese* e *V. Gonzati.*

Famiglia potente a Monselice. Ribellatasi ai Carraresi per favorire gli Scaligeri abbandonò la patria e si stabilì a Vicenza, dove acquistò beni dai De Lucio. I Carraresi le confiscarono i beni, gli Scaligeri la regalarono del castello di Pogliana. Fu ascritta al Consiglio Nobile di Vicenza. Nel 1510 aveva otto posti. Era pure aggregata al nobile Collegio dei Giudici.

Si estinse in sul finire del secolo scorso nella famiglia Erizzo nella quale era entrata Beatrice l'ultima di sua famiglia, sposa ad Andrea. E negli Erizzo passarono le ingenti sostanze dei Poiana, forse la più ricca famiglia di Vicenza.

Avea sepolcro e cappella in San Lorenzo.

Case in Berga, di fronte a San Tommaso, in Strà, sindicaria di S. Giacomo, e in Carpagnon. Si dice che l'arma dei Poiana sia stata concessa da Calisto III. Papa ad un Matteo Pogliana circa il 1455

Gregorio nel 1312 fece prigioniero e ferì il celebre storico Mussati padovano. *Cardino* fu tra i cittadini mandati a Massimiliano dalla città di Vicenza il 15 Ottobre 1509. *Giovanni Battista*, giureconsulto, cominciò a leggere Diritto Canonico in Padova nel 1532 essendo ancora scolaro. Nel 1535 si trasferì a Roma dove professò il Diritto Pontificio.

POLCASTRO

(*De Pulcastris, De Polcastris, De Porcastris*).

Semipartito-spaccato; nel 1.° di rosso, al castore rampante di nero; nel 2.° d'argento al castore rampante di rosso; nel 3.° di nero, al castore rampante d'argento. *Cod. Revese* e *V. Gonzati.*

Alias. Una scrofa. *Cod. Schio.*

Famiglia antica e che fu potente in Vicenza. Fu ascritta al Consiglio Nobile, dove nel 1510 aveva tre posti. Era pure aggregata al nobile Collegio dei Giudici. Il ramo principale si trasferì a Padova nel 1400.

Avea sepolcri a S. Michele e a San Pietro.

POLETTO

Partito: il 1.° d'azzurro, alla fascia di rosso caricata di una riga d'argento; in alto una cometa dello stesso e una colomba al naturale tenente nel becco un ramoscello d'olivo di verde, in basso una barca portante una casa al naturale; il 2.° di rosso, alla torre merlata aperta d'argento. Motto: *Fide et constantia.*

S. S. Leone XIII con suo decreto 10 Febbraio 1894 annoverava tra i *Prelati domestici* il celebre dantista Mons. *Giacomo Poletto,* vicentino, professore di alta letteratura nell'Istituto Pontificio, Accademico della Crusca, Cavaliere e Commendatore di vari Ordini.

POLIERI

Spaccato d'azzurro e d'oro, alla fascia spaccata d'oro e di rosso attraversante sulla partizione; l'azzurro caricato di un puledro passante al naturale, e l'oro di un palo partito di azzurro e d'argento; l'azzurro caricato in alto da una stella di otto raggi d'oro, e l'argento caricato in alto da una stella di otto raggi di nero. *Port. del Monte Berico.*

Natale Polieri, Protonotario Apostolico, Canonico Calcedonese, morì l'anno 1762 e fu sepolto in Santo Stefano. Testò in favore delle nubende povere. Eresse un arco a Monte Berico, da cui fu desunto lo stemma.

PORTO (*De Porto, De Portis, A Portu*)

D'azzurro, alla fascia increspata d'argento. *Cod. Revese, Dall'Acqua, Schio e V. Gonzati.*

Alias. Spaccato d'oro e d'azzurro, alla fascia increspata d'argento, attraversante sullo spaccato, ed accompagnata in capo da un'aquila imperiale. *Cod. Revese, Dall'Acqua e V. Gonzati.*

Alias. La stessa, ma spaccato d'oro e di nero. *Cod. V. Gonzati.*

Alias. Ínquartato; nel 1.° e 4° spaccato d'oro e di verde, alla faścia increspata d'argento accompagnata in capo da un aquila bicipite di nero. Nel 2.° e 3.° fasciato d'argento e di verde di otto pezzi; al crancelino di verde attraversante sul tutto. ˙*Divisa:* « Dabit Deus his quo omne finem ». *Cod. Schio.*

Famiglia doviziosa, antica, illustre e numerosa in Vicenza. Si divise e sud-
divise in molte famiglie che ne popolarono una contrada detta dei Porti. Fu ascritta al Consiglio Nobile, dove nel 1510 aveva tredici posti. Era pure aggregata al nobile Collegio dei Giudici. Cosa rara, questa famiglia non vanta ge-
nealogie favolose. Venne dal popolo. Fino dal declinare del secolo XV i Porto ci si presentano una famiglia militare per eccellenza. L'Imperatore Carlo V. con diploma 14 Dicembre 1532, dato a Bologna, erigeva in Contea il Castello di Vivaro e Valvegna (non sarebbe Valleogra ?) nel territorio Vicentino, col-
l'estensione e collazione del titolo di Conte di Vivaro e del rango di Cavalieri aurati a tutti i rami e loro discendenze della famiglia Porto. La Republica ne riconosceva il titolo con terminazione 27 Marzo 1730 e ne iscriveva i nomi nell'aureo libro dei Titolati. De la nobiltà e del titolo ne avevano la conferma con Sovrane Risoluzioni 25 Agosto 1820 e 15 Luglio 1821.

Aveano case e palazzi superbi nella Contrada che da loro prese il nome, in Piazza Castello, sul Corso e altrove; sepolcri e monumenti alla Cattedrale, a S Lorenzo, a S. Corona.

Giovanni Porto di Andrea, dotto giureconsulto, fu professore di diritto civile nella Università di Padova dall'anno 1434 al 1458. A lui nel 1431 veniva dato l'incarico di estendere il processo della prodigiosa apparizione della Vergine nel vicino colle Berico, della edificazione del tempio e dei prodigi ottenuti. (Vedi Pasini).

˙ *Luigi di Bernardino* fu poeta, novellatore, cronista e guerriero. Giova-
netto fu alla corte di Urbino, una delle più eleganti della elegantissima Italia del cinquecento. Stimolato dalla gloria delle armi vi si addestrò con grandissimo amore. Nella guerra che fu la conseguenza della memorabile lega di Cambrai cercò ogni mezzo di favorire l'esercito dei Veneziani, onde la Repubblica per dimostrargli il suo gradimento gli affidò il comando di una compagnia di cavalli leggeri. La sua prima milizia fu al campo che osteggiava Verona tenuta dagli Imperiali. Dopo soli tre mesi gli fu imposto di tramutarsi da Verona nel Friuli con la sua gente, o di congiungersi a quella che da Cividalé e da Gradisca tenea testa agli Austriaci. Nella giornata del 11 Giugno 1511, spintosi troppo animosamente col suo cavallo nel letto del fiume Natisone, dove i Veneziani aveano assalito i nemici, ebbe da un tedesco una stoccata alla gola, fra il mento e la goletta di ferro, che lo fece precipitare come morto da cavallo. Raccolto e soccorso dopo la battaglia, fu trasportato a Udine, e di là, appena potè, si trasferì a Venezia, sperando di riacquistar quivi la sanità; ma il prode soldato non guarì più e si vide nel fiore della vita reso impotente alle armi. Nel dolce ritiro della sua villa di

Montorso, non gli fu di poco sollievo lo studio delle lettere e della poesia ch'egli coltivava e per naturale inclinazione dell'anima ardente, e per l'esempio avuto alla corte d'Urbino da quei nobilissimi spiriti che il magnanimo Guidobaldo di Feltre vi aveva accolti. Se egli non iscrisse tragedie in versi, ma poche rime, diede però allo Shakespeare il tema di Giulietta e Romeo; e a lui non meno che al tragico inglese si devono le lagrime onde tante donne gentili bagnano in Verona quell'avello, che fu tenuto dei Capuleti. Le sue lettere sono riputate, per suffragio universale, opera preziosa di lingua e di storia. Morì il 10 Maggio 1529 d'anni 43 e fu sepolto in Santa Corona.

Leonardo di Leonardo, cultore appassionato della numismatica, meritò lodi ed encomi di dotti ed illustri antiquari quali il Merliano, lo Scotto, il Peto, l'Erizzo, l'Agostini per il suo libro *De sesterzio, pecunia, ponderibus et mensuris antiquis*. Fu nel 1509 ambasciatore con altri nobili vicentini all'Imperatore Massimiliano. Morì ottantenne nell'Ottobre 1545 e fu sepolto in S. Lorenzo.

Gabriele di Simone morì da prode combattendo per la Repubblica di Venezia all'Olmo presso Vicenza nel 1513. *Lodovico* suo figliuolo cadde pure colle armi in pugno l'anno 1557 nella difesa di S. Quintino espugnato da Emanuele Filiberto Duca di Savoia, generalissimo di Filippo II. re di Spagna. *Francesco di Giovanni*, commissario generale di guerra della Repubblica Veneta, uomo di molta dottrina, di prudente consiglio, morì a 82 anni nel decembre 1554.

Ippolito di Antonio, avendo voluto, sebben giovinetto, prender parte alla terribile guerra fra Carlo V e i pirati degli Stati barbareschi, assistè nel 1525 alla presa di Goletta e di Tunisi. Riconosciuto da tutti il suo valor militare, fu vent'anni creato condottiere d'armi. Combattè con ardire giovanile in Piccardia e in Piemonte e prese parte alla guerra mossa da Carlo V. alla Germania che tumultuava per le discordie religiose. A lui solo va dato il merito se nella grande giornata campale del 24 Aprile 1547 presso Muhlberg arrise la sorte alle armi di Carlo e fu fatto prigioniero il duca Giovanni, elettore di Sassonia, forse il più acerrimo nemico della religione e del trono. Tornato in patria la Repubblica Veneta lo creò governatore di Verona, di Brescia, di Bergamo, e poco dopo comandante supremo dell'isola di Corfù. Combattè anche in Albania e fece prodigi di valore all'assedio di Margheriti, che dovè finalmente darglisi a discrezione. Rotto dai travagli ammalò; ricondottosi a Corfù fu colto da febbre e in breve morì a 55 anni nel 1572. Il corpo venne solennemente trasferito in patria e sepolto in S. Lorenzo.

Girolamo di Giampaolo, vissuto nella seconda metà del secolo XVII, ebbe fama di valente cultore delle lettere. La Bertoliana possede un suo autografo dove descrive con eleganza e chiarezza grandissima diciasette suoi viaggi fatti in quasi tutti i paesi di Europa.

Antonio di Luigi ebbe coltura non comune nelle scienze e nelle lettere. Dottissimo nella lingua greca, lasciò una buona versione di Pindaro e della Batromio machia di Omero. Amò le belle arti, l'agricoltura e diffuse largamente le nuove dottrine sulla coltivazione dei bachi da seta. Vicenza l ebbe a suo Podestà. Morì a cinquant'anni il 23 Marzo 1838.

Luigi di Antonio morì per la patria indipendenza colpito in pieno petto da una palla di cannone nella memoranda giornata 10 Giugno 1848.

Antonio di Luigi, Cavaliere dei Santi Maurizio e Lazzaro e della Corona d'Italia, sindaco di Vicenza dal 25 Ottobre 1893 al 10 Febbraio 1896. Quindi Commissario Regio dal 19 Marzo fino alla elezione al sindacato del conte Roberto Zileri (5 Maggio 1896).

PORTO-GODI-PIGAFETTA

Inquartato; nel 1,° e 4.° spaccato d'oro e d'azzurro, alla fascia ondata d'argento, attraversante sulla partizione, ed accompagnata in capo da aquila bicipite di nero, rostrata, membrata e coronata di rosso; nel 2.° e 3.° fasciato d'oro e di nero di otto pezzi al crancelino di verde attraversante sul tutto; sul tutto partito di rosso e d'argento, al leone d'oro attraversante sulla partizione, addestrato in capo da una stella di otto raggi dello stesso. *Cod. Revese, Dall' Acqua e V. Gonzati.*

POSCHIAVO (*Puschiavus*)

(*Non si conosce lo stemma*).

Gabriele fu Giovanni medico ebbe a prestito da Achille Aviani un posto in Consiglio Nobile il 31 Dicembre 1627

POVEGLIANI (*De Povejanis, De Poveglianis*).

D' azzurro, ad un' ape d'oro. *Cod. Schio.*

Si hanno memorie di questa famiglia fin dal 1340. Fu ascrittta al Consiglio Nobile di Vicenza, dove nel 1510 aveva tre posti. Si estinse nel secolo XVIII. Pagliarino dice che portava l'aggiunto di Berica.

Avea case a Santo Stefano.

POZZI o POZZO (dal). (*A Putheo*)

D' azzurro, al pozzo al naturale. terrazzato di verde accompagnato in capo da una stella d'oro di sei raggi. *Cod. Schio e V. Gonzati.*

Alias. Di . . . ., al pozzo al naturale, terrazzato di ,. . . .
accostato da due cigni d'argento . . . ., sormontato da tre stelle
male ordinate. *Cod. Schio.*

Benedetto fu Giuseppe ebbe a prestito un posto in Consiglio Nobile da
Antonio fu Giacomo dei Mironi de Barbarano il 31 Dicembre 1576.
Ebbe sepolcri a Santa Corona e ai Servi.

PRIANTE (*De Priantibus*)

D' azzurro, ad un drago alato d'oro, posto in palo, colla
coda distesa verso la punta, accompagnato al cantone destro
del capo da una stella di otto raggi dello stesso. *Cod. Re-*
vese, Dall'Acqua, Schio e V. Gonzati.

Giovanni Antonio Priante da Lonigo ottenne la cittadinanza vicentina
dal Consiglio il 19 Maggio 1545.
Priante fu Giovanni Antonio comperò da Cardino Nievo un posto in
Consiglio Nobile il 5 Dicembre 1596.
Avea sepolcro a Santa Corona. Case sul Corso di fronte al palazzo Trissino
Baston. Oggi estinta.

PRIORATO (*De Prioratis*)

Di rosso, ad una torre di argento, aperta e finestrata di
nero, posta sopra una collina di tre cime di verde. *Cod. Re-*
vese, Schio e V. Gonzati.

Alias. La detta torre caricata della lettera P. sopra la
porta, cimata da una cupola ed accostata da due gigli, sormontati ciascuno da un lambello di cinque pendenti. *Cod.*
Schio.

Famiglia antica ascritta al Consiglio Nobile di Vicenza. Nel 1510 aveva
un posto. Era pure aggregata al nobile Collegio dei Giudici.
Avea sepolcri a S. Lorenzo e a S. Bortolo. Case in Carpagnon.
A San Lorenzo eresse nel 1324 la cappella della Beata Vergine a sinistra del Coro. Si estinse nel secolo XVII.

PRIORATO ALIDOSIO

Partito; a destra inquartato, nel 1.° e 4.° di . . . . a tre
gigli di . . . . posti due e uno, nel 2.° e 3.° di . . . . alla torre
aperta e finestrata, piantata sopra una collina di tre cime.

Sul tutto di.... alla banda di.... caricata di tre....; a sinistra di.... all'aquila col volo abbassato di. ... accollata
di una corona..... e caricata nel cuore di un giglio di....
Cod. Schio.

PROTO (*Prothus*)

Spaccato; nel 1.° d'oro; nel 2.° bandato di verde e d'oro
di sei pezzi. *Cimiero.* Una testa e collo d'acquila coronata.
Cod. Revese, Schio e V. Gonzati (però nel cod. Revese è
bandato di otto pezzi).
Alias. Spaccato; nel 1.° d'oro, nel 2.° dello stesso a tre
bande di verde. *Cod. dall'Acqua.*

Famiglia antica e potente a Vicenza. Si estinse con *Giampietro* il 31
Agosto 1412. I Proti aveano due grandi palazzi nella contrada che da loro
prese il nome, e sepolcri alla Cattedrale. Quivi aveano anche cappella propria.

Giampietro Proti con Iacopo Thiene furono nell'Aprile 1404 mandati
ambasciatori a Venezia per la sottomissione di Vicenza alla Repubblica. In
quell'occasione egli fu aggregato al Maggior Consiglio della stessa Repubblica e creato Cavaliere di S. Marco con l'annua entrata di mille ducati per
tutta la vita, ai figli ed eredi. Fu capitano per Venezia della città di Padova
e Senatore di Siena Con testamento 12 Marzo 1412 dispose buona parte delle
sue sostanze per la fondazione dell'Ospitale di S. Maria della Misericordia,
volgarmente Istituto Proti, oggi ancora floridissimo.

QUERINI o QUIRINI N. V

Inquartato; nel 1.° e 4.° spaccato d'azzurro e di rosso,
l'azzurro caricato di tre stelle di sei raggi d'argento, ordinate
in fascia; nel 2.° e 3.° interzato in palo d'azzurro, d'argento
e d'oro, il palo d'argento caricato di tre stelle di sei raggi
di rosso. *Da documento del sec. XVIII.*

Famiglia illustre di Veneti Patrizi ascritta nel Libro d'oro prima del
1297. Lauro Costantino di S. Severo, per le nozze con la nob contessa Amelia Dalle Ore, ultima di sua famiglia, portò il suo domicilio in Vicenza fino
dal 1868. Tiene il palazzo, già dei Capra, a S. Marco.

QUINTO (*De Quinto*)

Inquartato; nel 1.° e 4.° partito di rosso e di verde, alla
fascia d'argento attraversante sulla partizione, ed un cervo

rampante d'oro attraversante sul tutto; nel 2. e 3.° d'oro, alla croce scorciata d'azzurro. *Cod. Revese, Dall' Acqua e V. Gonzati.*

Alias. Partito; nel 1.° di rosso al cervo d'oro; nel secondo spaccato d'azzurro e di verde alla fascia d'argento attraversante sullo spaccato. (*Dall'atto di professione di Suor Silvia Stella Quinto monaca in S. Pietro, 1643.*

Alias. Partito d'oro e d'azzurro, alla fascia d'argento; al cervo di nero attraversante sul tutto. *Dall' atto di professione di Suor Bernardina Quinto mon. in S. Pietro, 1683.*

Probabilmente venne da Quinto, donde trasse il suo cognome. Nel 1541 avea già un posto nel Consiglio Nobile di Vicenza.

Avea sepolcro a Santa Corona. Case a Ponte Furo, che Francesco di Andrea cesse per l'erezione del Teatro Eretenio nel 1777.

Si estinse nella famiglia Rubini in cui passò Lucia Quinto. La Casa di Ricovero di S. Pietro ora ne gode i beni

RAGONA (*Ragona, Regona, De Aragona*).

Fasciato d'oro e di nero di otto pezzi; col leone rampante d'argento attraversante sul tutto. *Cod. Revese, Dall'Acqua e V. Gonzati.*

Alias. D'argento, a due fascie di nero col leone rampante d'argento attraversante sul tutto. *Cod. V. Gonzati.*

Famiglia ascritta al Consiglio Nobile di Vicenza. Nel 1510 avea due posti. Era pure aggregata al nobile Collegio dei Giudici. L'Imperatore Sigismondo il 16 Novembre dell'anno 1436 insigniva i Ragona del titolo di Conti Palatini. Con Sovrana Risoluzione 24 Luglio 1820 veniva confermata nobile. Estinta nei Sandri nella prima metà del secolo nostro.

Avea sepolcri ai Carmini e a S. Rocco.

RANDON (*Randonius*)

(*Non si conosce lo stemma*).

Nicolò Randonio e fratelli ottennero dal Consiglio la cittadinanza vicentina il 31 Maggio 1560.

Giuseppe fu Bartolomeo comperò dai Da Mosto il 14 Agosto 1560 un posto nel Consiglio Nobile di Vicenza.

Avea sepolcro a San Giacomo.

Nicolò Randonio, giureconsulto, luogotenente del Vicario di Roma, fu adoperato come Referendario dell'una e l'altra segnatura. Per meriti fu creato Nobile Romano. Morì nel 1687.

RAPA o RAVA

Inquartato; nel 1.º e 4.º di .... nel 2.º e 3.º di .... alla rapa. *Cod. Schio.*

Fioriva a Vicenza nel secolo XVI.

Avea sepolcro nella Cattedrale, dove prima fu sepolto nel 1583 Agostino, mansionario, scrittore di versi in lingua rustica pavana.

Ebbe a compagni nel verseggiare rustico il sarte Rustichello e il pittore Giambattista Maganza sotto il nome di Menon..Fu uno dei Padri dell'Accademia Olimpica.

RAVIZIO (*De Raviciis*)

(*Non si conosce lo stemma*).

Famiglia ascritta al Consiglio Nobile di Vicenza. Nel 1510 aveva un posto.

REAME (*De Reame*)

(Non si conosce lo stemma).

Alessandro fu Giovanni comperò un posto in Consiglio Nobile il 13 Febbraio 1571 da Giovanni fu Francesco da Bergamo. Non avendo figli detto posto passò in Emilio fu Vincenzo de Aviano, marito della nipote, il 1 Gennaio 1591.

REGAÙ (*De Regautis*)

Spaccato; nel 1.º d'azzurro, a tre stelle d'oro di otto raggi male ordinate; nel 2.º di rosso, a tre spade nude d'argento, manicate d'oro, poste in banda, colle punte in alto; alla fascia d'argento attraversante sullo spaccato. *Cod. Revese, Dall'Acqua, V. Gonzati e I. R. Comm. Araldica.*

Alias. La stessa, ma col cimiero: Un guerriero nascente tenente nella destra una spada inclinata verso il capo, la punta in alto. *Dal sigillo di G. B. Regaù notajo, 6 Febb. 1649.*

Luigi fu Giorgio comprò nel 1563 un posto nel Consiglio Nobile da Giuseppe Zuglian. Confermata con Sovrana Risoluzione 5 Maggio 1820.

Giorgio, canonico della Cattedrale, morto il 25 Giugno 1626, beneficò per testamento il Capitolo di cui faceva parte.

REPETA (*De Repetis*)

Spaccato contromerlato d'argento e di rosso, caricato il primo di una crocetta del secondo. *Cod. Revese, Dall'Acqua e V. Gonzati.*

Alias. Spaccato contromerlato d'argento e di rosso. *Cod. Revese, Dall'Acqua, Schio e V. Gonzati.*

Famiglia antica, ricca, « et potente appresso gli Scaligeri », dice il Pagliarino. Fu ascritta al Consiglio Nobile di Vicenza. Nel 1510 aveva due posti. Era pure aggregata al Nobile Collegio dei Giudici.

Nel 1217 questa famiglia acquistava dai Canonici di Vicenza per il prezzo di dieci mila lire veronesi il castello e la villa di Campiglia dei Berici e con essi otteneva pure gli onori e giurisdizioni loro spettanti; già godute dai Canonici di Vicenza, che s'intitolavano *Comites, Reges, Duces et Marchiones Campilie.* Il Senato Veneto nel 1700 confermava ai *Repeta* il titolo di Conte e di Marchese di Campiglia con mero e misto impero, trasmissibile nei loro discendenti.

Ebbe case in piazza San Lorenzo, dove nel 1711, con disegni dell'architetto Muttoni, il marchese Scipione Repeta eresse un grandioso palazzo di stile barocco, oggi della Banca d'Italia. Avea sepolcri alla Cattedrale, a Santa Corona e a S. Tommaso. L'arca di P. Repeta ch'era in S Tommaso fu trasportata in S. Lorenzo, ed è una delle quattro murate nella facciata.

Questa famiglia si estinse nei Sale.

Manfredo di Francesco scrisse una Cronaca dal 1464 al 1501. Testò il 10 Dicembre 1506.

Enea, di Nicolò, prode soldato, militò in Germania, in Spagna, in Napoli. La maggior parte della sua vita dedicò alla Repubblica di Venezia. Nel 1678 fu eletto Governatore di Palma; nel 1684 come Sergente Maggiore di battaglia, trovossi sotto il Doge Morosini in tutte le imprese contro i Turchi. Nel 1689 ebbe il titolo di Sergente Generale di battaglia collo stipéndio annuo di 2000 ducati. Morì di anni 71, il 13 Dicembre 1704. Era nato nel 1634.

REVESE (*De Aurificibus, Bruttus de Aurificibus*)

D'oro, a tre fascie ondate di verde. *Cod. Revese, Dall'Acqua, e V. Gonzati.*

Famiglia antica. Forse ebbe il nome dall'arte che professava. Fu ascritta al Consiglio Nobile di Vicenza Nel 1510 aveva dieci posti. Era pure aggregata al nobile Collegio dei Giudici. Confermata nobile con Sovrana Risoluzione 8 Luglio 1820.

Luigi Podestà di Vicenza dal 18 Gennaio 1836 al 19 Gennaio 1841.

Avea sepolcri a S. Bortolo e a S. Corona.

Anticamente avea casa in Riale, acquistata da Paolo, medico fisico, dalla fattoria degli Scaligeri per 40 ducati d'oro il 2 Febbraio 1377. Gli ultimi Revese ebbero casa ai Carmini di fronte alla Chiesa. Estinti nei Castagna.

Fra Nicolò, domenicano, fu Vescovo di Tine. Intervenne nel 1344 al Concilio Provinciale di Spalato. Vigilò assiduamente i Paterini che minacciavano d'infestare con la loro eresia il suo greggie. Negli ultimi anni, lasciata la sua Diocesi, si ritirò nel Convento di S. Corona dove morì nel 1357. Fu sepolto alla Cattedrale. *Eufrosina*, monaca agostiniana in S. Tommaso di Vicenza, visse così santamente e mortificata, che alla sua morte, avvenuta il 10 dicembre 1465, tutta la città ne fu commossa e venne in gran folla ad onorare la salma e a raccomandarsi alla sua intercessione. Il suo corpo più volte dissotterrato fu sempre trovato incorrotto.

Ottavio Bruto-Revese fu architetto civile e militare di grande mente, di sodo e ragionevole stile, di savia coltura, operoso, e molto stimato in patria e fuori. Morì nel 1637.

RICCI o RIZZI (*De Riciis dictus Torresin*)

Di . . . . , al riccio di . . . .

Famiglia ascritta al Consiglio Nobile di Vicenza. Nel 1510 avea un posto. Era pure aggregata al nobile Collegio dei Giudici.

Avea sepolcri a S. Michele, ai Servi, a San Gaetano.

RIDOLFI

. Partito; nel 1.° di . . . . al leone rampante di . . . . ; nel 2.° di . . . . al capriolo di . . . accompagnato in capo dal sole in meriggio, accostato da due stelle di sei raggi, e in punta da un'aquila di nero coronata *Cod. V. Gonzati.*

Venne a Vicenza sul principio del 1500. Grande fama si procurò *Carlo* con lo studio delle lettere e delle arti belle. Fu onorato di titoli e arricchito di doni. Papa Innocenzo X lo creò Cavaliere dello speron d'oro e la Repubblica Veneta Cavaliere di San Marco. Morì a Venezia di 56 anni nel 1658.

RIGHELE (*Righele*)

. Spaccato; nel 1.° di . . . . al leone rampante di . . . . , appoggiato ad una collina di . . . . . nascente dalla destra dello scudo, ed accompagnato in capo da due stelle di sei raggi. *Cod. V. Gonzati.*

Fioriva nel secolo XVIII e avea sepolcro agli Scalzi.

RIGHI (*De Henricis de Cornedo, De Righis, Righius*)

D' oro, a tre fascie d' azzurro. *Cod. V. Gonzati.*
Alias. D' oro, a tre bande d' azzurro. *Cod. V. Gonzati.*
Alias. D'oro, a tre fascie di nero. *Raccolta degli stemmi presentati all' I. R. Commissione Araldica.*

Giovanni Maria Righi di Cornedo ottenne dal Consiglio la cittadinanza Vicentina il 4 Maggio 1553. Lo stesso comperò da Nascimbene Recanati un posto in Consiglio Nobile il 24 Decembre 1556. Confermata nobile con Sovrana Risoluzione 1 Marzo 1820. Estinta.

Avea sepolcri a Santa Corona e a S. Michele

RINALDI (*De Raynaldis a Zucha*)

(*Non si conosce lo stemma*).

Nella prima metà del secolo XVI avea un posto in Consiglio Nobile di Vicenza.

Questa famiglia era pure aggregata al Nobile Collegio dei Giudici.

Avea sepol ro a S. Michele.

RINALDINI (*De Raynaldino*)

(*Non si conosce lo stemma*).

Famiglia ascritta al Consiglio Nobile di Vicenza. Nel 1510 aveva un posto.

ROMA (*De Roma*)

Di nero, ad un liocorno rampante d' oro. *Cod. Revese, Dall'Acqua e V. Gonzati.*
Alias. D' azzurro, ad un liocorno rampante d'oro, accompagnato in capo da una stella di sei raggi d' argento. *Cod. V. Gonzati.*

Venne da Roma a Vicenza al tempo di Giangaleazzo Visconti duca di Milano.

Fu ascritta al Consiglio Nobile di Vicenza. Nel 1510 avea quattro posti. Era pure aggregata al Nobile Collegio dei Giudici. Estinta in Vicenza. Vive in Corfù, dove la fondò il famoso omicida Galeazzo, nobile e ricca, congiunta in parentela coi Principi del Monte Negro. Avea case in piazza del Duomo e a Santa Corona : queste ultime, per decreto della Repubblica, furono rase al suolo nel 1548

Anche oggidì sopra un pilastro si legge : *Questo è il loco dove era la casa del sceleratissimo Galeazzo di Roma il quale con Iseppo Almerigo et altri suoi complici commisero atrocissimi homicidii in questa città dello anno 1548 di 3 Lugio.* (1)

I sepolcri dei Roma erano a Santa Corona.

Giovanni Regolo fu più volte ambasciatore della città di Vicenza con Vincenzo da Schio al duca di Milano.

(1) Il 13 Luglio 1518 in sull'ora del pranzo entrarono in casa Valmarana, oggi Salvi, sull'angolo di Santa Corona, ed ivi uccisero tre figli di quella famiglia alla presenza della loro infelice madre, e due servitori. Quindi passarono alla casa di G. B. Monza, dottor di legge, e l'ammazzarono. S'ignora la causa di così terribile misfatto. Il *Roma* fuggì a Corfù, l'Almerigo a Firenze, dove poi per altri delitti fu decapitato.

ROMANELLI *(Romanelli)*

Spaccàto : nel 1.° d'oro, all'aquila bicipite di nero, imbeccata e rostrata di rosso, a due corone d'oro; nel 2.° di azzurro, a tre bisanti d'oro, disposti due e uno; colla fascia d'argento attraversante sullo spaccato. *Cod. Schio.* I colori sono desunti da un sigillo di famiglia.

Giovanni Guglielmo, Duca di Baviera, con diploma 8 Marzo 1693 creava Stefano Romanelli cittadino di Vicenza, e i suoi legittimi discendenti, maschi e femmine, Nobili Baroni con « tutti i privilegi, titoli e prerogative a questa illustre dignità annesse »

I viventi (*Silvio* del fu Antonio coi figli *Ettore, Adele* e *Giuseppe*) hanno domandato, a diritto, al Governo del Re il riconoscimento ufficiale del titolo ora obliato, provando con documenti legali la discendenza legittima in linea retta dallo *Stefano Romanelli*

Avea sepolcro a Santa Maria delle Grazie.

ROSELLI

Di...., alla pianta di rose di tre rami al naturale nascente da una collina di tre cime di..... terrazzata di..... *Cod. Schio e V. Gonzati.*

Gio. Domenico Roselli Bergamasco il 28 Gennaio 1707 domanda di esser ammesso co' suoi discendenti alla cittadinanza vicentina.

Avea sepolcro a Santa Corona. Case a San Michele, il palazzo già dei Valle. Estinta.

Domenico, capitano tenente degli ingegneri, insegnò nel Collegio Militare di Verona lingua francese e architettura militare e civile, costruì la strada da Vicenza a Fusine, accompagnò Giuseppe II. e il Gran Duca di Toscana Leopoldo nei loro transiti per gli Stati Veneti. Morì nel 1779.

Giovanni Bettino fecondo quanto cattivo poeta morì nel 1836.

ROSSI (*De Rubeis*)

Inquartato; nel 1.° di verde; nel 2.° d'argento, ad un giglio di verde; nel 3.° argento; nel 4.° di Rosso. *Cod. Revese, Dall'Acqua e V. Gonzati.*

Alias. Inquartato; nel 1.° d'argento, ad un giglio di verde; nel 2.° di verde; nel 3.° di rosso; nel 4.° d'argento. *Cod. Dall'Acqua.*

Alias. Di . . . . , al leone rampante di . . . . tenente nella branca destra una spada alzata, nella sinistra una bilancia. *Cod. Schio.*

Famiglia ascritta al Consiglio Nobile di Vicenza. Nel 1510 avea due posti. Era pure aggregata al nobile Collegio dei Giudici.

Avea sepolcri alla Cattedrale, a S. Gaetano, ai Servi e a Santo Stefano.

Furono eredi Maran e abitarono ai Carmini. Si estinsero nel principio di questo secolo.

Il Pagliarino annovera ben cinque famiglie di questo nome ricche e fiorenti al suo tempo: I de Carpi detti anche de Rossi; i Rossi da Parma; i Rossi da Montorso; i Rossi da Milano, e i Rosso o Rossi.

RUBINI (*Rubinus*)

Spaccato cucito; nel 1.° d'argento, al pino di verde piantato sopra un monte di tre cime dello stesso, ed accostato da due leoni di rosso, affrontati; nel 2.° d'argento, a tre bande d'azzurro. *Cod. Revese, Dall'Acqua e V. Gonzati.*

Alias. D'oro, all'aquila bicipite di nero, coronata di rosso, avente nel petto lo scudetto coll'arma antica. *Cod. Revese e V. Gonzati.*

Giambattista Rubini ottenne la cittadinanza vicentina dal Consiglio il 29 Maggio 1533.

Marco fu Giuseppe comperò da Orazio Bologna de Garzadori un posto in Consiglio Nobile il 31 Dicembre 1589.

Avea sepolcro ai Servi.

Francesco, di Giuseppe fondò il celebre Convento di Rua Vicentina. Nacque nel 1566, morì nel 1609.

Giacomo di Vincenzo, dottore di Collegio e Console, poi Sacerdote e Canonico della Cattedrale, morì nel 1789.

Pompeo di Vicnenzo, marito a Lucia Quinto, ordinava nel suo testamento l'erezione di un ospitale col titolo di *rifugio dei veri poveri.* Con lui si estinse la sua famiglia.

RUSTICHELLO o RUSTICELLI (*De Rustegello*)

Partito; nel 1.º d'argento, ad una mezz'aquila di nero, movente dalla partizione; nel 2.º di rosso, a tre stelle di sei raggi d'argento, 2 e 1. *Cod. V. Gonzati.*

Antica famiglia vicentina. Al tempo del Pagliarino era bandita.

- Aveva sepolcro a San Michele nel 1300.

Francesco Rusticelli nel 1510 militò sotto il Conte di Pitigliano e Bartolameo d'Alviano; poi fu capitano d'infanteria sotto Renzo da Ceri, quindi capitano in Piemonte al servizio di Carlo Duca di Savoia, e finalmente in Francia al servizio del Re Francesco I.º

RUTILIO (*Rutilius*)

Spaccato; nel 1.º d'oro, all'aquila di nero, coronata dello stesso; nel 2.º di rosso, alla ruota d'oro. *Cod. Revese, Dall'Acqua, Schio, e V. Gonzati.*

Giuliano fu Pietro Paolo comperò un posto in Consiglio Nobile da Girolamo Valdagni il 2 Dicembre 1603.

Bernardino di Pierpaolo fu creato Cavaliere e Conte Palatino il 1 Novembre 1531 da Carlo V. Imperatore, e fu regalato di una collana d'oro. Avendo Paolo III.º radunato il Concilio Ecumenico a Vicenza, Bernardino fu eletto a Segretario dei tre Cardinali legati. Fu probabilmente in questa occasione che Paolo III. lo mandò ambasciatore a Carlo V. Fu professore di legge civile nello studio pubblico di Avignone. Morì giovane di 34 anni.

Marzio di Giuliano fu professore di diritto all'Università di Padova, poi Sacerdote, Arciprete di Noventa, Vicario Generale del Vescovo Friuli e Canonico della Cattedrale. Morì l'11 Agosto 1604 beneficando molti.

Ebbero sepolcro alla Cattedrale. Si estinsero fino dal 1800.

SALANDRI (*Salandri*)

(*Non si conosce lo stemma*).

Ottavio fu Claudio ebbe a prestito da Nicolò Ravizza un posto in Consiglio Nobile il 31 Dicembre 1615.

11

SALE (*A Salle*)

D' azzurrro, al crescente montante d'argento, accostato da tre stelle d'oro di otto raggi, due nel capo ed una in punta. *Cod. Revese, Dall'Acqua e V. Gonzati.*

Alias. Spaccato ; nel 1.° d'argento, con due stelle di otto raggi d'oro sormontate da due gigli dello stesso ; nel 2.° di azzurro, al crescente montante dal secondo sul primo accostato in punta da una stella d' oro di otto raggi. *Raccolta degli stemmi presentati all'I. R. Commissione Araldica.*

Venne a Vicenza da Treviso l'anno 1414 con un Donato addetto all'ufficio del Sale. Arricchì e fu ascritta al Consiglio Nobile di Vicenza. Nel 1510 avea cinque posti. Era pure aggregata al nobile Collegio dei Giudici. Ferdinando Carlo Duca di Mantova con diploma 15 Maggio 1699 insigniva *Livio, Filippo Antonio* e *Ottaviano Sale* del titolo di Marchese col Predicato di San Damiano e coll'Ordine della Primogenitura, titolo che venne loro riconosciuto dalla Veneta Repubblica. Fu confermata nobile con Sovrana Risoluzione 11 Marzo 1820. Un ramo dei *Sale* fu erede delle grandi fortune dei Repeta e si estinse in Casa Mocenigo. Abitava a San Lorenzo, il palazzo già Repéta; l'altro ramo abitava le case ereditate dal Canonico Balzi a S Michele, ma la loro casa originale era ai Carmini. In antico, dice Pagliarini, le case dei *Sale* erano sulla via maggiore nel luogo ove è tradizione abitassero i santi Felice e Fortunato.

Avea sepolcro a San Giuliano.

Vincenzo, nel secolo XVI, Governatore in Albania, in Dulcigno e in Antivari.

Chi non conosce la storia della infelice *Fiorenza Vendramin Sale*, morta di veleno la notte del 29 Dicembre 1797 ?

Cornelia Sale, figliuola di Fiorenza, sposa ad Alvise Mocenigo, quindi in 2° voto al prof. Codemo, fu donna di grande valore. Scrisse molto in prosa e in poesia. Volgarizzò l' Odissea di Omero e dettò un poema in nove canti « Al Sole », nel quale, giudicò il Bindoni, è da ammirarsi non meno il grave metro sciolto, che la purezza della lingua, la vastità del concetto e il multiforme sapere e la feconda immaginazione. Nella « Autobiografia di una fanciulla » narrò la storia de' primi anni della sua vita, ed è pure una bella pagina della storia di quei tempi. Morì sui 74 anni il 29 Novembre 1866 Nel Museo di Treviso fu collocato il suo busto.

SALE MANFREDI-REPETA

Inquartato; nel 1°. e 4.° d'azzurro, al crescente d'argento accompagnato da tre stelle d'oro di cinque raggi, due in capo e una in punta; nel 2.° e 3.° Spaccato merlato d'argento e di rosso alla croce greca di rosso sul primo. *Cod. V. Gonzati.*

Alias. Inquartato; nel 1.° e 4.° d'azzurro, al crescente d'argento accompagnato da tre stelle di sei raggi dello stesso due in capo e una in punta; nel 2.° e 3.° d'azzurro con un muro d'argento merlato di sei pezzi del medesimo murato di rosso movente dalla punta, sormontato dalla croce d'oro patente. *Raccolta degli stemmi presentati all' I. R. Commissione Araldica.*

SALVI (*De Salvi*)

Partito; nel 1.° d'azzurro, a due stelle d'oro, ordinate in palo; nel 2.° di rosso, al palo d'argento; col capo d'oro, caricato di un' aquila di nero, coronata dello stesso. *Cod. Revese, Dall'Acqua e V. Gonzati.*

Il Consiglio di Vicenza, atteso il deposito fatto da Antonio e fratelllo e nipoti Salvi sul S. Monte di Pietà di Ducati 60 000 per esser trafficati in negozio di seta, li fa capaci coi loro discendenti del Consiglio Nobile de' 150.

Nicola dottore di Giuseppe entra in Consiglio Nobile il 12 Agosto 1790.

Per un acquisto fatto al pubblico incanto ottenne dalla Repubblica Veneta con Ducale 12 Dicembre 1750 l'investitura con il titolo Comitale per tutta la discendenza maschile di un Caratto del feudo giurisdizionale della Meduna e Ville annesse. Confermata con Sovrana Risoluzione 4 Agosto 1820 e 27 Ottobre 1822. Fu erede dei beni Valmarana residenti a Porta Castello. Si estinse nel 22 Ottobre 1878 con Girolamo che lasciò erede della sua ingente sostanza il Comune di Vicenza, perchè fosse istituito un asilo di mendicità che da lui s'intitolasse. L'asilo fu istituito in S. Giuliano e quivi gli fu posto un bnsto.

Avea sepolcro a San Gaetano.

SANGIOVANNI (*De S. Ioanne*)

D'oro, ad un albero terrazzato di verde; col capo di verde, caricato di un leone passante d'oro. *Cod. Revese, Dall'Acqua e V. Gonzati.*

Alias. Di...., ad un albero sradicato di.... accompagnato in capo da un leone passante di.... *Cod. Schio.*

Alias. Spaccato; nel 1.° d'argento, al leone passante di rosso, nel 2.° d'oro, all' albero di verde terrazzato dello stesso.

Dall'atto di professione di Suor Massimilla San Giovanni monaca in S. Pietro 1669.

Giacomo fu Antonio Sangiovanni ottènne la cittadinanza vicentina con Ducale 6 Ottobre 1405.

Famiglia ascritta al Consiglio Nobile di Vicenza dove nel 1510 avea cinque posti. Era pure aggregata al Nobile Collegio dei Giudici.

Avea case a San Giacomo e a San Paolo. Sepolcri a S. Corona, a S Bortolo e a S. Lorenzo. Si estinse in casa Schio.

Chiara Ghellini Sangiovanni, morta il 5 Marzo 1842 istituiva sua erede universale la Pia Casa di Ricovero; gli oggetti di belle arti destinava al Comune.

Vittorio di Antonio, letterato, scrisse un poema epico in dieciotto canti e la Storia del Santuario di Monte Berico ch' ebbe varie edizioni.

Francesco di Giulio amò le lettere, le arti, le cose belle. Aiutò i giovani. Ebbe amicizie cospicue, come quelle del Milizia.

SANGIOVANNI TOFETTI PRIULI

Partito; nel 1.º spaccato di rosso e d' argento, al leone d' oro attraversante sullo spaccato, tenente nelle branche anteriori un rastrello d' oro in palo, le punte in basso; nel 2.º spaccato, nel primo di rosso e nel secondo palato d' oro e d' azzurro. *Port. del Monte Berico.*

SANMARTIN (*De S. Martino*)

(Non si conosce lo stemma).

Pietro dottore ebbe a prestito da Giulio dei Bonifaci un posto in Consiglio Nobile l' 11 Dicembre 1561.

SANSEVERINO (*De S. Severino*)

(Non si conosce lo stemma).

Nel 1544 aveva già un posto nel Consiglio Nobile di Vicenza.
Questa famiglia ebbe molti Canonici.

SANTAGOSTINO (*De S. Augustino*)

(Non si conosce lo stemma).

Famiglia ascritta al Consiglio Nobile di Vicenza. Nel 1510 avea un posto.

SANTANGELO (*De S. Angelo*)

(*Non si conosce lo stemma*).

Francesco fu Filippo comperò il 1 Agosto 1557 dagli eredi di Giuseppe da Arzignano un posto in Consiglio Nobile.

SANTI

Di..., a tre plinti di.... disposti 2 e 1. *Cod. Schio.*

Avea sepolcro in Santa Corona.

SARACENI (*De Saracenis*)

D' azzurro, ad un artiglio alato d'aquila d'oro. *Cod. Revese, Dall'Acqua e V. Gonzati.*

Alias. Di rosso, ad un artiglio alato d'aquila d'oro. *Dall' atto di professione di Suor Margherita Saraceno monaca in San Pietro, 1643.*

Nobile famiglia romana. Venne fra di noi con Pietro Saraceno, Vescovo di Vicenza, l'anno 1287. Alla morte del conte Beroaldo, il nostro Vescovo infeudò suo nipote Giovanni (figlio del fratello Angelo) della terra di Bassano. E Giovanni per dare maggior peso all' investitura dello zio ottenne un Diploma da Bonifacio VIII. l'anno 1295.

Fu ascritta al Consiglio Nobile di Vicenza, dove nel 1510 avea nove posti. Era pure aggregata al Nobile Collegio dei Giudici.

Biagio Saraceno, ultimo della sua linea, ebbe nel 1691 il titolo di Marchese da Massimiliano Emanuele elettore di Baviera.

Abitava in contrà dei Servi presso i Valle e i Calvi. Avea sepolcri a Santa Corona e a San Lorenzo. Fece scolpire un altare ai Carmini dal Krone: oggi le statue del Krone stanno nell'arco, sopra la porta d'ingresso.

Gregorio di Biagio é annoverato tra i latinisti del secolo XV che furono in corrispondenza con Francesco Barbaro.

Benedetto di Paolo Emilio fu dottore, Protonotario Apostolico, Vicario Generale del Vescovo Dolfin e Cornaro. Vicario Capitolare alla morte dell' uno e dell'altro.

Scipione di Alessandro, Canonico della Cattedrale, uomo d'infausta memoria per aver dato causa con l'abate Brandolini all'Interdetto di Paolo V. contro la Repubblica di Venezia.

Antonio di Giovanni, Canonico di Vicenza e Cameriere d'onore di Gregorio XIII, fu da questo Pontefice inviato a Ferdinando Arciduca d'Austria per affari d'alto rilievo, e in quella congiuntura presentò al figliolo di lui il berretto Cardinalizio. Sisto V. lo nominò vescovo di Civitanova nell'Istria il 28 Marzo 1582. Trasferitosi in Murano per cons glio dei medici, quivi moriva il 9 Novembre 1606. La salma venne portata a Vicenza nel 1637.

Giulio di Paolo, auditore generale del Cardinale Dolfino Vescovo di Vicenza, fu creato da Urbano VIII. Vescovo di Pola. Morì nel 1641 e fu sepolto in Santa Corona presso suo zio Vescovo di Civitanova, di cui avea curato il trasporto.

SAREGO (da). (*De Seratico, Girlante de Seratico*)

Di rosso, a tre spade manicate d'oro, poste in banda, ordinate in sbarra, colle punte al basso. *Cimiero:* Una testa d'uomo, coperta di zucchetto. *Cod. Revese, Dall'Acqua, Schio e V. Gonzati.*

Alias. Inquartato ; nel 1.° e 4.° d'oro, all'aquila bicipite di nero coronata d'oro; nel 2.° di rosso, a tre spade manicate d'oro poste in banda, le punte in giù e accompagnate, in capo a sinistra, e in punta a destra, da una stella d'oro di sei raggi ; nel 3° di rosso, a tre spade manicate d'oro poste in sbarra, le punte in giù e accompagnate in capo a destra ed in punta a sinistra da una stella d'oro di sei raggi, il tutto caricato di uno scudo d'argento alla scala di nero. *Raccolta degli stemmi presentati all'I.R. Commissione Araldica.*

Una delle più antiche famiglie vicentine, trasferita a Verona fino dal principio del secolo XV. Fu ascritta al Consiglio Nobile dove avea ancora due posti nel 1510. Fu pure aggregata al nobile Collegio dei Giudici.

L'Imperatore Sigismondo con diploma 10 Luglio 1434 fregiava Cortesia II e i suoi discendenti del titolo di Conte dell'Impero, col predicato di Seratico, titolo che fu confermato dalla Repubblica Veneta il 22 Settembre dello stesso anno. Questa famiglia ebbe pure, con diploma 24 Decembre 1583, la cittadinanza nobile di Milano, e quella di Mantova con diploma 15 Settembre 1725.

Avea sepolcri a Santa Corona, a S Michele e a S. Vincenzo.

Cortesia Sarego Vicentino, fu nel 1383 eletto luogotenente generale del Principe Antonio della Scala Signore di Verona e di Vicenza Morì prigioniero dei Padovani in Monselice l'anno 1386, mentre aspettava di essere riscattato. Fu soldato *peritissimus et generosus* come dice un documento dell'epoca.

SARTORI (*De Sartoriis de Castegnerio*)

D'azzurro, alla fascia d'oro, accompagnata in capo da una colomba d'argento, tenente nel becco un ramo d'olivo di verde, accostata da due stelle di otto raggi d'oro, e in punta da tre spighe stellate e fogliate d'oro, ordinate sopra una terrazza di verde. *Cod. V. Gonzati.*

Nicolò Sartori domanda la cittadinanza vicentina il 27 Luglio 1581.
Avea sepolcri questa famiglia a San Biagio e a S. Michele.

SASSATELLI

D' azzurro, a tre monti uniti d'argento, i due laterali sormontati ciascuno da un giglio d'oro. *Diz. Crollalanza.*

Roberto marchese Sassatelli d'Imola ottiene la cittadinanza nobile di Vicenza il 19 Giugno 1786.

SAVIOLI *(Saviuolus, Saviollus de Spinellis)*

Spaccato; nel 1.° piumettato di nero fasciato di quattro pezzi; nel 2.° bandato d'argento e d'oro. *Cod. Schio.*

Francesco dottore di Sebastiano comperò da Giuseppe fu Benedetto dal Pozzo un posto in Consiglio Nobile il 24 Novembre 1620. Era pure ascritta al Nobile Collegio dei Giudici.
Avea sepolcro a Santa Corona.
Francesco Savioli Spinello domanda la cittadinanza vicentina il 21 Aprile 1644.

SBARDELÀ

Spaccato; nel 1.° d'oro, all' aquila di nero col capo rivolto coronata d'oro; nel 2.° di rosso, al palo d'argento, caricato di due caprioli d' azzurro, accostati da due branche di leone d'oro poste in palo. *Cod. V. Gonzati.*

SCALABRIN *(Scalabrinus)*

(Non si conosce lo stemma).

Francesco fu Gio. Maria Scalabrin e i suoi discendenti ottennero la cittadinanza vicentina dal Consiglio il 31 Maggio 1571. Lo stesso comperava il 2 Gennaio 1582 un posto in Consiglio Nobile da Silvio fu Stefano Valmarana.
Avea sepolcro alla Cattedrale.

SCALETTE (dalle). (A Scaletis)

(*Non si conosce lo stemma*).

Famiglia antica. Ascritta al Consiglio Nobile di Vicenza. Nel 1510 avea due posti. Ved. Smereglo.

SCALZOTO

D' argento, al leone d' oro, sostenuto da una riga d' oro sopra una terrazza d' azzurro, e accompagnato in capo da una stella di otto raggi d' oro. *Da un diploma di dottorato concesso a D. Valentino Scalzoto, 1743.*

SCHINELLI (*Conti*)

Palato di rosso e d'argento. *Cod. Revese e V. Gonzati.*
Alias. D' argento, al corno da caccia di nero; legato di rosso ad un chiodo di nero in capo. *Cod. Revese e V. Gonzati.*

Discende dall' antica e potente famiglia dei Conti.

SCHIO (da). (*De Scledo, Scledus*)

D' oro, alla sirena di carnagione a doppia coda di verde, coronata del campo. *Cod. Revese, Dall' Acqua, Schio e V. Gonzati.*
Alias. Partito; nel 1.º d' oro, alla mezz' aquila di nero, coronata d' oro ; nel 2.º d'oro, alla sirena di carnagione a doppia coda di verde, coronata dal campo. *Cimiero:* Una fenice. *In tutti i codici.* Però il *Cod. Schio,* ha l'una e l'altra colla sirena a doppia coda d'azzurro.
Alias. Partito semispaccato d'oro cucito. Nel 1.º alla mezz' aquila di nero, nel 2.º alla fenice di rosso. nel 3.º alla sirena di carnagione a doppia coda d'azzurro. *Cimiero:* Un leopardo nascente di oro. *Cod. Schio.*
Alias. Partito, nel 1.º d'oro, alla mezz' aquila di nero coronata dal campo; nel 2.º d'azzurro, alla sirena di carnagione a doppia coda d' oro coronata dello stesso; col capo di rosso

alla croce biforcata d'argento. *Dal diploma di dottorato del co. Lodovico Schio di Sebastiano.*

Alias: Fasciato ondato di verde e d' oro, col capo del primo caricato di tre stelle di otto raggi d' oro ordinate in fascia. *Cod. Schio.* (Il co. Giovanni da Schio opina che quest' arma abbia appartenuto ad un' altra famiglia da Schio, diversa da quella che vive tuttavia).

Famiglia antica. Assunse il nome dalla terra di Schio da dove probabilmente venne. Fu ascritta al Consiglio Nobile di Vicenza. Nel 1510 avea cinque posti. Era pure aggregata al nobile Collegio dei Giudici. Confermata nobile con Sovrana Risoluzione 4 Giugno 1820. L' Imperatore Carlo V. nel 24 Febbraio 1530 conferiva a tutta la famiglia da Schio il titolo di Conti del Sacro Palazzo Lateranense. L'anno 1662 la Repubblica Veneta riconosceva il titolo nei discendenti, e ne faceva inscrivere i nomi nell'aureo Libro dei Titolati. Non riconfermato dall'Austria fu in questi ultimi tempi riconosciuto con decreto ministeriale 21 Ottobre 1890.

Avea sepolcri a S. Michele, a S. Marco, a S. Nicola, ai Servi. Case in S. Faustino e sul Corso dove abita la Ca'd'oro già dei Dal Toso, e che agli Schio pervenne in seguito al matrimonio di Nicolò con Dorotea Franceschini. (1 Maggio 1651).

Giovanni, figlio di Manelmo causidico vicentino, nato circa il 1200, vestì l'abito di San Domenico. Ebbe gran parte nelle pacificazioni che i Domenicani e i Frati Minori operarono tra le fazioni popolari e le famiglie potenti in continua guerra fra loro, Bologna, Verona, Padova, Treviso. Fu l'autore della famosa pace di Paquara nella pianura Veronese il 28 Agosto 1233 tra i Guelfi e i Ghibellini, alla quale intervennero i Signori da Romano, da Este, da Camino, e il Patriarca d'Aquileia con molti altri Vescovi, prelati e signori, ed una moltitudine innumerevole delle città circostanti come Brescia, Mantova, Verona, Padova e Treviso coi loro carrocci. Ma Fra Giovanni non si limitò alla missione pacificatrice. Come altri frati d'allora riformò e compose statuti nelle città tenendone temporaneamente il reggimento quale signore, e fu travolto anch'esso nelle lotte che si riaccendevano così presto come erano state prima da lui assopite. Una lapide murata dal 1841 in San Lorenzo, e che prima era in Santa Corona, lo dice: « Divi Dominici virtutum haeres et filius — Galliae Cisalpine apostolus — angeli pacis nuncius, tyrannorum gladius — haereticorum malleus ». Morì verso il 1260. Il cronista Antonio Godi vissuto un secolo dopo lo chiama Giovanni da Schio quantunque egli si dica *de Vicentia oriundus*. Probabilmente il *da Schio* indica la famiglia. Giovanni nella storia si chiama *Fra Giovanni da Vicenza* o *Fra Giovanni da Schio*. Una monografia ampia e documentata ne scrisse il dottor Carlo Sutter intitolata: «Iohann von Vicenza und die italienische Friedensbewegung in Iahre 1233. (Freiburg i. B. 1891) ».

Lodovico di Vincenzo nel 1487 era Rettore dello studio di Padova, ed ebbe a presiedere a Cassandra Fedele che quivi mosse tanto entusiasmo. Nel 1509 fu inviato ambasciatore all'Imperatore Massimiliano per ottenere un governatore della città che la difendesse. Nello stesso anno fu inviato come provveditore ai Veneti per trattare della capitolazione.

Fabrizio, ossia *Basilio* di Sebastiano, visitatore generale dell'Ordine Camaldolese, morto nel Convento di Rua il 15 Gennaio 1678, raccolse e riunì quante notizie gli venne fatto di ritrovare intorno al celebre Fra Giovanni da Schio e molte memorie della sua famiglia.

Paolo, ossia *Pompeo* di Fabrizio morì vittima di inesauribile carità nella terribile pestilenza del 1630. *Lodovico di Sebastiano*, dottore in medecina, studioso delle matematiche, preparò materiali per una storia degli Scrittori Vicentini di cui si servì poi largamente il Calvi. Morì improvvisamente l'11 Novembre 1772. *Anna* di Giovanni, moglie al conte Federico Serego-Allighieri di Verona, amò le lettere e raccolse intorno a se gli uomini più illustri del suo tempo. Morì di anni 37 nel 1829.

Giovanni di Lodovico, archeologo, storico e novelliere, nacque il 5 Aprile 1798. Dedicò la lunga sua vita e il versatile ingegno a raccogliere ed illustrare la storia e le persone memorabili di Vicenza. Lo studio importante sulle antiche iscrizioni ebbe lodi di insigni archeologi e servì largamente al Mommsen. Tentò anche la poesia e la commedia, ma più e meglio affidava il suo nome a una serie di piacevolissime novelle, dove in gran parte riproduce mirabilmente i costumi vicentini dello scorcio del secolo passato, scritte con gusto e sapore classico, con giustezza e quadratura di forma, con lingua quasi sempre elegante e purgata. Lasciò inediti ingenti materiali di argomento diverso, però la maggior parte riferentesi la storia vicentina. Morì il 29 Agosto 1868. Il Comune con deliberazione 13 Luglio 1895 gli decretava una lapide onoraria nel palazzo in cui visse.

SCOLA *(Schola, a Scola)*

Semipartito e spaccato : nel 1.° d'azzurro al pesce dorato, d'argento, posto in fascia; nel 2.° di rosso al tocco quadro di nero, guernito d'argento; nel 3.° di verde alla mano di carnagione, scrivente con una penna di nero sopra un libro aperto d'argento. *Dal Diploma.*

Fioriva in Vicenza nel secolo XVII e professsava farmaceutica in piazza. Napoleone I. con decreto 8 Ottobre 1809 creava Barone del Rgno d'Italia, con diritto di trasmissione ne' discendenti maschi, Giovanni Scola primo presidente della Corte di Giustizia all'epoca del primo Regno Italico. Il figlio Bartolomeo, con Sovrana Risoluzione dell'Impero d'Austria 20 Novembre 1816, n'ebbe la riconferma *ad personam*. S. M. Umberto I. re d'Italia, con decreto 31 Gennaio 1892, concesse per rinnovazione il titolo di Barone (mpr.) al vivente Giovanni Scola del fu Bartolomeo.

Avea sepolcro in San Biagio; Case in piazza e sul Corso.

Forse appartiene a questa famiglia quel famoso *Basilio della Scola* Vicentino, architetto e ingegnere militare, vissuto fra il secolo XV e XVI, che fu al servizio dei Veneziani, di Carlo VIII, dell'Imper. Massimiliano, e che fortificò Rodi prima dell'ultimo assedio, lodatissimo dal Guglielmotti e da lui proclamato fondatore della « Scuola Mista » in architettura militare.

In suo onore Giovanni Scola murò in San Lorenzo una lapide onoraria l'anno 1887.

SCOLARI (*De Scolaribus*)

(*Non si conosce lo stemma*).

Famig ia ascritta al Consiglio Nobile di Vicenza. Nel 1510 avea due posti.

SCROFFA (*A Scropha*)

D'oro, alla scrofa rampante di nero, cinghiata d'argento. *Cod. Revese, Dall'Acqua e V. Gonzati.*

Alias. Una scrofa rivoltata. *Cod. Schio, I. R. Comm. Araldica.*

Famiglia antica e militare in Vicenza. Si dice sia tutt'uno con gli Scrovigni di Padova, rammentati da Dante. Fu ascritta al Consiglio Nobile Vicentino dove nel 1510 avea dieci posti Era pure aggregata al nobile Collegio dei Giudici. Confermata nobile con Sovrana Risoluzione 30 Novembre 1817. Nel 1698 il 3 Agosto furono ascritti al Patriziato Veneto mediante l'esborso di 100 mila ducati pei bisogni della Repubblica. Fino dal 1559 aveano ottenuto di esseri cittadini di Padova.

Avea sepolcri alla Cattedrale e a S. Corona; case nel borgo che da loro ebbe il nome fuori di Porta S. Lucia. Si estinse nei Porto.

Camillo Scroffa è nome celebre nella storia della letteratura italiana come autore dello stile fidenziano. Si nascose sotto il nome di Fidenzio Glottochrysio, ciò che die' ai dotti lunga materia di disputa sull'inventore della novella forma di dire, rivestita di sì bizzarre sembianze. Morì il 5 Gennaio 1565.

Remigio, domenicano, ebbe fama di filosofo e di teologo insigne. L'anno 1628 fu creato lettore di metafisica nell'Università di Padova, ma rinunziò all'ufficio nell'anno stesso essendo nominato Provinciale del suo Ordine. Morì nel 1645.

SEGALA (*Segalla*)

D'azzurro, a cinque spighe fogliate d'oro, ordinate sopra una terrazza di verde, sormontata da cinque stelle d'oro di sei raggi, ordinate in semicerchio. *Cod. Revese, Dall'Acqua e V. Gonzati.*

Francesco Segala ottenne la cittadinanza vicentina dal Consiglio il 30 Dicembre 1547.

Paolo ebbe in dono il 2 Gennaio 1582 un posto in Consiglio Nobile da Teodoro fu Francesco Thiene. Questa famiglia fu pure ascritta al Nobile Collegio dei Giudici Confermata nobile con Sovrana Risoluzione 1 Marzo 1820.

Avea sepolcri a Santa Corona. Case al di là del Ponte degli Angeli.

SERAFINI (De Seraphinis)

(Non si conosce lo stemma).

Girolamo fu Pietro ottenne dal Consiglio la cittadinanza vicentina il 31 Maggio 1571. Lo stesso ebbe a prestito da Giuliano e Guidone Piovene il posto in Consiglio Nobile ch'era di Paolo fu Babone de Naldo il 31 Dicembre 1572.

SERATURE (dalle). (De Seraturis)

(Non si conosce lo stemma).

Famiglia antica in Vicenza. Fu ascritta al Consiglio Nobile di Vicenza. Nel 1510 avea un posto.

Estinta.

SERPE (De Serpis)

D'azzurro, a tre bande d'argento abbassate in punta e accompagnata in capo da una stella d'oro di otto raggi, alla serpe al naturale ondeggiante in palo e attraversante sulle tre bande. *Da un diploma di laurea di Giovanni Serpe Vicentino, 1687.*

Bortolomeo Serpe ottenne dal Consiglio la cittadinanza vicentina il 29 Settembre 1563. Lo stesso comperò il 6 Febbraio 1565 da Tarsia Garzadori un posto nel Consiglio Nobile di Vicenza.

Avea sepolcro alla Cattedrale.

SERTA (Serta)

D'azzurro, alla torre d'argento, aperta e finestrata di nero, cimata da un aquila pure di nero e coronata dello stesso; con un braccio vestito di rosso, uscente dalla finestra della torre verso destra, e tenente una lancia in palo. *Cod. Dall'Acqua.*

Alias. D'azzurro, alla torre di rosso, aperta e finestrata, terrazzata di verde, cimata da un aquila bicipite di nero, coronata e membrata d'argento; con un braccio vestito d'oro uscente dalla finestra della torre, rivolto verso destra, tenente un bambino d'argento. *Cod. Revese e V. Gonzati.*

Alias. D'azzurro, alla torre al naturale, finestrata di nero, terrazzata di verde, cimata da un aquila di nero coronata di rosso. La torre rotonda e merlata posa su di una base quadrata e bugnata. Dalla finestra esce un braccio al naturale tenente verso destra un bambino avvolto in un drappo d'argento. *Raccolta degli stemmi presentati all'I. R. Commissione Araldica.*

I Deputati attestano il 31 Gennaio 1651 che Antonio Serta colla sua discendenza fu aggregato alla cittadinanza vicentina.

Avea sepolcro, a San Michele, case in Berga in riva al Retrone presso i Fioccardo.

Estinta.

SESSO (*De Sexo, De Sessis, Sexeus*)

Bandato scaccato d'argento e d'azzurro di tre file e d'oro. *Cimiero*: Una donna nascente di carnagione vestita d'oro, all'aquila di nero, imbeccata membrata e coronata d'oro, cogli artigli passanti sulle spalle della donna. *Cod. Revese, Dall'Acqua, Schio e V. Gonzati.*

Alias. La stessa, col capo d'oro, all'aquila di nero, coronata dello stesso. *Cod. Revese, Dall'Acqua e V. Gonzati.*

Alias. Inquartato; nel 1.º e 4.º d'oro, all'aquila bicipite di nero, coronata di rosso; nel 2.º e 3.º bandato scaccato d'argento e d'azzurro di tre file e d'oro. *Cod. Revese, V. Gonzati ed I. R. Comm. Araldica.*

Vantavasi discendere da prosapia germanica. Era Ghibellina. Il nome l'ebbero dal castello di Sesso, giacchè nell'epitaffio di Ugo vescovo di Vercelli i nipoti nel 1235 scrissero: *Castrum de Sesso cognomina prebuit illi.* A Reggio eran potenti, e per lotte intestine ne furono spesso scacciati, demolite le case, confiscati i beni. Attaccatissimi agli Scaligeri, da cui ebbero aiuti e cariche onorifiche, un ramo trapiantossi a Verona, e di là a Vicenza. Quivi fu ascritta al Consiglio Nobile. Nel 1510 avea cinque posti. Fu pure aggregata al nobile Collegio dei Giudici.

Carlo V. Imperatore con diploma 2 dicembre 1532 confermò loro il titolo di Conti di Rolo ch'era stato a loro conferito ab antico come possessori dei feudi di Casteldaldo e Sesso. Carlo V fu ospite dei Sesso a Sandrigo. Con Sovrane Risoluzioni 8 Luglio 1820 e 1 Settembre 1821 ebbero conferma dell'avita nobiltà e del titolo Comitale.

Aveano sepolcri a Santa Corona. Case a Santo Stefano di fronte alla Chiesa.

Palmiero di Ugolino, cavaliere munifico, fu podestà di Vicenza a nomè di Antonio Scaligero nel 1311-42, e sotto il suo governo fu separato il comune di Malo da quello di Monte di Malo. Comperò molti beni in Sandrigo con diritto di decima. Morì intestato e senza figli nel 1349 e fu sepolto nel coro di Santa Corona.

Frignano di Azzo nel 1389 fu mandato dal Duca di Milano al Doge di Genova in qualità di capitano di 25 lance. Giangaleazzo Visconti nel 15 Luglio 1397 lo creò sottomaresciallo dell'esercito con salario di cinquanta fiorini al mese. L'anno medesimo ai 16 di Settembre era capitano e governatore di Dossolo e dell'armata navale, e nel 1402, sempre per benevolenza del Visconti, governatore di Bassano dove stette fino il 1404 in cui quella terra venne in dominio della Repubblica. Nel 1407 i Veneziani lo presero al loro servizio con 500 ducati all'anno con la prescrizione di abitare in Vicenza. L'anno dopo avea il titolo di Provveditore a tutte le fortezze del Padovano, del Vicentino e del Veronese con potere di generale, architetto e riformatore col salario di 800 ducati. Fece testamento nel 1430 e morì in Valle Zagata nel suo officio di governatore delle fortezze.

Isabella Sesso, figlia del Veneto patrizio Benedetto Michiel, donna famosa nei fasti cittadini, resse Vicenza dai primi d'Agosto ai primi del Novembre 1511 in luogo di Giovanni Gonzaga che rappresentava il governo dei Confederati di Cambrai, costretto a congiungersi all'esercito occupato nell'assedio di Treviso. Soprafatta dalle armi veneziane, capitanate da Meleagro da Forlì, si rifugiò in Verona. La Repubblica di Venezia ne confiscò i beni e quelli dei figliuoli. Massimiliano Imperatore, meravigliato di tanta fortezza d'animo e singolare fedeltà, con decreto 25 Marzo 1516, volle compensarne i danni investendola in una ai figliuoli dei feudi di Lovere, di Pisogne e del Lago d'Iseo. Fece testamento nel 1528. Le furono coniate due medaglie.

Oliviero di Lorenzo Benedetto, Canonico di Vicenza, fu da Paolo IV. creato Protonotario e Legato Apostolico. Fu già più volte in Francia o in Ispagna per negozi del Pontificato. Uomo influente pacificò con la sua parola dolce, le terre di Nove, Mure, Molvena e Mason, le cui ire non avea potuto sedar la giustizia. Morì in Venezia l'anno 1597.

SETA (dalla). (A Setta, de Provincialibus)

(Non si conosce lo stemma).

Famiglia ascritta al Consiglio Nobile di Vicenza. Nel 1510 avea quattro posti. Era pure aggregata al nobile Collegio dei Giudici.

Avea sepolcro a San Michele.

SGUAZZETTO

Spaccato; nel 1.° d'azzurro, ad una donna ignuda nascente di carnagione, sormontata da una stella d'oro, e tenente in ciascuna mano un vaso rovesciato dello stesso, versante acqua al naturale; nel 2.° di acqua piena al naturale nella quale nuotano due anitrelle d'argento, affrontate; colla fascia di nero attraversante sulla partizione. *Port. del Monte Berico.*

I Deputati concedono a Gasparo di Nicolo Sguazzetto da Roveredo la cittadinanza vicentina per incolatum il 16 Settembre 1731.

SIVIERO (*Siverius*)

- (*Non si conosce lo stemma*).

Giuseppe fu Silvestro ebbe a prestito il 31 Dicembre 1563 un posto in Consiglio Nobile dalle eredi di Vincenzo Calderari.

SMEREGLO (*Smerelgio, Smaregius*)

(*Non si conosce lo stemma*).

Famiglia antica. Ascritta al Consiglio Nobile di Vicenza. Nel 1510 avea due posti.

Il nome di questa famiglia vive ancora in Vicenza, illustrato da Nicolò Smereglo, ossia delle Scalette, che scrisse una Cronaca di Vicenza dal 1200 al 1312, in quel linguaggio che di latino non conservava quasi se non le desinenze, e che quindi ha valore anche come documento storico del dialetto. Lo Smereglo era notaio d'autorità imperiale; fu consigliere, sindico e nuncio nella sua città, e abitava in Borgo Berga, in una strada detta *de Petrafusca* e poscia *de Caudalunga* accanto ad una stradicciuola che conduceva a San Pietro in Monte.

SOARDI (*De Soardis, Suardus*)

Di rosso, al leone d'argento, linguato di rosso, con la testa, la giubba e le estremità de' piedi e della coda d'oro, col capo dell'Impero. *Dal Diploma di Rodolfo II.° all'Archivio di Stato.*

Pagliarino dice ch'erano della famiglia Soardi di Bergamo e che aveano l'ufficio di Castellani di Brendola. Fu ascritta al Consiglio Nobile di Vicenza,

dove nel 1510 avea due posti. Era pure aggregata al nobile Collegio dei
Giudici.

Continuò a fiorire per molto tempo a Vicenza. Ora è estinta.

SOINO (De Soyno)

(Non si conosce lo stemma).

Famiglia ascritta al Consiglio Nobile di Vicenza. Nel 1510 avea un posto.

SOLA (Sola)

Di rosso, ad una suola di scarpa di nero posta in palo,
e accompagnata da tre stelle d'oro di otto raggi, due in capo
e una in punta Cod. Revese, dall'Acqua e V. Gonzati.

Con decreto 17 Settembre 1702 i Deputati dichiararono Giacinto Sola
co' suoi discendenti cittadino di Vicenza.

Giuseppe di Giambattista ebbe a prestito un posto in Consiglio Nobile
da Gaspare Valmarana il 31 Dicembre 1728.

Si estinse nella famiglia Anti che ne assunse il nome.

Avea sepolcro a Santa Corona.

SOMAGLIO (dal). (A Somaleo, A Somagio)

(Non si conosce lo stemma).

Pagliarino la dice venuta a Vicenza da Firenze al tempo dei Padovani.
Fu ascritta al Consiglio Nobile dove nel 1510 avea due posti.

SORIO (da). (De Sorio)

Di verde, a due lepri rampanti e addossati d' argento, un-
ghiati d'oro, i corpi riuniti in una sola testa, volta a destra, ed
avente quattro orecchie. Cimiero. Una lepre nascente d' argento Cod. Revese, Dall'Acqua, Schio e V. Gonzati.

Alias. La stessa, col campo di rosso. Cod. V. Gonzati.

Alias. La stessa, il campo d' azzurro e i lepri d'oro. Dal-
l'Atto di professione di Suor Ippolita Sorio monaca in San
Pietro, 1594.

Famiglia ascritta al Consiglio Nobile di Vicenza. Nel 1510 avea tre posti.
Estinta.

Avea sepolcro ai Carmini. Case in Valmerlara.

Francesco Sorio. San Giorgio di Lodovico, morto nel Novembre 1672, istituiva con suo testamento « universali heredi le vergini cittadine Vicentine di civiltà nobile et non plebeia, nate et procreate di vero et legitimo Matrimonio, le quali per alcun sinistro delle loro case saranno in bisogno di essere indotate ». Lo stesso lasciava a Gabriele Porto condottiero di genti d'armi « una luna d'oro con dentro un'altra luna minore con fogliami e lavori turcheschi, che portava al collo Cedin Celipi capitan famoso di cinque Galere et figliuolo dell'Amirante dell'armata Ottomana », fatto prigioniero alle Curzolari da suo zio il Colonnello Orazio Sorio.

Giuseppe di Lodovico, morto a 79 anni nel 1742, ultimo di sua stirpe, fu viaggiatore instancabile, e de' suoi viaggi lasciò lunghe narrazioni in lettere che mandava in patria agli amici, oggi in gran parte pubblicate.

SPINELLI (*De Spinellis*)

D' argento, alla collina di tre cime di verde, allo spino al naturale nascente dalla stessa. *Cod. V. Gonzati.*

Alias. Partito; a destra d'argento, alla collina di tre cime di verde, allo spino al naturale nascente dalla stessa; a sinistra, palato di rosso e d'argento di quattro pezzi. *Cod. V. Gonzati e Schio.*

Fioriva a Vicenza nel secolo XVII.

Avea sepolcro a Santa Corona.

D. *Nicolò Spinelli* fu benemerito dell'educazione dei Sordo-muti. Ebbe speciale attitudine alle arti belle. Morì il 9 Novembre 1870 a S. Lucia di Cassino.

SQUARCINA

D' argento, alla fascia di rosso, accompagnato da due croci patenti dello stesso, una in capo ed una in punta. *Cod. V. Gonzati.*

Alias. Partito; a destra d' argento, alla fascia di rosso, accompagnata da due croci patenti dello stesso, una in capo e l'altra in punta; a sinistra all' arma dell'Ordine dei Predicatori. *Stemma concesso a Mons. Bernardo Squarcina Vescovo di Adria.*

Famiglia di mastri muratori venuti dalla Svizzera. Fioriva in Vicenza nel secolo scorso.

Bernardo, nato a Vicenza il 19 Luglio 1780, domenicano, fu consacrato Vescovo di Ceneda il 28 Dicembre 1828 e per Sovrana Risoluzione 13 Dicembre 1841 trasfer.to alla Sede Vescovile di Adria, dove per alte benemerenze rese il suo nome caro od immortale. Morì il 22 Dicembre 1851.

SQUARZI (*De Squarciis, Squartius*)

Partito d'oro e d'azzurro, a sei gigli ordinati in due pali dall' uno all' altro. *Cod. Revese, V. Gonzati e I. R. Comm. Araldica.*

Alias. Partito d' azzurro e d' oro, a sei gigli ordinati in due pali dell'uno all' altro. *Cod. Dall'Acqua e Schio.*

Famiglia ascritta al Consiglio Nobile di Vicenza. Nel 1510 avea quattro posti. Era pure aggregata al nobile Collegio dei Giudici. Confermata nobile con Sovrana Risoluzione 8 Luglio 1820. Papa Benedetto XIV insignì questa famiglia del titolo Comitale, riconosciuto poi dalla Repubblica Veneta.

Avea sepolcri a San Michele; Case ai Santi Apostoli.

STECCHINI (*Stecchini*)

Trinciato d' azzurro e d' oro, ad una banda partita di rosso, semitrinciata d' oro e d'azzurro e caricata di quattro stecchini d' argento ordinati in palo presso la linea del partito, due sull' oro e due sull' azzurro, posti nel senso della banda; e la banda accostata da cinque rose d'argento orlate di rosso, 3 in capo e 2 in punta, *Cod. Revese, Dall'Acqua, V. Gonzati e I. R. Comm. Araldica.*

Alias. La stessa, colle rose dell' uno all' altro. *Cod. V. Gonzati.*

Adriano e Nepoti Stecchini vengono aggregati alla cittadinanza Vicentina il 12 Settembre 1735, previo esborso di cento zecchini in via di regalo.

Giacomo di Giuseppe ebbe a prestito da Antonio Maria Porto un posto in Consiglio Nobile il 31 Dicembre 1777. Confermata nobile con Sovrana Risoluzione 8 Luglio 1820. Si estinse nei Nussi di Cividale.

Aveano case a San Marco, già di proprietà Capobianco, e a S Francesco Novo. Sepolcro alla Cattedrale.

Bernardo di Giacomo, nomo di molta dottrina ed erudizione. Scrisse di archeologia e di bibliografia. Morì nel 1844.

Francesco di Gaetano, bello ingegno, spirito arguto, prestò alla letteratura classica un vero culto, scrisse con garbo in poesia. Morì il 7 Marzo 1871. Era nato il 7 Ottobre 1801.

STOPAZERI (*De Stopazeriis, Stopacerius*)

(*Non si conosce lo stemma*).

Famiglia ascritta al Consiglio Nobile di Vicenza. Nel 1510 avea due posti. Estinta.

Avea sepolcro a Santa Corona.

TABARIA (*Thabaria, Tabbaria*)

(*Non si conosce lo stemma*).

Nel 1556 avea già un posto in Consiglio Nobile di Vicenza. Il 1 Gennajo 1595 Ciro Müzan comperava il posto del defunto Carlo fu Antonio Tabaria.

TAO (*De Thao*)

(*Non si conosce lo stemma*).

Famiglia ascritta al Consiglio Nobile di Vicenza, dove nel 1510 avea un posto.
Un *Lorenzo* fu uno dei riformatori dello Statuto 1425.

TASSIS (*De Tassis*)

Spaccato; nel 1.° d'argento, al giglio d'oro; nel 2.° di verde al tasso passante posto in fascia. *Cod. Dall'Acqua.*

Nicolò Tassis ottenne per se e discendenti dal Consiglio la cittadinanza Vicentina il 23 Dicembre 1537.
Camillo acquistò un posto in Consiglio Nobile degli eredi di Camillo Egano il 31 Dicembre 1764 Nello stesso anno e dagli stessi eredi Gaetano Martire Tassis ne comperava un altro. Estinta.

TAVOLA (dalla). (*A Tabula, De Tabula*)

Spaccato d'azzurro e di rosso, alla fascia d'argento, attraversante sullo spaccato; l'azzurro caricato di tre gigli d'argento, ordinati in fascia. *Cod. Revese, Vincenzo Lodovico Gonzati.*

Alias. Di rosso, col capo d'azzurro, caricato di tre gigli d'oro, ordinati in fascia. *Cod. Dall'Acqua.*

Venne a Vicenza da Verona dove era antica nobile e potente. É tra ie eredi del cav. Giampietro De Proti. Fu aggregata al Consiglio Nobile dove nel 1510 aveva due posti. Era pure ascritta al nobile Collegio dei Giudici. Confermata nobile con Sovrana Risoluzione 22 Settembre 1820.
Avea casa a Monte Berico, alle Scalette.
Pietro dalla Tavola eletto il 29 Maggio 1791 bibliotecario della Bertoliana, ufficio che tenne per un triennio

Francesco, filippino, fu poeta fecondo se non felice, e buon cultore delle lettere. Morì il 16 Gennaio 1869. Con lui si estinse la sua fàmiglia. De' suoi beni oggi è erede Giovanni Rigobello d. O.

TERRENATO

D' argento, al cuore infuocato di rosso. *Cod. V. Gonzati.*

Alias. D' azzurro, all' uomo ignudo nascente da una campagna di verde, addestrata da un albero di verde fruttifero di rosso, ed in capo a sinistra da un sole d'oro. *Portici del Monte Berico.*

Fioriva a Vicenza nel secolo XVIII.

TERZI (*De Trecio, De Tercio*)

Di . . . . , al leone rampante di . . . . *Cod. Schio.*

Famiglia ascritta al Consiglio Nobile di Vicenza, dove nel 1510 avea due posti.

Avea sepolcro a San Giacomo.

TESCARI

D' azzurro, alla fascia d'argento, lineata di nero, accompagnata in capo da tre teste di cherubini al naturale disposti 2 e 1, e in punta da due gigli d'argento.

Sua Santità Leone XIII nel Concistòro del 7 Giugno 1886 preconizzava Vescovo di Borgo San Donnino Mons. Giambattista Tescari, vicentino, nato a Breganze il 25 Settembre 1824.

TESTADORO (*Caput Aurei, Testadorus*)

(*Non si conosce lo stemma*).

Antonio ed Agostino dal Capodoro ottengono il 31 Gennaio 1646 un attestato dai Deputati di esser stati creati cittadini di Vicenza.

Agostino fu Scipione comperò un posto in Consiglio Nobile il 21 Agosto 1646 da Antonio Maria Cavagion.

THIENE (di). (*De Thienis*)

D' azzurro, al palo increspato d'argento. *Cod. Revese, Dall'Acqua, Schio e V. Gonzati.*

Alias. D' azzurro, al palo increspato d'argento; col capo d' oro, all'aquila spiegata di nero, coronata d'oro. *Cod. Revese, e V. Gonzati.*

Alias. Inquàrtato; nel 1.° e 4.° d'oro, all'aquila spiegata di nero, coronata d'oro; nel 2.° e 3.° d' azzurro, al palo increspato d'argento. *Cod. Revese, Dall'Acqua e V. Gonzati.*

Alias. La stessa, con una rotella d' azzurro orlata d' oro, posta nel punto dell' inquartatura, caricata di un giglio dello stesso. *Cod. Revese, Dall'Acqua e V. Gonzati. I. R. Comm. Araldica.*

Alias. Di..., al palo increspato di.... in petto di un aquila di.... tenente nel becco una rotella di.... e coronata. *Cod. Schio.*

Famiglia antichissima, potente e doviziosa. Ascritta al Consiglio Nobile di Vicenza, nel 1510 avea tredici posti. Era pure aggregata al nobile Collegio dei Giudici.

È distinta in due famiglie, i Thiene dall' Aquila e i Thiene del Cane.

I primi trassero la loro denominazione dall'*aquila* concessa nel loro scudo dall'Imperatore Federico III. quando con diploma 11 Febbraio 1469 li creò Conti Palatini, assegnando loro il distretto di Thiene per contea; i secondi dal *cane* che Mastino della Scala concesse a Simon Pietro, suo Cancelliere, e ai suoi discendenti. Questi ed altri privilegi furono confermati ai Thiene dall'Imperatore Massimiliano II. il 5 Gennaio 1577, dal Senato Veneto con terminazione 12 Settembre 1720 e con Sovrana Risoluzione 28 Agosto 1821.

Ottavio Thiene di Marcantonio ottenne nel 1565 in feudo Scandiano col titolo Marchionale. Morto in Ferrara nel 1574, gli successe nel Governo il figlio Giulio che fu pure ascritto alla nobiltà Romana. Alla morte di Giulio, avvenuta nel 1619, prese possesso di Scandiano Ottavio suo figliuolo, il quale scrisse molte leggi pel feudo, in seguito in gran parte abrogate dai duchi di Ferrara. Con lui, morto senza discendenza maschile nel 1623, cessò la Signoria dei Thiene in Scandiano.

Carlo III Re di Napoli eleggeva il 3 Giugno 1382 *Giovanni* di Simone Thiene suo commensale e famigliare, lo regalava dei diritti che avea Restano Contelmi sul castello di Pettorano negli Abruzzi al di là del fiume Pescara, e di terre e castelli nel tenere di Otranto, nel qual paese Ladislao, successore di Carlo III, stabilì una primogenitura per la famiglia Thiene. Lo stesso Giovanni ricevea in feudo dal Conte di Virtù, che avea servito in Milano col titolo di Consigliere, Rampazzo, Poiana di Granfion e Lazise Veronese.

I Thiene ebbero molte case in Vicenza e specialmente nel Corso. Meritano speciale ricordo il palazzo che incominciò ad innalzare, su disegni del Palladio, a S. Stefano, nel 1556 il conte Marcantonio Thiene, e che compiuto sarebbe stato uno dei più insigni modelli di architettura per vastità e per bellezza;

l'altro eretto in sul finire del 1500, pare con disegni dello stesso conte Marcantonio Thiene, in Piazza Castello e sul Corso. Quivi Annibale di Thiene ospitava Napoleone I. il 28 Novembre 1807,

Aveano sepolcri alla Cattedrale, a S. Corona, a S. Lorenzo, a Santo Stefano, a S. Biagio e a S. Gaetano.

Uguccione Thiene fu da Papa Celestino III. creato Prete Cardinale dei Santi Silvestro e Martino in Equizio nella tempora delle Pentecoste del 1191. Ne fa testimonianza il Ciaconio: *Ugutio de Thienis patria Vicentinus Cardinalis tit. SS Silvestri et Martini in Montibus.* Un altro *Uguccione Thiene* si vuole insignito della dignità Cardinalizia, ma pure con più verità, come narra il Castellini, ch'egli sia stato veramente disegnato dal Pontefice a Cardinale, ma che prevenuto dalla morte, non ne abbia avuta la lieta novella. Di certo quest'Uguccione fu uomo insigne: dottor dei decreti, cappellano del Papa, uditore del santo palazzo e nunzio apostolico. Gregorio XI. lo inviò nel 1372 a pacificare i Veneti e i Padovani, e poi ambasciatore ai Duchi d'Austria, al Re d'Ungheria. Morì in Vienna il 13 Febbraio 1373. Ebbe solenni onoranze: il suo cadavere fu portato da dodici Vescovi. Anche in Vicenza gli furono fatte grandi pompe funebri nella Chiesa di S. Corona' il giorno 13 di Agosto.

Giovanni di Simon Pietro, professò legge salica. Seguì le bandiere di Carlo di Durazzo allorchè questo Principe venne chiamato al soglio di Napoli. E alla Corte di Napoli ebbe onori e denari. Nel 18 Settembre 1382 Carlo III. lo regalò dei diritti che avea Restano Cantelmi sul Castello di Pettorano negli Abruzzi al di là del fiume Pescara, e di altre terre e castelli nel tenere di Otranto tolte ai ribelli. Quivi Ladislao, successore di Carlo III, stabilì una primogenitura per la famiglia Thiene. L'iscrizione posta sul suo sepolcro lo dice Vice Re degli Abruzzi. Abbandonati i beni e i titoli di cui era stato insignito nel 1391 lasciò Ladislao e passò a Milano col titolo di Consigliere del Conte di Virtù. N'ebbe in ricompensa il feudo di Rampazzo, di Pojana di Granfion e Lazise Veronese. Ritornò in patria quando Vicenza si diede alla Repubblica. Testò in Venezia nel 1415. Morì di 85 anni e fu sepolto in Santa Corona.

Giacomo fu inviato con Giampietro dei Proti a Venezia nell'Aprile 1404 per dar Vicenza alla Repubblica. Fu premiato con mille ducati annui per sè e discendenti. Testò nel 1437.

Gaspare di Roberto, prode uomo d'armi, pugnando valorosamente per Venezia e per Roma contro il duca di Calabria a Campo Morto presso Velletri, il 21 Agosto 1482 perdette la vita in quella che guadagnava al Magnifico Roberto Malatesta, capitano generale della lega, una luminosa vittoria.

Gaetano di Gaspare e di Maria Porto nacque nel 1480. Il 17 Luglio 1504 ottenne la laurea nello studio di Padova. Anelando a perfezione di vita deliberò di dedicarsi a Dio e in quel medesimo anno ricevette dal Vescovo Pietro Dandolo l'abito Sacerdotale. Dopo qualche tempo si portò a Roma dove Papa Giulio II. gli conferì la dignità di Protonotario Partecipante. Pare che della benevolenza del Pontefice, assai si sia valso in pro della sua Venezia, per far togliere il famoso interdetto, che avea dato origine alla formidabile lega di Cambrai. Dopo la morte di Giulio II. avvenuta l'anno 1516 Gaetano si ritirò dalla Corte e tornossene a vita privata. Il 30 Settembre di quello stesso anno, fu ordinato Sacerdote. La notte di Natale del 1517 mentre stava fervidissimamente orando sul presepio del Salvatore in S. Maria Maggiore, si vide schiusa dinanzi la gloria del paradiso, e con ineffabile diletto strinse nelle sue braccia il bambinello Gesù, portogli a vezzeggiare dalle mani stesse della Vergine.

Nel 15:7, cominciando in Germania a bollire l'eresia di Lutero, istituì nella chiesa dei Santi Silvestro e Doroteo l'Oratorio del Divino Amore, per riformare i costumi molto rilassati così nel clero che nei secolari di Roma. Il 10 Luglio 1519 aggregò l'Oratorio di S. Girolamo di Vicenza a quello di S. Siro di Verona; ravvivando quivi la fede e l'amore in Dio. Dopo cinque mesi nel Decembre, ritornò per poco tempo in patria, perchè nel principio del 1520 lasciò Vicenza per Venezia dove fondò l'Oratorio del Divino Amore e riformò sì fattamente l'Ospedale degli Incurabili da venirne riguardato come il fondatore. Due anni dopo ritornò a Roma, dove la Provvidenza lo chiamava ad architettare quel mirabile Ordine di Sacerdoti che doveano essere al Clero non solo specchio di studio e di pietà, ma sì ancora di operosità e povertà apostolica, condannandosi a vivere perpetuamente di sola fiducia in Dio senza nulla sperare nè chiedare mai agli uomini. Gaetano fondò quest'Ordine il 14 Settembre 1524 e lo intitolò dei Chierici Regolari, detti poi Teatini.

Nel sacco di Roma (6 Maggio 1527) ebbe salva miracolosamente la vita tanti strazi ebbe a soffrire. Liberato dal carcere non veggendo qual bene far si potesse in Roma venne co'suoi ad Ostia e di là sulla capitana di Agostino Da Mula a Venezia. Il Senato lo accolse con gran giubilo e gli fece ogni comodità di allogarsi prima alla Giudecca, indi a S. Giorgio e finalmente a S. Nicolò di Tolentino. Il 2 Agosto 1533, per obbedienza avuta dal Caraffa, andò con Giovanni Marinoni a Napoli a fondarvi una nuova famiglia, che in breve crebbe mirabilmente. Nel 1536 dietro invito di Papa Paolo III. fu a Roma a ripristinarvi i Teatini, e tenervi il Capitolo Generale. Fatto ciò tornò a Napoli studiandosi di preservarla con grande carità dalle nuove eresie che Giovanni Valdesio, Pietro Vermiglio, Bernardino Occhino, e Marcantonio Flaminio da Imola vi andavano seminando. Eletto nel 1540 alla prepositura di Venezia partì tosto a quella volta.

Nel 1541 passò con alquanti de' suoi a Verona a purgarla del veleno dell'eresia che cominciava allora a serpeggiare. L'anno seguente combatteva in Venezia a viso aperto, con la parola e con la penna, l'Occhino, e sollecitava da Roma il richiamo del frate impostore.

Nel 1543 ritornava in Napoli e quivi santamente moriva il giorno 7 di Agosto 1547 di anni 67. Tutta Napoli accorse a contemplare nella chiesa di S. Paolo la salma del grande benefattore, del santo e sapiente riformatore del secolo. Il suo corpo venne deposto nel suo sepolcro, dove giace tuttora ignorato e confuso con quello del Marinoni e di altri venti dei primi Padri e Laici dell'Ordine. Per le molte ed eroiche virtù, per i molti e strepitosi miracoli operati in vita e dopo morte, Gaetano fu enumerato tra i Beati da Urbano VIII il 25 Ottobre 1629, e fra i Santi da Clemente X. Il 12 Aprile 1671. Tutta Italia celebrò con feste solennissime il grande avvenimento.

Antonio di Clemente fu dal Principe d'Anhalt creato collaterale generale sopra tutte le milizie non tedesche che lo seguivano con diploma 12 Maggio 1510. Ritornò in patria nel 1517.

Clemente di Antonio era capitano dei colonnelli del duca d'Urbino nel 1536. Nel 1538 Guidobaldo duca d'Urbino con lettera 20 Ottobre lo creò Governatore di Camerino. Nel 1549 dalla duchessa d'Urbino capitano e governatore della legione della città di Pesaro; nel 24 Dicembre 1552 Vice Duca di Gubbio da Guidolbaldo, e nel 1554 governatore di Modena.

Lodovico di Leonardo nel 1540 fu nominato governatore di Reggio dal Duca di Ferrara, e i Reggiani nel 1541 gli diedero I loro cittadinanza in una a tutti i suoi discendenti. Così nel 1555 fu pure fatto cittadino di Ferrara. Inviato in Francia ambasciatore d'Ercole II. fu da quel re donato di un giglio nello stemma.

Marco di Lodovico nacque il 5 Novembre 1520. Visse gli anni migliori della sua giovinezza alla corte di Roma. Sotto la condotta di Giambattista da Monte fratello di Giulio III. prese parte alla guerra tra l'Impero e la Chiesa l'anno 1552 In un coraggioso ma temerario assalto alla fortezza della Mirandola, presidiata dai Francesi, accoltivi da Lodovico Pico, combattè valorosamente a fianco del suo signore, e lui morto, nel fervor della mischia, ne contese co' commilitoni il cadavere al nemico riuscendovi dopo mirabili prove. Amò le lettere, e con predilezione la poesia. Egli vive tuttora per un sonetto, bellissimo di concetto e di forma, su Venezia, in cui si mettono a paragone le umili origini con l'altezza invidiata a cui era salita la città a mezzo il secolo decimo sesto. Ebbe amicizia con l'Amaseo, col Bembo, col Trissino, col Palladio e col Maganza. Oppresso dalle fatiche sostenute nel campo ammalò e morì il 10 Luglio 1552.

Gaetano di Girolamo fu maggior confaloniere del regno d'Ungheria. E sepolto alla cattedrale un nausoleo postogli dal fratello Battista nel 1582.

Giulio di Clemente, uomo d'armi e di scienza. Militò dapprima nelle armi imperiali, poi con Pietro Strozzi in servizio di Francia, e prese parte alla guerra di Siena. Preposto alla difesa e guardia di Crevoli con ampia autorità di comandare a tutti i capitani e soldati, di fronte a forze ingenti e a mene secrete dovette rendersi a discrezione il 16 Novembre 1554. Sorte migliore gli arrise nella difesa Radicofani, assediata dall'esercito di Carlo V. e dal Duca di Firenze con oltre 4000 fanti e 400 cavalli, poichè con soli 400 militi seppe resistere così fortemente da costringere il nemico a ritirarsi. A rimeritarlo i Governatori gli conferirono la cittadinanza Senese con tutti i diritti propri dei cittadini e lo donarono come trofeo dell'assedio di insigne vessillo. Fu poscia ai servigi di Ercole Duca di Ferrara, che lo destinò prima alla difesa della Garfagnana, poi di presidio al forte della Stellata e finalmente alla guardia della terra di Rubiera. Concluso l'accordo fra il Duca di Ferrara e il Re Cattolico, passò ai servigi del duca di Urbino come Maestro di Campo Generale L'anno 1585 venne inviato dal Duca a Venezia per felicitarsi col nuovo Doge e n'ebbe in dono una collana. È lodato pur anco come filosofo, come versato nelle scienze matematiche, inventore di alcuni strumenti matematici, e scrittore di architettura militare. Morì in patria il 5 Ottobre 1588.

· *Giangiacomo* di Ercole Podestà di Vicenza dal 1 Gennaio 1806 al 9 Dic. 1807.

THIENE DAL CANE

D'azzurro, al palo increspato d'argento terminato in capo da un cane nascente dello stesso coronato d'oro, tenente un bastone d'argento. Il palo nel luogo di congiunzione del cane passato da una corona d'oro. *Cod. V. Gonzati.*

Alias. La stessa con lo scettro d'oro. *Portici del Monte Berico.*

TOALDO (*De Toaldis*)

D'azzurro, alla quercia di verde, terrazzata dello stesso, al cane corrente d'argento. *Cod. Schio.*

Girolamo, Giovanni e Bernardino Toaldi aveano chiesto la cittadinanza Vicentina il 30 Gennaio 1523, ma per le opposizioni della Comunità di Schio non poterono ottenerla. Avea sepolcro ai Carmini.

Il nome dei Toaldo fu illustrato dal sacerdote *Giuseppe,* nato in Pianezze l'11 Luglio 1719. Curò a 25 anni l'edizione delle opere di Galileo, e la ornò di prefazione, di cose inedite e di commenti Dopo di esser stato per alcuni anni Arciprete di Montegalda, nel 1762 ebbe la nomina di professore di astronomia nell'università di Padova, e lo fu con grande vantaggio della scienza, avendo egli dotato quella cattedra dell'osservatorio. Diede forma di Scienza alla meteorologia che, prima del suo saggio, era una sterile raccolta di fatti. Appartenne fino dal 1791 all'Accademia dei XL delle scienze di Modena ed ebbe fuori d'Italia grandi e sinceri ammiratori. Morì l'8 Novembre 1797 di apoplessia.

TODESCATO

Interzato in fascia, nel 1.° d'azzurro, alla testa d'uomo di carnagione, bandata d'argento, accostata da due stelle d'oro di otto raggi; nel 2.° d'argento, al cane passante d'oro, nel 3.° scaccato d'oro e d'azzurro. *Cod. Schio.*

Avea case dietro le mura che dalla porta di Santa Lucia menano a Porta Padova, di dove fu desunto lo stemma.

TOMASINI (*De Thomasino*)

D' azzurro, alla colonna d'argento, accostata e sostenuta da due angeli al naturale dello stesso. *Cod. V. Gonzati.*
Alias. Inquartato: nel 1.° spaccato di rosso e d'oro, nel 2.° spaccato d'oro e di rosso, nel 3° tagliato di rosso e d'oro, nel 4.° trinciato d'oro e di rosso. Sul tutto d'argento al giglio d'oro sostenuto da un' asta dello stesso e posto in sbarra. Col capo d'oro all'aquila di nero. *Dall'Arbore della Famiglia Tomasino e sua arma fatto da me Gio. Franc. Tomsin Pubbl. Perito q. Antonio fu Nodaro di Veneta Autorità.*

Famiglia antica in Vicenza. Si dice venuta da Lucca. Fu ascritta al Consiglio Nobile di Vicenza, dove nel 1510 aveà un posto.

Francesco di Giovanni Maria è l'autore di molti alberi e storie genealogiche delle famiglie Vicentine ch'egli ebbe modo di compilare nella sua qualità di riordinatore di archivi. Se però nell'opera sua talvolta abbondò nelle lodi, più spesso, e credo molte volte ragionevolmente, mise nella vera luce le troppo vili e modeste origini delle nostre famiglie nobili, che per boria vantavano genealogie strepitose. Ciò gli procurò noie, un processo e il carcere. Nacque nel 1646 e fu processato nel 1700. Fu posto in libertà il 27 Gennaio 1701 per inesistenza di reato.

TORNIERI (*De Torneriis, Tornerius*)

Spaccato; nel 1° d'azzurro, a tre palle d' oro, male ordinate; nel 2.° d'azzurro, a tre sbarre d'oro; colla fascia dello stesso, attraversante sullo spaccato *Cod. Revese, Dall' Acqua, Schio e V. Gonzati.*
Alias. La stessa, colla fascia d'argento. *Cod. Dall'Acqua.*
Alias. La stessa, senza la fascia. *Da un diploma di dottorato.*
Alias. Inquartato; nel 1.° e 4.° di nero, al leone d'oro; nel 2° spaccato; nel primo d' azzurro, a tre palle d'oro male ordinate, nel secondo d'azzurro, a tre sbarre d'oro colla fascia dello stesso attraversante. sullo spaccato; nel 3.° spaccato di nero e d'oro, al drago alato dell'uno nell'altro. *Cod. Revese, Dall'Acqua e V. Gonzati.*
Alias. D'azzurro, al leone rampante d'oro, affrontato ad una montagna di verde, tenente nelle zampe anteriori una fo-

glia di sega d'argento attraversante in banda detta montagna, sinistrato da un albero di verde e sormontato da una stella d' oro di sei raggi. *Cod. Revese, Dall'Acqua e V. Gonzati.*

Alias. D' azzurro, al leone rampante d' oro su campagna di verde ed affrontato ad una roccia al naturale, tenente nella zampa anteriore destra una foglia di sega d'argento in riga sul vertice della roccia, sinistrato da un albero al naturale e sormontato da una stella d' oro di otto raggi. *Raccolta degli stemmi presentati all' I. R. Commissione Araldica.*

Antonio di Giangiacomo ebbe il 31 Dicembre 1618 un posto in Consiglio Nobile da Vincenzo fu Pietro Cogollo.

Questa famiglia fu pure ascritta al Nobile Collegio dei Giudici. Massimiliano Giuseppe, Duca ed elettore di Baviera con diploma 15 Novembre 1748 concedeva ai fratelli Filippo, Francesco, Leonardo e Cesare Tornieri e loro discendenti il titolo di Conte, che fu riconosciuto dalla Repubblica Veneta nel 1749. Un ramo di questa famiglia, oggi estinto, assunse dal Settembre 1726 il nome di Arnaldi per volere testamentario del co. Gasparo Arnaldi che lo chiamò suo erede (1).

Nobiltà e titolo Comitale furono confermati con Sovrane Risoluzioni 14 Luglio 1820 e 9 Maggio 1829.

Avea case sul Corso, al Duomo e in contrà Porti dove Arnaldo I. raccolse nell'atrio molte e importanti lapidi antiche, un vero museo di archeologia. Sepolcri alla Cattedrale e a San Giacomo.

Arnaldo Arnaldi I. Tornieri coltivò le lettere, l'archeologia, la storia. Lasciò un museo e una copiosa libreria. Tradusse in verso l'Eneide di Virgilio e scrisse le Cronache di Vicenza dal 1767 al 1822 opera preziosa per la storia nostra. Visse lunghi anni assai stimato e morì il 26 Ottobre 1829.

Lorenzo fratello di Arnaldo fu poeta facile e fecondo di tutte le feste patrie. Scrisse quattro poemetti: *Le Caccie* Volgarizzò le Georgiche di Virgilio e n'ebbe lode. Morì ottuagenario il 4 Novembre 1834.

(1) In forza dei voleri testamentari gli eredi Tornieri dovevano assumere il nome di Arnaldi Arnaldo primo, secondo e via di seguito, e prender moglie a dieciotto anni.

TORTOSA (*Tortosa*)

D' oro, all'aquila di nero, coronata del campo, portante sul petto uno scudo rotondo di azzurro, bordato d'argento, e caricato di un busto di donna di carnagione, posta di fronte. *Cod. Revese, Dall'Acqaa e V. Gonzati.*

Francesco padre e figlio Tortosa vengono ammessi il 21 Agosto 1691 alla cittadinanza dal Consiglio dei 500.

Francesco dottore ebbe in dono il 31 dicembre 1691 il posto in Consiglio Nobile che apparteneva a Giuseppe Orgian.

Giulio, fu bibliotecario della Bertoliana per rinunzia di Parmenion Trissino. Il Tornieri lo dice uomo pieno di ogni genere di erudizione e di una strana memoria. Morì il 19 Febbraio 1791.

Giuseppe di Girolamo, protomedico a Vicenza, scrisse di medicina, e le sue *Istituzioni di Medicina Forense* gli procacciarono molta celebrità. Morì vittima del tifo che devastava le carceri, di cui egli era medico, l' 11 Decembre 1811. Era nato il 18 Marzo 1743.

TOSO (Dal). (*Del Tonso, De Tonsis*)

Partito; nel 1.° d' oro, alla mezz' aquila di nero, movente dalla partizione; nel 2.° d'oro, a tre bande di nero. *Cod. Revese e V. Gonzati.*

Bonaventura fu Giovanni Toso da Malo ottenne la cittadinanza Vicentina con Ducale 8 Ottobre 1405.

L' anno 1440 Andrea e Pietro Antonio Tosi sono investiti, unitamente a Bartolomeo e Domenico Squarzi, dal canonico Bartolomeo da Carpi, a tenore delle lettere papali di Eugenio IV, di otto parti delle dieci della decima di Lupia, dominio che tennero fino al 1819 in cui si estinsero con Pompeo. Fu ascritta al Consiglio Nobile di Vicenza, dove nel 1510 avea quattro posti. Fu pure aggregata al Nobile Collegio dei Giudici.

Francesco di Orazio ottenne, con Terminazione 18 Settembre 1669 e con Ducale 19 dello stesso, la conferma del titolo Comitale, chiesto con supplica 27 Agosto 1669 al Provveditore sopra i feudi.

Avea case sul Corso, già Caldogno e Capra, cui Matteo di Nicolò, nel secolo XV, diede unità e formò la *Cà d'oro* splendido edificio di stile gotico. Venduto nel 1536 ai Franceschini, da loro passò negli Schio pel matrimonio di Nicolò con Dorotea Franceschini di Francesco, celebrato il giorno primo del Maggio 1651. Poi i Dal Toso ebbero casa in Valmerlara.

Il loro sepolcro era in Santa Corona.

Odoardo, benedettino in San Felice di Vicenza, fu priore del suo Ordine nel 1650 e nel 1674 Abbate e primo visitatore Cassinese. Studiò e insegnò le matematiche, delle quali fu valente cultore.

Andrea, soldato valoroso al servizio della Repubblica, morì nel 1719.

Girolamo, pittore, lavorò nella prima metà del secolo XVI. L' opera sua più complessa e forse la migliore sono gli a fresco nella cappella di Santa Caterina nella nostra Cattedrale. Non appartiene però a questa famiglia, cui erroneamente venne giudicato.

TRAVERSI (De Traversis)

. D'oro, alla banda di verde. *Cod. Revese, Dall'Acqua, Lod.
e V. Gonzati.*

_ *Alias.* D'oro, alla banda di verde, caricata in capo·da una
barba di. nero, posta nel verso della banda. *Cod. Revese e
V. Gonzati.* ·

' *Alias.* D' argento, al leone rampante d' oro alla fascia di
rosso attraversante sul tutto. *Cod. V. Gonzati.*

Fámiglia antica. Ascritta al Consiglio Nobile di Vicenza. Nel 1510 avea
due posti Fu investita dal Vescovo di Vicenza delle decime della villa e per-
tinenze di Montecchiello, al quale feudo era annesso il titolo Comitale, ma
il titolo non le fu riconosciuto dall'Austria. Fu confermata nobile con Sovrana Risoluzione 4 Giugno 1820.

TRENTO (De Tridento, Tridentus)

D' argento; col capo d'azzurro, caricato di un drago nascente di rosso. *Cod. Revese, Dall'Acqua, Schio e V. Gonzati.*

Venne a Vicenza da Trento, ove chiamavasi Morlini, nel 1400.

Fu ascritta al Consiglio Nobile di Vicenza. Nel 1510 avea sette posti.
Era pure aggregata al nobile Collegio dei Giudici. Carlo V. Imperatore, con
diploma 9 Novembre 1532, creò Conti Palatini Giovanni e Girolamo coi nipoti
Alessandro e Giacomo. ·u ascritta al Patriziato Veneto.

Napoleone creò Ottavio Cavaliere della Corona di Ferro. Vicenza deve a
questo benefico gentiluomo l'istituzione della sua Casa di Ricovero (27 Settembre 1810) che egli fondò vivente e beneficò largamente in morte Morí
l'8 Maggio 1812.

Avea case al Duomo e a San Faustino, dove nel 1718 eressero un grande
palazzo di stile barocco (ora Valmarana) con disegno dell'architetto Muttoni.
Il palazzo al Duomo era Trissino e fu acquistato da Orazio l'anno 1667 per
13,500 ducati. ·

TRETTI

D' azzurro, a due torri al naturale, merlate, aperte e finestrate di nero, poste sopra una terrazza bandata di rosso e d'argento; tra i merli interni delle due torri poggia un aquila
bicipite di nero, coronata d' oro su ciascuna testa, con le ali
aperte e spiegate. *Raccolta degli stemmi presentati all' I. R.
Commissione Araldica.*

Da Vicenza passò in Adria dove ebbe la nobiltà cittadina. Come tale è compresa nel Catalogo dei Nobili compilato nel 1780 e approvato dal Senato Veneto. Fu confermata nobile con Sovrana Risoluzione 29 Marzo 1823. Ritornò a stabilirsi in Vicenza nella prima metà del secolo nostro.

Ha case a S. Faustino e a S. Lucia.

TRISSINO (*De Trissino*)

Di verde, a tre bande merlate e contradoppiomerlate d'oro. *Cimiero*. Un aquila spiegata. *Cod. Schio, Revese, Dall' Acqua e V. Gonzati.*

Aliàs. La stessa, posta in uno scudo ovale sul petto di un' aquila bicipite, spiegata di nero, linguàta di rosso, imbeccata ed armata d'oro, sormontata da una corona imperiale, *Cod. Revese, V. Gonzati e I. R. Comm. Araldica.*

Famiglia antichissima e doviziosa. I cronisti le attribuirono origini leggendarie, e Giangiorgio le magnificò nella sua *Italia liberata da' Goti*. Fu ascritta al Consiglio Nobile di Vicenza. Nel 1510 avea dieciotto posti. Era pure aggregata al nobile Collegio dei Giudici.

Federico II. Imperator de Romani e Re di Sicilia con diploma 4 Aprile 1236 accordava ai Trissino il feudo del castello di Trissino, Quargenta, Cornedo e di tutta la valle detta dell'Agno, e li dichiarava Conti. La Repubblica Veneta riconobbe e confermò i privilegi goduti da questa famiglia, e le accordò varie distinzioni e investiture. Carlo V., con diploma 17 Dicembre 1532 segnato da Bologna, creò Giangiorgio Trissino Conte Palatino e Cavalieri Aurati i discendenti di lui. Di più, gli concedeva d'inquartare le insegne del Vello d'Oro nello stemma gentilizio. La decorazione dell'Ordine Gerosolimitano era ereditaria nella famiglia dal Vello d'oro, uno degli antenati della quale era insignito dell'Ordine Granducale di S. Stefano di Toscana. Confermati con Sovrane Risoluzioni 5 Maggio, 24 Luglio, 21 Agosto, 22 Settembre, 24 e 30 Novembre 1820.

I Trissino, dice lo Schio, furono così numerosi che non vi è angolo in Vicenza ove essi non abitassero. Narra il Beni che nei tempi antichi possedessero ampli palazzi dorati, muniti di baluardi e di torri. Certamente ebbero case in San Michele, a Pozzo Rosso, in Riale, al Duomo, sul Corso, a Ponte Furo e in borgo Padova. Galeazzo di Giambattista incominciò nel 1588 l'erezione del sontuoso palazzo dei Trissino Baston sul Corso (ora Porto) che è il capolavoro di Vincenzo Scamozzi.

Aveano sepolcri alla Cattedrale, a S. Corona, alle Grazie, a S. Giacomo, a S. Marcello, a S. Lorenzo e a S. Francesco Novo.

I Trissino si distinsero in varie denominazioni: Trissino Baston, Trissino Panensacco, Trissino dal Vello d'Oro, Trissino dalle Stelle, e Trissino Papelle. Solo i Panensacco e quelli dal Vello d'oro sopravvivono. I Baston si estinsero con Alessandro di Marcantonio nel 20 Aprile 1851 e ne fu eréde il nipote Antonio da Porto.

Miglioranza Trissino, detto il maggiore, fu uomo valoroso nelle armi. Ebbe parte notevole in molte fazioni ai tempi di Ezzelino da Romano, di cui fu anche prigione. Capo più tardi, unitamente a que' di Vivaro e di Arzignano, della parte imperiale, fu cacciato in esilio da Vicentini e da' Padovani della fazione marchigiana e spogliatovi dei Castelli di Trissino, Cornedo, Quargnenta e Valdagno. Raccoltosi presso i Veronesi e ritornato col soccorso di costoro alla riscossa, ricuperò Lonigo e Marostica; ma, respinto una seconda volta da' Padovani, si rifugiò di nuovo in Verona, ove morì e fu sepolto nella Chiesa di S. Maria in Organo nel 1260.

Leonardo di Bartolomeo, celebre avventuriero, nacque fra 1467 e il 1470. Nel 1495 fu bandito dalle terre della Repubblica per aver ucciso il nobile cav. Giovanni Loschi. L'amicizia contratta con Paolo Liechtenstein, uomo famoso e grande fra i Tedeschi, gli procacciò la benevolenza di Massimiliano Imperatore che lo fece Cavaliere. Giurata nel Gennaio 1509 a Cambrai la lega a danno dei Veneziani, Leonardo si offerse al Liechtenstein di andare a prender possesso della città di Vicenza. Favorito dai nobili e dalla propria temerarità, con pochi *banditi, carbonari et gente di mal affare, tutti unti, neri, sporchi, et stratiati*, preceduti dalla fama di un grande esercito, ottenne l'intento, e il 5 di Giugno sulle 21 entrava solennemente in Vicenza al suono di trombe, tamburi e campane. I Deputati di Vicenza gli offrirono prontamente le chiavi. Abbattuto il veneto Leone dalla colonna di Piazza e avvisato del prospero successo l'Imperatore, il Trissino si occupò di acquistar nuove terre all'Imperio. Infatti il 6 Giugno a due ore di notte era accolto in Padova fra le acclamazioni del popolo, il romore dei pifferi e delle artiglierie. In questo frattempo anche Bassano ed Asolo alle intimazioni dell'araldo del Trissino aveano alzata la bandiera imperiale.

I Veneziani dolenti di aver perduto Vicenza e Padova cercarono d'intavolar trattative per la restituzione di Padova. Se il Trissino avesse accondisceso sarebbe stato creato barone di S. Marco, conte e signore di Cittadella e Castelfranco, condottiero e capitano di cento corazze, duecento cavalleggeri e cinquecento provvisionati. Di più gli saoebbero stati assegnati cento ducati al mese e un bel palazzo in Venezia. Egli rifiutò. Ma il 17, alle 5 della mattina, i soldati Veneziani entrarono a tradimento in Padova. Il Trissino accorse e combattè da prode co' suoi, ma respinto riparò in castello. Il giorno dopo, dato l'assalto al castello, si arrese, e il 19 fu tradotto prigioniero in Venezia, dove morì un anno dopo, il 3 Febbraio 1511 e sepolto in S. Francesco della Vigna.

Giangiorgio di Gaspare, filosofo letterato e poeta, nacque a Vicenza l'8 Luglio 1478. Nella prima giovinezza compose la maggior parte di quelle rime. ch'egli solea riguardare più tardi come testimoni delle sue amorose passioni. Con la *Sofonisba* diede all'Italia la prima tragedia regolare e con essa ridonò anima e vita alla scena italiana. Gli è reso specialmente merito per aver trasportato la tragedia dal dominio della mitologia in quello della storia.

Tentò ancora il primo poema epico e scrisse l' *Italia liberata dai Goti* in ventisette libri, dove camminando sopra le vestigie di Omero, cantò in versi sciolti la liberazione d'Italia dai Goti, operata da Belisario mandato da Giustiniano. Ma nè l'argomento ch'ei scelse dalla storia, nè l'arte di trattarlo, nè il verso sciolto, che adottò come il più rispondente al verso eroico dei classici, valsero a procacciare fortuna al suo poema, che essendo una imitazione troppo servile e privo d'ispirazione poetica, cadde tosto nell'oblio. E pure da nessun altro de' suoi scritti quanto da questo egli sperò gloria e immortalità! Il poema dedicò a Carlo V. Imperatore, come avea dedicato la tragedia al Pontefice Leone X. Fu versato nelle lingue e nella filosofia degli antichi, destro nella diplomazia, facile e ornato nella conversazione. Amante delle arti belle fu il mecenate del Palladio. Rappresentò in più congiunture e degnamente la patria. Fu accetto a Pontefici e a Principi. Accolse con regale magnificenza gli uomini insigni per dignità e per sapere capitati in sua casa. Primo e unico forse fra tutti recò in Vicenza le maniere della vita cortigianesca, apprese presso i Principi d'Italia. Ebbe molte e ineffabili afflizioni che sopportò con rassegnazione cristiana. Morì in Roma a settantadue anni il dì 8 Dicembre 1550 e fu sepolto nella Chiesa di Sant'Agata. Bernardo Morsolin gli scrisse una dotta e completa monografia nel 4° centenario della sua nascita. Giovanni da Schio gli fece murare un bel medaglione in marmo nella casa ove nacque al Pozzo Rosso.

Parmenione di Alcasto fu eletto bibliotecario della città il 25 Marzo 1741. Rinunziò nel 20 Marzo 1779. Morì il 3 Giugno 1782.

Marcantonio di Ciro fu dall'Arciduca Alberto d'Austria creato sopraintendente di tutte le fortezze e Consigliere di guerra. Morì sul campo il 17 Agosto 1604.

Leonardo di Marcantonio, Cavaliere di Malta, si occupò di letteratura e di belle arti. Tenne corrispondenza coi migliori ingegni del suo tempo, quali il Canova, il Cicognara, il Troya, il Morelli, il Gamba, il Pezzano. Fu amico particolarmente di Pietro Giordani, di Giacomo Leopardi, di Antonio Cesari e di Gino Capponi; col qual ultimo, insieme a Girolamo Egidio di Velo, viaggiò l'Italia. Raccolse in due volumi molte notizie degli artisti vicentini e raccolse ingenti materiali per uno studio sul Trissino. Fu gran signore e generoso mecenate. Il Giordani lo chiama « raro esempio di signorile bontà, e uno dei più rarissimi signori ch'abbia l'Italia ». Il Leopardi, scrivendogli, dice ch'egli « non si può dimenticare di un giovane signore italiano così amorevole, nè di sentimenti così magnanimi, nè di tanti pregi e virtù d'ogni sorta che se fossero meno singolari in questa povera terra, non sarebbe stoltezza lo sperare della nostra patria »; e gli ha dedicato nel 1820 la prima edizione della famosa canzone ad Angelo Mai. Il Cesari, a lodarsene, dice che non gli bastano tutto il Vocabolario della Crusca con tutte le giunte fattegli nella edizione veronese. Morì il 12 Aprile 1841. Era nato il 13 Luglio 1780.

Francesco di Paninsacco, poeta facile, ma non felice, di ogni patrio avvenimento. Mise in prosa la Divina Commedia. Morì il 24 Luglio 1883. Era nato il 23 Marzo 1809.

TRISSINO FRATINO

Un' aquila bicipite spiegata di verde, imbeccata e membrata d' oro, coronata da un zucchetto d'azzurro, foderato di rosso, orlato e rabescato d'oro, e caricata sul petto da uno scudo partito, nel 1.° di verde chiaro a tre bande merlate e contradoppiomerlate d'oro; nel 2.° di verde carico al capriolo d'oro. *Cod. Schio.*

TRISSINO DÀL VELLO D' ORO

D' oro, all' aquila bicipite spiegata di nero, linguata di rosso, sormontata da una corona imperiale, e caricata in cuore di un scudo bordato di rosso, partito: nel 1.° d'oro ad un albero di verde, il fusto biforcato presso le foglie, e nel punto della biforcazione un tosone d'oro; detto albero terrazzato di verde; il fusto accollato da un serpente d'azzurro, la testa a destra, levata verso il tosone; tra le foglie svolazza un nastro d'argento colla divisa: Πᾶν τὸ Σητούμενον ἁλωτόν; nel 2.° di verde, a tre bande merlate e contradoppiomerlate d'oro. *Dal diploma di conferma concesso dall' Imp. Austr.*

Alias. La stessa nei *codici Revese, Dall'Acqua e V. Gonzati*, senza però la divisa.

TURRA

Di . . . . , alla torre merlata aperta e finestrata di . . . . , accompagnata in capo da una stella di sei raggi di . . . . ed accostata da altre due dello stesso. *Cod. V. Gonzati.*

Fioriva a Vicenza nel secolo XV.

Avea sepolcro alla Cattedrale. Case alle Canove.

Antonio Turra medico e stampatore nel secolo scorso. Fu il primo che si accingesse a scrivere una Flora di tutta Italia. Molte accademie lo ascrissero nell' albo dei loro soci. Wolfango Goethe, giunto a Vicenza, volle visitarlo in sua casa. Morì il 6 Settembre 1796. Era nato il 25 Maggio 1736. La moglie *Elisabetta Caminer* donna coltissima, ebbe grande rinomanza. Scrisse molte cose di letteratura e molte ne tradusse dal francese. Diresse il *Giornale Enciclopedico* cominciato nel 1774 e sospeso con la sua morte, avvenuta il 7 Giugno 1796. Il Parini le rese grande lode nella *Magistratura.*

UBERTI.

Partito: nel 1.º d'oro alla mezz' aquila di nero, rostrata e membrata d' oro, movente dalla partizione; nêl 2.º scaccato d' oro e d' azzurro. *Cod. Schio.*

Gio. Battista e fratelli Uberti ottengono la cittadinanza Vicentina per incolatum il 16 Marzo 1768.

VAJENTI (*De Vajentibus*)

Di rosso, alla banda d'argento, caricata di tre scojàttoli assisi di nero, riguardanti il canton destro del capo. *Cod. Revese, Dall'Acqua, V. Gonzati e I. R. Comm. Araldica.*

Venne a Vicenza da Schio nella prima metà del secolo XIV. Fu ascritta al Consiglio Nobile di Vicenza dove nel 1510 avea tre posti. Era pure aggregata al nobile Collegio dei Giudici. Confermata nobile con Sovrana Risoluzione 22 Novembre 1817.

Avea sepolcri a San Michele e a Santa Corona.

Giovanni Speranza, figlio nat. di Gio. Battista, valente e lodato pittore visse nel secolo XV. Vasari lo dice scolaro del Mantegna.

Giampaolo, morto il 13 Febbraio 1852, lasciò generoso lascito all'Ospizio dei Proti. Volle esser sepolto in Marostica.

VAJENTI-MARZARI

Partito; nel 1.º d'azzurro, alla banda d' argento, caricata di tre scojattoli assisi di nero, riguardanti il canton destro del capo; nel 2.º d'azzurro, al sole d'oro. *Cod. Revese e V. Gonzati.*

VALDAGNI (*De Valdagno, Valdaneus*)

Losangato d'argento e di rosso; col capo d'azzurro, caricato di tre bisanti d'oro. *Cimiero:* Una donna nascente colla divisa: Recto tramiti. *Cod. Schio e V. Gonzati.*

Gianmichele e Giovanni Danièle ottennero la cittadinanza Vicentina con Ducale 29 Maggio 1435.

Famiglia aggregata al Consiglio Nobile di Vicenza. Nel 1510 avea tre posti. Era pure ascritta al nobile Collegio dei Giudici. Confermata nobile con Sovrana Risoluzione 24 Novembre 1820.

Avea sepolcri a S. Lorenzo, a S. Michele e a Santa Corona.

VALDAGNI-BASSO

D' azzurro, al leone rampante d'oro, lampassato di rosso, colla coda forcata e bandata d'argento sul tutto, il leone tiene la zampa sinistra accavalciata alla banda. *Raccolta.di stemmi presentati all' I. R. Commissione Araldica.*

Questa famiglia ascritta al Consiglio Nobile di Vicenza nel 1795 nella persona di Bartolomeo Antonio.

VALENTI (*De Valentibus*)

(*Non si conosce lo stemma*).

Famiglia ascritta al Consiglio Nobile di Vicenza. Nel 1510 avea un posto. Avea sepolcro a S. Lorenzo.

VALLE (*De Valle*)

. D' azzurro, alla banda d' argento, accompagnata da due scogli isolati di tre vette d' oro, uno in capo ed uno in punta. *In tutti i codici ed I. R. Comm. Araldica.*

Alias. D' azzurro, alla sbarra d'oro, accompagnata da due scogli isolati di tre vette dello stesso, uno in capo sormontato da una corona d' oro, l'altro in punta. *Cod. Lodovico e Vinc. Gonzati.*

Alias. D' argento, al leone rampante d'oro accompagnato nel canton destro del capo da una stella d'oro di sei raggi, alla banda di rosso attraversante sul tutto. *Cod. V. Gonzati.*

Giovanni fu Antonio Valle da Brendola ottenne la cittadinanza Vicentina con ducale 18 Marzo 1410.

Famiglia ascritta al Consiglio nobile di Vicenza. Nel 1510 avea quattro posti. Era pure aggregata al nobile Collegio dei Giudici. Confermata nobile con Sovrana Risoluzione 11 Marzo 1820.

Aulo Gellio Valle, medico fisico, vicerettore dello studio di Padova, fu insignito dal Senato Veneto del titolo di Conte e di Cavaliere. Morì nel 1608 e là sua discendenza si estinse perchè il figlio Sebastiano morì senza prole.

Il Serenissimo Principe poi, con decreto 17 Giugno 1650, investiva, mediante lo sborso di 800 ducati, Alvise di Alessandro insieme ai nipoti e discendenti.dal feudo di Bolca e di Vulpiana col titolo di Conte e giurisdizione civile e criminale. Dieci anni dopo, per decreto del Senato, lo stesso Valle veniva creato per benemerenza Cavaliere di S. Marco.

Avea sepolcri alla Cattedrale, a Sant'Antonio Abbate e a S. Lorenzo.

Avea casa a S. Michele, dove eressero sul finire del secolo XVII un grande palazzo di stile del decadimento e uno splendido giardino. Quivi il conte Ottaviano ospitò nell'anno 1708 il Re di Danimarca.

Un ramo dei Valle si estinse nei Lampertico e nei Girotto in questo secolo.

VALMARANA (*Valmarana, da Valmarana*)

D'azzurro, alla banda di fusi accollati d'oro. *Cod. Revese, Dall'Acqua, Schio e V. Gonzati.*

Famiglia antichissima e doviziosa. Si attribuì origini favolose facendosi discendere dal famoso Mario Romano. Probabilmente trasse il suo nome dal castello in cui dominava. Fu ascritta al Consiglio Nobile di Vicenza. Nel 1510 avea quindici posti. Era pure aggregata al nobile Collegio dei Giudici. Carlo V. Imperatore, con diploma 30 Aprile 1540, creò i Valmarana conti Palatini, erigendo in Contea la loro possessione di Nogara. La Veneta Repubblica con terminazione 27 Febbraio 1729 confermò loro il titolo di Conti di Valmarana ch'ebbero prima del Dominio Veneto in forza delle investiture conseguite del castello e della Villa di Valmarana.

Nel 1658 il 23 Giugno un ramo di questa famiglia, mediante l'offerta di 100 mila ducati alla Repubblica, fu ascritta al Patriziato Veneto, ma oggidì è estinto. Due famiglie Valmarana vivono tuttora a Vicenza: quella di S. Lorenzo e quella di S. Faustino; il titolo di Conti di Valmarana compete ai Valmarana di S. Lorenzo.

L'una e l'altra ottennero la conferma dell'avita nobiltà e del titolo Comitale con Sovrane Risoluzioni 18 Dicembre 1817, 28 Agosto 1819, 11 Marzo, 24 Luglio e 5 Novembre 1820 e 13 Maggio 1825.

Aveano sepolcri a Santa Corona, a San Lorenzo, a S. Michele, ai Servi, a S. Biagio. Cappella e sepolcri a Santa Corona.

Aveano case a Santa Corona, a S. Faustino, in Borgo Santa Caterina, a Porta Castello, e a S. Lorenzo dove nel 1566 eressero, su disegni del Palladio, un sontuoso palazzo. Quivi Leonardo Valmarana ospitò nel 1581 l'Imperatrice Maria d'Austria, madre di Carlo V. Era del seguito S. Luigi Gonzaga. È dei Valmarana di S. Faustino la splendida villa di S. Sebastiano a Monte Berico, che loro fecero decorare di famosi affreschi dal Tiepolo.

Leonardo, cavaliere munifico, amico di Principi, splendido mecenate, amatore delle arti belle e buon architetto egli stesso, apriva ai Vicentini i suoi giardini a Porta Castello l'anno 1592, come ricorda oggi pure una elegante iscrizione latina di Paolo Teggia. Morì il 22 Dicembre 1612 e fu sepolto in Santa Corona. Era figlio di quel *Gianluigi*, che fu eletto a Provveditore della fabbrica del palazzo della Ragione nel 6 Settembre 1548 insieme a Girolamo Chiericati e Gabriele Capra. Anzi fu lui che, secondato dal Chiericati, fece adottare con ragioni d'arte il disegno del Palladio.

Giulio. Cesare di Bartolomeo fu Provveditore ai confini per l'Imperatore e per la Repubblica Veneta.. In compenso dell'opera prestata con decreto 5 Agosto 1606 fu dal Senato Veneto creato Cavaliere ed ebbe in dono una collana d'oro. Scrisse un libro sul modo di far la pace in via cavalleresca e cristiana. Morì a 80 anni nel 1621 e fu sepolto nella chiesa dei Servi. *Cristoforo* di Giulio Cesare, uomo facondo, perorò più volte per la sua patria dinanzi ai Dogi Veneti e nel Consiglio dei Pregadi con ammirazione. Morì nel 1656 di 78 anni e fu sepolto come il padre nella Chiesa dei Servi. A l'uno e all'altro Eleonoro pose quivi onorifico elogio e un busto marmoreo, che ora si trovano nella villa di S. Sebastiano a Monte Berico.

Andrea di Stefano, I. R. Ciambellano, Podestà di Vicenza dal 10 Giugno 1827 al 12 Febbraio 1834. Morì il 30 Marzo 1861.

Gaetano di Nazario, Cavaliere dell'Ord. Imp. Austriaco della Corona di Ferro di 3.ª classe, Podestà di Vicenza dal 12 Marzo 1856 al 1 Maggio 1860. Morì l'11 Maggio 1874.

VALMARANA N. V.

La stessa, accompagnata nel canton sinistro del capo da una corona dello stesso. *idem.*

Alias. Inquartato; nel 1. e 4.º d'azzurro alla banda di fusi accollati d'oro, accompagnata nel canton sinistro del capo da una corona da nobile dello stesso; nel 2.º d'oro, all'aquila bicipite di nero coronata dello stesso; nel 3.º di rosso, al drago di verde posto in palo. *Cod. Revese e V. Gonzati.*

Alias. Inquartato; nel 1.º e 4.º allo stemma dei Valmarana N. V.; nel 2.º d'oro, all'aquila bicipite di nero coronata d'oro, nel 3.º di rosso, al drago alato di nero posto in palo e coronato d'oro. (*Raccolta di stemmi presentati all' I. R. Commissione Araldica*).

VANDINELLI (*Valdinelli*)

Di verde, al cavallo rampante di nero, collarinato d'oro, attraversato da una fascia d'oro, caricata di tre rose di verde, ed accompagnato in capo da una stella cadente di sei raggi d'oro. *Cod. Schio*

Venne a Vicenza da Lonigo. Avea casa in Carpagnon e sepolcro alla Cattedrale. Estinta nei Pasini.

VARESE

Inquartato; nel 1.º e 4.º cinque punti d'argento equipol-lenti a quattro di rosso; col capo del primo, caricato di tre gigli di rosso, in forma di mughetti, inclinati nel 1.º verso destra e nel 4.º verso sinistra; nel 2.º e 3.º d'argento pieno; con due spade di rosso, in fascia, attraversanti, la prima sui primi due quarti, la punta a destra, e la seconda sui due ultimi quarti, la punta a sinistra. Sul tutto d'argento, al leone d'oro, e al capriolo caricato di rosso, movente dal fianco destro del sopratutto, attraversante sul leone. *Cimiero*: Un leone nascente d'oro. *Cod. Schio*.

Famiglia originaria della Liguria, inscritta nel libro d'oro del patriziato dell'antica Repubblica di Genova, trasferitasi in Corsica. Seguì in Francia e in Ispagna le sorti di Napoleone, dopo la cui caduta si stabilì in Vicenza. Il titolo di Marchese annesso a un maggiorasco già posseduto dalla famiglia in Ispagna (1) risulta autentico da due lettere patenti del Re di Spagna, di cui Gaetano Varese, avolo dei viventi, era governatore dei reali palazzi di Aranjurz.

(1) Durante la dominazione Napoleonica i Varese coprirono in Francia e in Ispagna cariche militari e di corte.

VECCHIA (*Vecchia*)

D'oro, ad una vecchia in piedi vestita d'argento, tenente nella mano destra una rocca posta a palo e un gomitolo pure d'argento nella sinistra. *Cod Revese*.

Alias. D'azzurro, alla vecchia vestita di rosso col grembiale d'argento, tenente colla mano sinistra una rocca posta a palo. *Cod. V. Gonzati*.

Alias. Spaccato; nel 1.º d'argento, alla vecchia nascente vestita d'azzurro col grembiale d'oro e cintura rossa tenente nella destra una rocca in palo e nella sinistra un libro sotto il braccio; nel 2.º losangato d'azzurro e d'oro con una riga rossa sulla spaccatura. *Raccolta di stemmi presentati all'I. R. Commissione Araldica*.

Angelo ebbe a prestito da Lelio Bonin Longare un posto in Consiglio Nobile il 31 Dicembre 1776. Confermati nobili con Sovrana Risoluzione 8 Luglio 1820. L'Imperatrice Maria Teresa con diploma 18 Settembre 1743 insignì Angelo ed Alberto dalla Vecchia del titolo di Conti di Mantova, trasmissibile ai soli primogeniti.

- Avea sepolcro a Santa Corona.

Estinta nella famiglia Da Porto-Barbaran erede.

Avea case al Motton S. Lorenzo, dove nel 1750 Angelo Vecchia eresse un grande palazzo di buon stile barocco su disegni dell'architetto Giorgio Massari.

VELO (di). (*De Vello*)

Di rosso, ad una vela triangolare d'argento gonfiata. *Cimiero:* Un'oca uscente d'argento, imbeccata di rosso col volo levato. *In tutti i codici.*

Famiglia antichissima che dominò la Valle di Velo Vicentino. Quivi ebbero un fortissimo castello, eretto in tempi assai lontani, dove nel 1288 gli uomini di Folgaria giurarono fedeltà a Uderico e Fredolfo Velo come loro signori, investendoli di feudi, terre e possessi. L'investitura di Velo con titolo comitale le fu rinnovata da Giovanni Galeazzo Visconti Vicario Imperiale e dal Senato Veneto che le concesse pure il feudo di Arsiero.

Fu ascritta al Consiglio Nobile di Vicenza, dove nel 1510 avea otto posti. Era pure aggregata al Nobile Collegio dei Giudici. Fu confermata nell'avita nobiltà e nel titolo Comitale con Sovrane Risoluzioni 8 Luglio 1820 e 13 Aprile 1829.

Avea case in Carpagnon, dove sul finire del 1600 eressero un palazzo di stile della decadenza. Quivi il conte Giambattista di Velo ospitò con magnificenza nel 1709 Federico IV. Re di Danimarca. Case avea pure in Contrà Lodi e Cantarane, dove innalzarono pure un grande palazzo di stile barocco, con disegno dell'architetto Muttoni, nel 1707.

I sepolcri dei Velo erano a Santa Corona e ai Servi.

Giovanni, filosofo e teologo, fu da Papa Benedetto VII. eletto inquisitor generale contro gli Eretici nella Marca Trivigiana.

Girolamo, fu creato Vescovo di Larino nelle Puglie il 6 Marzo 1591 e meritò il nome di « Padre dei Poveri ».

Giovanni Battista di Scipione fu cameriere d'onore e Consigliere Aulico dell'Imperatore Carlo VI. Gonzaga, ultimo duca di Mantova, lo inviò a Federico IV. Re di Danimarca per indurlo ad accettare le condizioni della Corte di Vienna sopra i suoi stati. Federico alla sua volta lo mandò ambasciatore in Francia.

Girolamo Egidio di Girolamo, uno dei più colti ma un tempo dei più bizzarri ingegni del suo tempo, intimo a Gino Capponi, amico del Nicolini e del Foscolo, passò buona parte della sua vita viaggiando non solo in Italia, ma in Francia, in Germania e nell'Inghilterra. Nel suo soggiorno di quattro anni a Roma scavò nelle Terme di Caracalla e in quelle di Diocleziano molti frammenti di marmi preziosi, e altri oggetti antichi, che legava alla sua città natale. Lasciò una somma cospicua perchè fosse eretto nel Cimitero di Vicenza un grandioso monumento ad Andrea Palladio. Morì nel Febbraio 1831 e Gino Capponi ne scrisse l'elogio funebre nell'Antologia di Firenze.

Isabella di Girolamo, donna coltissima, maritata all'ultimo Scroffa, vive nelle sue lettere. Morì il 31 Luglio 1831. Il marito erede le fece erigere dallo scultore Bartolomeo Ferrari uno splendido monumento. Dopo la sua morte i manoscritti, i libri, le opere e gli oggetti d'arte di cui avea fatto con tanto amore raccolta, furono miseramente sperperati.

VENEZIANA (della)
(De la Venetiana, De Zianis, De Rayneriis).

(Non si conosce lo stemma).

Famiglia ascritta al Consiglio Nobile di Vicenza dove nel 15!0 avea un posto.

VENIER N. V.

Fasciato di rosso e d'argento. *Cod. Revese e Dall'Acqua.*

Famiglia Patrizia Veneziana che la tradizione dice emigrata da Vicenza a Venezia al tempo della irruzione di Attila.

VERLATO (De Verlatis)

D' argento, a sei ciliege di rosso, fogliate di verde, i gambi in alto, disposte 3, 2 e 1. *Cod. Revese, Dall'Acqua V. Gonzati. e I. R. Comm. Araldica.*

Alias. La stessa, in petto ad un' aquila dell' impero in campo d'oro. *Cod. Revese, Schio e V. Gonzati.*

Famiglia antica. Ebbe la Signoria di Villa-Verla. Fu ascritta al Consiglio Nobile di Vicenza. Nel 1510 avea sei posti. Era pure aggregata al nobile Collegio dei Giudici.

I Verla o Verlato si trovano inscritti col titolo di Conti nell'aureo Libro dei Titolati. Furono confermati nobili con Sovrane Risoluzioni 5 Maggio e 8 Luglio 1820. Estinta nella famiglia Dalla Negra.

Nel secolo XIII aveano i Verlato case in città presso la piazza dove è oggi il Capitaniato. La vendettero poi al Comune. Ebbero case sull'Isola, al Corpus Domini e a S. Francesco Vecchio.

Avea sepolcri a Santa Corona.

VERME (dal)

D' argento, a due fascie di nero. *Cod. Revese.*

Il Podestà di Vicenza Domenico Malipiero ed i sapienti Deputati *ad utilia* per mostrare a fatti la loro gratitudine ad Alvise e Pietro Antonio figli del condottiero Jacopo Dal Verme per la donazione da essi fatta del Campomarzo ai Vicentini concedono a loro e ai discendenti tutti la cittadinanza Vicentina il 16 Giugno 1414.

VERNIA

Spaccato d'oro e di verde, alla fascia di rosso, attraversante sullo spaccato, accompagnata da tre olive 2 in capo e 1 in punta dall'uno all'altro, i gambi in alto. *Cod. Schio.*

Alias. D'argento, alla fascia di rosso accompagnata da tre grappoli d'uva, 2 in capo ed 1 in punta. *Cod. V. Gonzati.*

Nicolò Vernia di Chieti, medico e filosofo insigne pe' suoi tempi, ebbe sulla fine del 1400 la cittadinanza Vicentina. Amico degli Scrofa, dichiarò suo figlio adottivo quello di *Pietro Antonio*, dottore in medicina, del fu Francesco Scrofa. Morì a Vicenza il 4 Ottobre 1499 di 38 anni, e fu sepolto, dove egli stesso avea stabilito, in S. Bartolomeo. Gli fu eretto un bel monumento. Alla Biblioteca di S. Bartolomeo, ch'era nel Monastero dei Canonici Regolari, lasciò in morte i preziosi suoi libri.

VICEMANI

D'argento, alla fascia d'azzurro, attraversante sopra il leone rampante d'oro. *Cod. V. Gonzati.*

VICENTINI

Spaccato; nel 1.º d'oro, all'aquila di nero, coronata d'oro; nel 2.º d'argento, ad una biscia ondeggiante in fascia di azzurro, passante fra le aste di una V di rosso. *Cod. Revese, Dall'Acqua e V. Gonzati.*

Alias. Spaccato, nel 1.º d'azzurro, all'aquila di nero coronata dello stesso; nel 2.º d'argento, alla biscia ondeggiante in fascia di nero, passante fra le aste di una V di nero. *Cod. Vinc. Gonzati.*

Mattio Vicentini coi suoi discendenti viene aggregato alla cittadinanza nobile di Vicenza il 12 Febbraio 1740.

VICENTINI DAL ZIO o DAL GIGLIO (*Vicentinus a Lilio*).

Inquartato; nel 1.º e 4.º alla prima arma Vicentini; nel 2.º e 3.º d'azzurro, al giglio d'oro. *Cod. Revese, Schio e V. Gonzati.*

È un ramo della famiglia nobile precedente, che assunse il prenome di
dal Zio o dal Giglio. Si estinse il 30 Settembre 1834 con *Carlo* di Matteo, uomo
benefico e cultore appassionato delle arti belle. Morendo lasciò a Vicenza la sua
ricca collezione di pitture, più volte citata nella storia pittorica del Lanzi.
I Vicentini aveano case in San Silvestro e sepolcro nella Chiesa omonima.

VICENTINI

Spaccato d'azzurro e d'argento, ad un girasole d'argento;
fogliato e terrazzato di verde attraversante del tutto, accompagnato in capo da due stelle di sei raggi d'argento. *Divisa:*
Omni contraria labi. *Da Diploma di dottorato di Silvio Vicentini, 1659.*

VIDALE (*Vidale, Vitalis, De Vitalibus*)

(*Non si conosce lo stemma*).

Bernardino fu Antonio ebbe in dono il 10 Giugno 1547 un posto in Consiglio Nobile da Giacomo Velo.

VIOLA (*Violla*)

(*Non si conosce lo stemma*).

Pietro Viola ottenne per se e discendenti dal Consiglio la cittadinanza
Vicentina l'11 Marzo 1540.
Comperò un posto in Consiglio Nobile da Stefano Angàran il 30 Gen-
naio 1556.
Avea sepolcro a San Lorenzo.

VITELLA (*Vitella*)

(*Non si conosce lo stemma*).

Francesco fu Francesco Vitella e discendenti ottennero dal Consiglio la
cittadinanza Vicentina il 7 Gennaio 1571. Lo stesso comperava da Bernardo
fu Luigi Antonio Massaria un posto in Consiglio Nobile l'11 Luglio 1571.

VITRIANI (*De Vitrianis*)

Losangato d'oro e di nero, col capo d'oro, sostenuto da
una fascia di nero orlata di rosso. *Cod. Revese e V. Gonzati.*

Famiglia antica. Fu ascritta al Consiglio Nobile di Vicenza, dove nel 1510 avea un posto. Si estinse nel principio di questo secolo nelle nobili famiglie Fontana, Tornieri e dal Toso.

Avea sepolcro alla Cattedrale.

VIVARO (De Vivariis)

Spaccato d'argento e d'azzurro. Cod. Revese, Dall'Acqua e V. Gonzati.

Alias. Spaccato di verde e d'azzurro. Cod. V. Gonzati.

Famiglia potente a Vicenza nei secoli X[T], XII e XIII.
Aveano case in Pustarla, di fronte alla distrutta Chiesa di S. Marco.
Una famiglia Vivaro avea sepolcro ai Servi nel 1627.

VIVIANI

D'azzurro, alla fenice di nero sull'immortalità di rosso risguardante un sole d'oro posto nel primo cantone. Da Diploma di dottorato in medicina di Francesco q. dottor Giovanni Viviani.

Originaria da Montebello dove nel secolo XVII venne in possesso di quel Castello.
Ebbe sepolcri a San Lorenzo e a San Faustino.
Giovanni Maria di Luigi, nominato il 6 Luglio 1892 Vicario Capitolare, in seguito alla morte del Vescovo Antonio Maria De Pol. Cessò il 27 Maggio 1893 alla venuta del novello Vescovo dottor Antonio Feruglio di cui è Vicario Generale.

VIVORIO

Interzato in fascia; nel 1.º d'argento, all'aquila di nero coronata d'oro; nel 2.º bandato d'argento e d'oro ad un ramo di verde attraversante sul tutto; nel 3.º d'azzurro, al pesce d'argento posto in fascia. Cod. Schio.

Famiglia di orefici nel secolo scorso, illustrata da Francesco Giovanni, più noto sotto il nome monastico di Agostino. Matematico e idraulico insigne, onorato da Accademici e da Principi, lasciò molte opere degne della fama ch'ebbe in vita. Morì il 22 Agosto 1822 Era nato il 23 Settembre 1743.

VOLPE (dalla). (*A Vulpe*)

D' azzurro, ad una volpe rampante d' oro. *Cod. Revese, Dall'Acqua, Schio, e V. Gonzati.*

Fioriva a Vicenza nel secolo XIV. Che sia venuta di Germania con molta probabilità è una favola. Fu ascritta al Consiglio Nobile di Vicenza dove nel 1510 avea cinque posti. Era pure aggregata al nobile Collegio dei Giudici. Si estinse nella famiglia Carcano.

Avea case alle Gazzole, dove Brunoro nel 1532 eresse un palazzo di stile classico, e fuori di Porta Lupia a pie' del Monte Berico. Quivi i Volpe nel secolo XVIII edificarono un palazzo pittoresco (oggi di Gaetano Roi) in cui ospitarono il Principe di Brunswick, il Principe di Polignac e l'Imperatore Leopoldo.

I sepolcri dei Volpe erano a Santa Corona, a S. Francesco Novo e alla Misericordia. Il monumento di Brunoro, disegnatogli dal Palladio ed eretto in Santa Corona, fu trasportato a San Lorenzo nel 1839.

Nicolò fu lettor pubblico in Bologna dal 1440 al 1460 di rettorica, grammatica e poesia. Il Perotti lo loda come uno dei ristoratori delle buone lettere.

Battista, uomo erudito, Abate dei Crociferi in Vicenza, fu amico di Enea Silvio Piccolomini, per compiacere al quale prese il nome di *Enea* quando il Piccolomini fu assunto al Pontificato col nome di Pio II.

Giambattista, Cavaliere, abilissimo ne' maneggi politici, ebbe parte non piccola, col nipote Antonio Gislardi, nei negoziati avvenuti in Roma e altrove per le nozze di Ivan III di Russia con Sofia Paleologo, e fu carissimo ai due sposi. Accompagnata da Giambattista la bella Principessa venne a Vicenza a mezzo il Luglio 1472, dove ebbe liete accoglienze in casa di Leonardo Nogarola e nella villa di Trevisano dalla Volpe in Nanto.

VOLPE-BORSELLO

Inquartato; nel 1.º e 4.º d' azzurro, alla volpe rampante d'oro; nel 2.º e 3.º di rosso a tre fascie merlate e contradoppiomerlate d'argento. *Cod. Revese e V. Gonzati.*

ZACCARIA

Di ... , al giglio di ..... *Cod. Schio.*

Fioriva a Vicenza nel secolo XVII e avea sepolcro in San Pietro.

· ZACCHI

Scaccato di azzurro e d'argento. *Cod. Revese.*
Alias. Scaccato di verde e d'argento. *Cod. Dall' Acqua.*

Nobili Padovani. Il loro stemma è tra quelli delle famiglie ascritte al Consiglio Nobile di Vicenza.

ZAGO (*Zago*)

D' azzurro, alla fascia d'argento, caricata da una fascia increspata di rosso, accompagnata in capo da un sole d'oro, e in punta da un avambraccio in palo, vestito di rosso, movente dalla punta dello scudo, coll' indice levato; detto braccio accostato da due stelle d'oro di sei raggi *Cod. Dall' Acqua.*
Alias. La stessa, colla sola fascia d'argento. *Cod. V. Gonzati.*

I Deputati visti i documenti presentati da Ortensio Zago per dimostrare la sua cittadinanza fino dal 1660, la fissano a quell'epoca con speciale decreto il 3 Aprile 1719. Il 21 Decembre 1721 fu dichiarato capace del Consiglio de' 500 e de' 150. Pietro Ortensio di Pietro Maria eredità un posto in Consiglio Nobile da Francesco Savioli con testamento 15 Febbraio 1732.
Avea sepolcro alla Cattedrale.
Ortensio Zago archeologo e idraulico. Nel 1721 fu richiesto dal Senato Veneto sul modo più facile per migliorare la Laguna e i porti di Venezia. Per ricompensarlo dell'opera sua il Doge Giovanni Cornaro lo decorò del titolo di Cancelliere. Morì di 83 anni il 18 Ottobre 1737. Era nato il 23 Gennaio 1654.

ZAGO-SAVIOLI

Partito; a destra d'azzurro, alla fascia d'argento, caricata da una fascia increspata di rosso; a sinistra interzato in palo d'oro, d'azzurro e di rosso. *Cod. Dall'Acqua e V. Gonzati.*
Alias. La stessa. interzata d'oro, d'argento e di rosso. *Cod. V. Gonzati.*

ZAMBONI (*Zambonus*)

Spaccato; nel 1.° d'azzurro, ad una colomba d'argento, tenente nel suo becco un ramoscello d'olivo di verde; nel 2.°

d'argento, ad un avambraccio vestito di rosso, movente dal fianco sinistro, impugnante cinque spighe fogliate d'oro. *Cod. V. Gonzati.*

Pietro Zamboni domanda la cittadinanza Vicentina il 23 Agosto 1608. Lodovico l'ottiene il 27 Dicembre 1625. Francesco di Lodovico eredità un posto in Consiglio Nobile da Giovanni Biasio Malchiavelli il 31 Dicembre 1631. Avea sepolcro alla Cattedrale.

ZANCAN (*De Zanchanis*)

(Non si conosce lo stemma).

Famiglia ascritta al Consiglio Nobile di Vicenza. Nel 1510 avea due posti. Avea sepolcro a San Lorenzo.

ZANECHIN (*De Zanechinis, De Zanechino*).

(Non si conosce lo stemma)

Famiglia ascritta al Consiglio Nobile di Vicenza Nel 1510 avea sei posti. Era pure aggregata al nobile Collegio dei Giudici. Estinta da molto tempo vive per le generose disposizioni di Giulio di Giuseppe, il quale con testamento 21 Ottobre 1629 stabiliva, poichè con lui estinguevasi la sua famiglia, di mantenere co' suoi beni tre o quattro giovani, ognuno pel corso di cinque anni, allo studio di Padova. Compiuti i cinque anni quello di loro fosse stato riputato il migliore dal Collegio dei Giudici dovesse godere, *sua vita durante*, di tutte le sue entrate. Alla morte del beneficato doversi ritentare la prova e così all'infinito. Oggidì le condizioni sono mutate, e coi beni di Giulio si mantengono costantemente quattro giovani allo studio di legge.

ZANON (*Zenonus, Zanonus, De Zanonis*)

(Non si conosce lo stemma).

Famiglia ascritta al Consiglio nobile di Vicenza. Nel 1510 avea un posto. Avea sepolcro a Santa Corona.

ZELEMIA (*De Zelemia*)

(Non si conosce lo stemma).

Famiglia ascritta al Consiglio Nobile di Vicenza. Nel 1510 avea un pòsto.

ZENERE

Spaccato; nel 1.° d' azzurro, al giglio d'oro accostato da due stelle dello stesso di otto raggi, il tutto disposto 1 e 2; nel 2° bandato d' argento e di rosso. *Da Diploma di dottorato di D. Girolamo Zenere, 1738.*

Fioriva questa famiglia a Vicenza nel secolo scorso, dedita alle lettere.

D. *Girolamo Zenere*, dottore in Sacra Teologia, lettore di fisica, fu benemerito in vita e in morte dell' Accademia Olimpica.

ZENTILATI (*Zentilatus*)

(*Non si conosce lo stemma*).

I Deputati dichiararono il 29 Settembre 1667, Giovanni fu Giovanni Zentilati di Voltolina cittadino Vicentino. Lo stesso Giovanni ebbe a prestito da Giacomo Piovene un posto in Consiglio Nobile il 31 Dicembre 1667.

ZILERI DAL VERME DEGLI OBBIZI

Inquartato; nel 1. e 4.° d' azzurro al giglio di giardino fiorito di tre pezzi d'argento, gambuto e fogliato d' oro; nel 2.° e 3.° contrinquartato: nel I e IV fasciato di rosso e d'argento di otto pezzi, la seconda fascia di rosso caricata d'una palla d'oro alla bordura dello stesso; nel II e III fasciato d'azzurro e d'argento di quattro pezzi. Sul tutto d'argento a una testa e collo di mostro al naturale, collarinato d'oro, incatenato dello stesso, la catena tenuta da un braccio di carnagione, vestito di rosso e posto in palo. *Del Diploma Ducale 5 Agosto 1856.*

Erede della illustre famiglia Loschi ne prese il posto in Vicenza. È originaria da Parma, dove il 7 Aprile 1728 venne dichiarata capace di esser ammessa fra i Nobili Piazzesi del Consiglio Generale di Parma.

L' Arciduchessa Maria Luigia d'Austria, duchessa di Parma e di Piacenza, con diploma 7 Aprile 1836 creò Conte il nob. Giulio Zileri con tutti i suoi discendenti d'ambo i sessi. Pel suo matrimonio con Lucrezia Dal Verme, primogenita del conte Luchino Dal Verme, ultimo della linea piacentina di questa illustre casa, la famiglia Zileri assunse il cognome Dal Verme e ne inquartò lo stemma, ottenendo dalla Duchessa di Parma il 5 Agosto 1856 facoltà di assumere i titoli della famiglia Dal Verme, e di aggiungere al proprio anche il cognome della nob. famiglia dei márchesi degli Obbizi estinta in casa Dal Verme, pel matrimónio di Lugrezia degli Obbizi col conte Federico Dal Verme, avo del predetto conte Luchino.

Roberto Zileri dal Verme di Camillo, Commendatore dell'Ord. Costantiniano di S. Giorgio, Sindaco di Vicenza dal 5 Maggio 1896 al 12 Giugno 1897.

ZILIO

D' argento, al pozzo al naturale terrazzato di verde, accompagnato in capo da una stella di otto raggi d'oro. *Cod. V. Gonzati e da un dipinto di famiglia.*

Zilio fu Michele e Giovanni e Gregorio suoi figli, dalle chiuse di Castelgomberto, vengono ascritti alla cittadinanza vicentina con ducale 28 Gennaio 1409.

Fu erele della famiglia Pozzo.

ZIO (dal) o DAL GIGLIO

D' azzurro, al giglio d'oro. *Cod. Schio.*

Vedi : Vicentini dal Zio.

ZOGA (dalla). (*A Zoga*)

Di . . . . , alla banda di . . . . . caricata di un' aquila posta in sbarra. *Cod. Schio.*

Venne da Firenze a Vicenza nel 1266 dice il Pagliarino. Fu ascritta al Consiglio Nobile dove nel 1510 avea cinque posti. Era pure aggregata al nobile Collegio dei Giudici.

Avea cappella e sepolcro alla Cattedrale.

Fu erede dei beni Bastiani, prima dei Secula. Estinta.

ZORZI
(*De Georgiis de Bergamo, De Jeorgis, De Jorgiis, Georgius, Zorzi*)

D'argento, alla fascia di rosso, caricata di tre stelle di otto raggi del campo. *Cod. Revese, Dall'Acqua V. Gonzati, e I. R. Comm. Araldica.*

Antonio fu Gregorio comprò il 1 Gennajo 1562 dá Francesco Orgian erede Franceschini un posto in Consiglio Nobile di Vicenza,

Rodolfo II. Imperatore con diploma 18 Ottobre 1576 creò i fratelli Sebastiano, Giuseppe e Antonio Zorzi di Antonio Nobili dell' Impero.

Antonio dei Conti Sforza principe del Sacro Romano Impero creò il dottor Michelangelo Zorzi di Vicenza cavaliere aurato e Conte del Sacro Palazzo Lateranese il 14 Ottobre 1694, titoli che gli furono riconosciuti dalla Veneta Repubblica. Fu letterato, archeologo e bibliotecario per 22 anni della Bertoliana. Pubblicò parecchi scritti storici e letterari. Molti rimasero inediti fra cui la *Vita di Giangiorgio Trissino* e *Vicenza illustre per lettere*, ossia catalogo degli Scrittori Vicentini. Morì il 19 Febbraio 1744. Era nato il 16 Dicembre 1671.

Questa famiglia venne confermata nobile con Sovrana Risoluzione 22 Settembre 1820. Erede dei Giustiniani ne assunse il nome.

Avea sepolcri a S. Antonio presso alla Cattedrale, a S. Biagio, e a Santa Maria degli Angeli. Case a S. Francesco Novo, quelle dei Giustiniani.

ZUFFATO (*De Zuffatis*)

Partito di rosso e d'azzurro, al sinistrocherio vestito di rosso, impugnante colla mano di carnagione un riccio di capelli di nero, in palo, attraversante sulla partizione. *Cod. Revese e V. Gonzati.*

Alias. La stessa, ma partito di rosso e di verde. *Cod. Dall'Acqua.*

Venne a Vicenza da Imola. Erano mercanti. Fu ascritta al Consiglio Nobile dove nel 1510 avea due posti. Estinta.

ZUGLIANI (*De Zugliano, Zoianus*)

Spaccato; nel 1.º d'azzurro, ad una croce latina d'argento, movente dalla partizione, ed accostata da due stelle d'oro; nel 2.º d'azzurro, a tre bande d'oro; colla fàscia dello stesso attraversante sulla partizione. *Cod. Revese, Dall' Acqua e V. Gonzati.*

Alias. La stessa, senza la fascia. *Cod Schio.*

Alias. Spaccato; nel 1.º d'oro, ad una croce latina di rosso, accostata da due stelle dello stesso; nel 2.º d'azzurro, a tre bande d'oro, colla fàscia di rosso attraversante sulla partizione. *Cod. Dall'Acqua.*

Alias. Bandato di.... e di..... col capo di...... a

14

una crocetta di . . . . . . accostata da due stelle di sei raggi. *Cimiero:* Un braccio uscente, impugnante una spada posta in fascia. *Divisa:* Incerti quo fata ferant. *Dal Cod. C. 10, 21 della Bertoliana.*

Antonio fu Francesco ottenne la cittadinanza Vicentina con Ducale 28 Gennaio 1405.

Questa famiglia ascritta al Consiglio Nobile di Vicenza. Nel 1510 avea cinque posti. Era pure aggregata al nobile Collegio dei Giudici.

Avea sepolcro ai Carmini e a Santa Corona. Casa a Porta Nova, venduta negli ultimi tempi a Pietro Gnoato.

Un Zugliano, probabilmente *Girolamo* di Antonio, scrisse una Cronaca di Vicenza dove con l'ingenua favella nativa narra i fatti del tempo in cui egli visse, memorandi per la famosa lega di Cambrai.

FAMIGLIE BASSANESI

ascritte al Consiglio di quella città dichiarato Nobile con Ducale 27 Dic. 1760.

(Le Armi furono descritte nel *Giornale Araldico-Genealogico-diploma-tico*. Anno XX., N. 12, come fu avvertito nella prefazione a pag. 12).

* Agostinelli
Albertoni
Albrizzi
Angaran
* Antonibon
Appolonio
Austoni
Bacchis
Baggio
Barbieri
Baroncelli
Baroni
Baseggio
Bassani
* Bellavitis
Beltramini
* Bertagnoni
Bertoncelli
Bombardini
Bonamico
Bonfadini
Boninsegne
* Bortolazzi
Bovolini
Bricito
* Brocchi, Brocchi Colonna
* Caffo
Campesani
Capovilla
Cappello

Castellan
* Cerato
Cimberle
Como
* Compostella
Corno (dal)
Corradini-Cabianca
Costa
Facci-Negrati
Fava
Forcatura
Freschi
Gardellini
Golini
* Gosetti
Gradenigo
Grigno
Groppelli
Guadagnini
* Locatelli
* Lugo
* Maello
Mainardi
Matteazzi
Miazzi
* Michieli
* Mimiola
Navarini
Negri
Nosadini

Parolini	Sartori-Canova
Perli	Scolari
Perli Remondini	* Stecchini
Ponte (da)	* Tattara
* Porta (dalla)	* Trivellini
* Remondini	Uguccioni
* Riva (dalla)	Verci
* Roberti	Villa
Romano (da)	* Vittorelli
Rossignoli	Zambelli
* Sale	Zamberlan
* Sartori	Zanchetta

N. B. Le Famiglie segnate con un asterisco sono registrate nell' *Elenco Ufficiale definitivo delle Famiglie Nobili e Titolate del Veneto* approvato con Decreto Reale 19 Dicembre 1897. — Roma, Civelli, 1898.

Le famiglie Bellavitis e Roberti, oltre che la nobiltà cittadina, hanno titolo Comitale. I Remondini oltre che Nobili Bassanesi sono Nobili Ferraresi e Bolognesi.

Napoleone I. con diploma 29 Settembre 1809 creava Ugo Bernardo conte Maret *duca di Bassano*. Il Maret nacque a Dijon il 22 Luglio 1763. Nel 1785 era a Parigi. Tenne prima dai giacobini, poi si dedicò alla difesa della monarchia costituzionale. Dopo gli avvenimenti del 10 Agosto 1792 entrò, sotto Lebrun, come capo di divisione nel ministero degli esteri e verso la fine dell'anno fu inviato ambasciatore a Londra, ove fu congedato nel 1793. Inviato a Napoli in missione fu arrestato per via dagli Austriaci e condotto prima a Mantova poi a Kufstein. Nel 1795 riebbe la libertà e ritornò a Parigi. L'anno seguente fu chiamato al Consiglio dei Cinquecento. Dopo la rivoluziono del 18 brumajo, ch'egli favorì, Bonaparte lo nominò segretario generale dei Consoli e poco dopo segretario di Stato. Procacciatasi la confidenza di Napoleone, lo accompagnò in tutte le campagne, in tutti i Congressi e lo aiutò negli uffici più delicati. Dopo la ritirata di Russia andò a Parigi, assunse il ministero della guerra e domandò al Senato il reclutamento di un nuovo esercito di 350,000 uomini. Maleviso dovette cedere a Caulaincourt il ministero, pur rimanendo in grazia all'Imperatore cui si mantenne fedele fino alla partenza da Fontainebleau. Durante i Cento Giorni assunse nuovamente il segretariato di Stato. Dopo la battaglia di Vaterloo e il ritorno di Luigi XVIII, fu espulso dalla Francia, e solo nel 1819 ottenne licenza di farvi ritorno. Luigi Filippo lo nominò Pari di Francia il 20 Novembre 1831, e nel Novembre 1834 gli affidò la presidenza del Consiglio e il portafoglio dell'interno che tenne soltanto per pochi giorni. Ritiratosi a vita privata morì non molto dopo, nel 13 Maggio 1839. Il figlio Napoleone conte Maret, duca di Bassano, nato il 2 Luglio 1803, morì il 21 Maggio 1898. Non lascia che tre figlie: Paolina, Clara e Maria, e due sorelle: Maria e Carolina.

FAMIGLIE VICENTINE

ricordate nelle *Cronache* del Pagliarino e desunte
dal testo originale latino.

(Le Cronache di Vicenza di Giambattista Pagliarino furono scritte nella
seconda metà del secolo XV. (1450-1480). Il Pagliarino ricorda anche famiglie estinte al suo tempo).

Abbatibus (de)
Abriana, Abrianus de Insulis
Adhelmarijs
Agrapati
Albertinello, de Albertinello
Albetone, de Albetone
Alberici, de Alberico
Alexio (de)
Alianis (de)
Alleardi
Alonte, de Alonte
Altavilla (de)
Amatores, de Amatore, de A-
matoribus
Amistade
Anchis (de)
Andalo (de)
Angarano (de)
Angussolis (de)
Anzolellis (de)
Aqua (ab)
Armis (ab)
Arnaldi, de Arnaldo
Arnasino, de Arnasino
Arnoaldi
Arpolini
Arserio
Artusio (de)
Arzignano (de). Est alia fami-
lia de Arzignano, quae de

Franco dicta est. Est alia
familia de Arzignano quae
dicta est de Valentibus.
Auréliani, de Aureliano
Aurifficibus (de)
Avancij, de Avantiis
Avenates
Aviano
Avocati
Aymerico (de)
Aymis, de Aymo
Bachilione (de)
Bagarotis (de)
Bagnolo, de Bagnolo
Bagoti, de Bagotis
Bailardini, de Bailardino de
Seratico
Baldanutijs (de), Baldanutius
de Florentia
Baldo, de Baldo
Ballisterij
Balzanelli, de Balzanellis
Barbarano (de), haec familia
prius dicebatur de Miro-
nibus.
Barbazane, de Barbazane
Bardi, de Bardis
Bardino (de)
Baretta, Bereta
Bassano (de)

Bastiani, de Sancto Bastiano de Verona, de Bastianis.
Beccha
Belaxoro, de Belaxoro
Belella
Belgarzone
Bellecarne
Bellones, de Bellonibus
Bellotti
Beltramino (de) -
Benassuti
Bencij, Bentij
Berardi, de Berardis
Beretini, de Beretino
Bergola
Berni, de Bernis
Berrica (de) quam de Poveglanis multi esse aiunt.
Bertelli
Bertino (de)
Bertoloti de Pusterla .
Bettone (de), sive alio nomine Zanchana, de Zambonetis de Bettone.
Bezelere
Bichi, de Bicchis
Billis (de)
Bissarius, Bissarij
Bivilaqua, de Bivilaquis
Blado (a)
Blancho, de Blancho
Boccabassa
Bompetro
Bonamente, de Bonamentis, Bonamentis a Seta de Verona
Bonamici, de Bonamico, de Bonamicis
Bonapace, de Bonapacis
Bonavia, de Bonavia
Bonconseio
Boncursio
Boni
Boniudei
Bonini
Boniti, de Bonitis

Borsellis (de), de Borsellis de Padua
Borserij
Borsones
Bortolotto (de), de Bortoloto de Pusterla, de Bortolotis de Montemaladi.
Bossij
Botacini
Botarino
Botteselli .
Bragis (a)
Braida .
Brandalino
Brandello
Branditio (de)
Braschis (de)
Bravi
Brazzoduro (de)
Bregantiarum comites, de Bregantiis.
Brendulis (de)
Brissi
Broia (de), quae et alio nomine dicitur de Persico, de Broia de Persico
Broxomino (de), de Bruxominis. In urbe Patavina, in qua aiunt primam eorum originem fuisse, de Sancta Lucia appellati sunt.
Brugnolus, de Brugnolis
Brunicheta
Bruni, de Bruno
Brusabarchi
Brutamusa
Bruttofante
Bucca de cane
Buccalonga
Buccastorta.
Bugano, de Bugano
Burgo (de)
Bussionibus (de)
Cabalariis (de)
Cabiancha, de la cha bianca
Cadalugo

Cadiani, de Cadianis
Cagnetis
Calderariis (de), Calderarij
Calderijs (de)
Caldonia, de Caldogno
Callicenis
Caligine
Calvenis, de Calvenis
Calzavacha
Campesani
Campilia (de)
Cámutius, de Camutiis
Canatis (de)
Canibus (a), a Canibus de Leonico
Capasancta
Capello
Caphonis
Capite blanco, de Capite blanco
Capitibus bonis
Capone (de), Caponis
Caprellis (de)
Carbonenses, de Carbonensibus
Carceribus (a)
Carchino (de), a vulgo dicuntur Forcini
Caredello
Carmignano (de)
Carpo (de)
Cartrano (de)
Cartularij de Pusterla, de Cartularijs.
Carturio (de)
Casanavone
Castélgomberto
Castellini, de Castellinis
Castello, de Castello
Castelnovo
Catis (de)
Cavaiono (de)
Cavalcabobus (de)
Cavatia, de Cavatia
Cavazolis (de), de Cavazolis de Malado
Cavotorta
Cazabò

Cazotis sive de Cazeta
Cechino, de Cechino, aliter de Leonedo
Cenglis, de Cenglis
Centanove
Ceoltis, de Ceoltis
Cerratis (de), De Cerratis de Faventia
Cerreda
Cevoleti
Chiaperlinis (de)
Chiappino (de)
Christianello
Cignone
Cintrali
Cipriani
Ciriolis (de)
Cirmisones
Cividado (de), de Cividado Belluni
Clampo, de Clampo
Clarello, de Clarello
Clarimbaldi
Clementini
Clerigatis (de), de Clericatis
Clivone (de)
Clupano, de Clupanis
Cogollo (de)
Coienigris (de)
Collo
Colonia (de)
Columbi
Colzade (de)
Comites Vicentiae qui et Beroaldi dicti sunt.
Comitibus (de), dé Comitibus de Padua.
Conte, del Conte
Contina (della)
Coperij
Corbeta
Corbicis
Corlanzone, de Corlanzone
Cornedo, de Cornedo
Corneto (de)
Corvolo, de Corvolo

Costa (a), della Costa
Coza (del), Cozia de Montebello
Credatio, de Credatio
Crescentio (de)
Cresulis, de Cresulis
Cribellariis (de)
Cumis (de)
Custoza (de), de Custodia
Dena, de Dena
Dente, de Dente
Deolavantij
Dexente, de Dexente, de Dexenda
Diana, de la Diana
Digito, a Digito
Diomis
Doglone
Dolzani, de Dolzanis
Dominae Dulcis
Donella, de la Donella
Drago
Duabus Villis
Durato
Emilianis (de)
Esculo (de)
Faba
Fabris (de), Fabri de Montursio, Fabris de Berrica
Facino, de Facino
Faelli, de Faellis
Faiani, de Faiano
Falcerij, de Falcerijs
Falcibus (a)
Falzani
Fanticelli, de Fanticello, de Fantexello
Fantini
Fasoli, Fasollus
Favinati
Favrelli
Feramusca (ab annis ducentis citra haec famiglia de Cardino nuncupata est), de Feramusca.
Feraroli
Ferinati

Férragudi, de Ferragudis, Ferraguti
Ferrarij
Ferretus, de Ferreto
Ferro (a)
Figadi
Fineto, de Fineto
Flocardi, de Flocardis
Floramontes
Fontanellis, a Fontanellis
Forbiti
Fornace, a Fornace
Fornarij, de Fornarijs
Forzani
Fossa, a Fossa
Frabaldi, de Frabaldis
Fracanzanijs (de), de Fracanzanis da Verona
Gaietani, de Gaietanis de Marostica.
Galerio (de), de Galeria
Galiana, de Galiana, de Galiano
Galleti
Gallo, de Gallo
Gamba de cane
Gambellaria
Ganzera
Gardelli, de Gardellis de Mediolano, de Gardellinis de Scledo.
Garelli
Garzatoribus (de), de Gratianis
Gasparo (de)
Gastone, de Gastone
Gati
Gaudentii
Gazani, de Gazanis
Gazoti, de Gazotis
Gellano, de Gellano
Gilino
Gingiloto
Gipsi
Gislardi, de Gislardo
Godis (de), de Gudis
Gogo

Gomberti, de Gombertis
Gostino
Granchona
Grassi, de Grassis
Griffolini a Prata
Grimana, de Grimanis
Grippi, de Grippis
Grognello, de Grognello
Grumolo
Guadro, de Guadro
Gualdus, de Gualdo
Guarino, de Guarino
Guarisij, de Guarisio
Guarnerio (de)
Guarni, de Guarnis
Guazalori
Guerra
Guidolino (de)
Guizardi
Gurgo (a)
Hengeloto (de)
Henrigotis
Horetis (ab)
Horis (ab)
Insulis, de Insulis
Isella
Isepo, alio nomine de sancta cruce, de Isepo.
Isola (de l')
Iudei, de Iudeis
Iustini, de Iustinis
Iusto (de)
Janesello (de), Janeselli de Vello
Jebeto, de Jebeto
Julio (de), de Julio de Porta Sancti Petri
Lancia. Multi arbitrantur hanc familiam esse unam et eamdem cum illa de Lancijs.
Lanfranchi, de Lanfranchis de Pisis
Lanzade, de Lanzade
Laude (de)
Laurenzoli
Lavezarij, de Lavezarijs
Leocornis

Leonico (de)
Levada, a Levada
Levrena (de)
Liazario, de Liazario
Lieco (de)
Lignamine, a Lignamine
Limina, de Limina
Lino (a)
Litaldini, de Litaldo
Litolpho (de)
Liveria (de)
Lombardelli, de Lombardellis
Lombardi, de Lombardis
Longare (de)
Lucio, de Lucio
Lucio (de) et Castro novo
Lugo
Lupiani
Lupo de cane
Lupo, de Lupo
Luscus, de Lusco, de Luschis
Lyseria
Machagni
Machasola (de)
Magistro (de) Georgio de burgo Portaenovae
Magistro (de) Melchioro
Magnaferro
Magnagni, de Magnagnis
Magnega
Magrade (de)
Maiavacha
Malacapelli
Malado (de), de Galitianis de Malado. Est alia familia de Malado, quae dicta est de Siverijs. Fuit et olim quaedam familia de Malado, quae dicebatur de porta spada. Fuit et alia familia de Malado, quae dicebatur a Spatis; alia quae dicta est de clarijs de Malado; alia quae dicta est de Lavezarijs; alia quae dicta est de Porcello; alia quae dicta est

prius de Ubriachis postea de Butirone; alia quae dicta est de Liposis; alia quae dicta est de Cisotis; alia quae dicta est della Meza; alia quae dicta est de Cacetis; alia quae dicta est de Cavazolis;alia quae dicta est de Canatis; alia quae vocatur a Calderijs, et alia vocata est de Beretinis.

Malaffi

Malaflamma (de)

Malaspina

Malclavellis (de),de Malchavellis de Mutina

Maltraversi

Mamphredi, de Mamphredis

Mancini

Manelmi

Manente, de Manentis de Verona

Manganesijs (de), Manganesij de Monte Maladi

Marano (de)

Marchese, del Marchese

Marcoardini, Marchoardi

Margera

Marola, de Marola

Marostica, de Marostica

Martinello (de). Multi aiunt hanc familiam esse unam et eamdem cum illa del Tonso.

Mascharellis (de)

Massaria (de)

Matarelli

Maxelli, de Maxellis

Maxone, de Maxone

Maynellino

Maynente

Maza, de Maza

Mazolis

Meda, de Meda

Medicina

Medij, de Medijs, de Medio

Maiore, de Meiore

Meledo, de Meledo

Meliorantiis (de),de Meliorantia

Meliores, de Melioribus

Meliorinis

Melle, a Melle

Menati, de Menatis

Merzariis (de), de Merzariis de Valdagno

Meza (de la)

Millani, de Millanis

Minerbi; alio nomine dicebatur de Zarabellis.

Mirandola (de la)

Missij, de Missis

Modoetia (de)

Modono (de)

Moiecati

Mondini, de Mondino

Montanarij, de Montanarijs

Monte, de Monte

Montebelli, de Montebellò

Montegalda (de)

Montemedio, de Montemedio

Monticello (de) Leonici

Monticulo Maiori, de Monticulo Maiori

Mora, de Mora

Mcrachini, de Morachinis

Morisij

Morodelli sive de Morodello

Moti

Muffiati

Muleta

Muris (de), Murri

Mussati, de Mussatis

Mutiana, sive vulgari vocabulo Muzana

Mutijs (de), Mutij de Pusterla

Muzacavallo

Nanto, de Nanto

Nascimpacis

Negroppo, de Negroppo

Nespolis, a Nespolis

Nevius, del Nevo

Nicola, de Nicola

Nigris (de)
Nogarola, de Nogarolis
Novaria (de)
Novella, de Novello
Noventa
Oleo (ab)
Orglano (de)
Ottobellis
Ottone
Ottonellis (de)
Ovetarijs (de)
Pace (a)
Pacifici
Padavini
Pagani
Paiarinis (de), Paiarinis de Pusterla, de Paiarinis de cintrali
Paiello (de), de Paiellis, Paiellus
Palatio (a). Tempore Ducis Mediolani dicebantur de Lupo Blanco
Palazolo (de)
Pandecampi
Pane in corpo
Panensaco, quam nos vocamus de Trissino, de Panensaco de Trissino
Papalardi
Parialti
Pasinis (de), de Pasino de Credatio, de Pasino a Pectinibus.
Patriciani
Paulana (de)
Pegoloti, de Pegolotis
Peliparij
Peona
Peonibus (de)
Percatio (de)
Perino (de)
Perlis (de)
Perlo (de)
Peroti
Petra (a) de Trissino
Philippo (de)

Pignolati
Pilio (de)
Pilloti
Piparellis (de)
Pissolis (de)
Pitochi, de Pitocho
Piziga
Pizolo (de)
Planta porri
Plegaphecta
Plovenis (de)
Poetis (de)
Polcastris (de)
Poliana vel Podiana, de Poiana
Pone, de Pone
Ponte alto (de)
Porta (de)
Porta (de) spata
Porto (de), de Portis, Porti
Poya (de), Poia
Pradeo (de)
Praegetij, de Praegetio
Praessana, de Praessana
Primetij
Princijs, de Princijs
Principibus (de)
Princivales
Prioratis (de)
Prothi, de Prothis
Provincialis, Provincialis a Seta de Florentia
Pullicibus, Pulex
Pulzati
Pusterla, de Pusterla
Putheo (a)
Quinto (de)
Ragona
Rambaldi
Ravadello, de Ravadello
Ravagnani
Ravaxini, de Ravaxinis
Ravitiis (de)
Raxij, de Raxis
Raynaldino de
Raynone, de Raynonis de Porta sancti Foelicis

Regoli, de Regolis
Reguzini, de Regucino
Renaldis (de) quam alio nomine
    dalla Zucha juniores ap-
    pellant
Repeta (haec quidem familia
    prius de Mamphredis dicta
    est, postea de Trevisolis), de
    Repetis
Rhodo, de Rhodo
Riali, de Rialis
Ricio (de)
Ripa, de Ripa
Ro
Robino, de Robino
Rocha
Rocha (de la)
Rodigio (de)
Roma (a), de Roma
Romedio
Roncheta
Rosseti
Rotharij, de Rotharijs de Car-
    mignano
Rubeis (de), de Rubeis de Car-
    po, de Rubeis de Parma, de
    Rubeis de Montursio, Rubei,
    de Rubeis Mediolanenses
Rusticelli
Salandri, de Salandris
Sale (a)
Salezolis, de Salezolis
Salmone
Sancta (de) Cruce
Sanctovito, de sancto Vito in
    Leguzano.
Sancto Augustino (de)
Sancto Georgio (de) dicuntur
    qui nunc vocantur de Sorio.
Sancto Ioanne (de) in la Rogna,
    de Sancto Ioanne
Sancto Marcello (de)
Sancto Savino (de)
Sancto Stephano, de sancto
    Stephano
Sanct' Ursio, de sancto Ursio

Sandrini
Sansoni, de Sansonibus
Santini, de Santinis
Saraceno (de)
Saraturis (a)
Savio (del), del Savio de Verona
Savioli, de Saviolis
Scaleta. A Smereglo haec fa-
    milia de Smereglis dicta est.
Scarioto, de Scariotis
Schitino (de)
Sclavone
Scledo (de), Scledeus
Scola (a)
Scolaribus (de), de Scolarijs de
    Brendulis
Scribis, de Scribis
Scropha, Scrova
Scusati
Secula
Sega, a Sega
Seoria. Dicta est etiam de San-
    cto Georgio.
Seratico (de), de Baylardino de
    Seratico
Sermatici sive de Sermatico
Sessea, de Sesso,
Seta (a)
Sibillia
Simoti, de Simotis
Siverijs (de), de Siverijs de Ma-
    lado
Soardi
Soigo (de)
Sole (a)
Somaio (a)
Sorini, de Sorino
Spagnoli
Spatis vel a Spata, a Spatis
Spica
Spinelli, sive de Spinellis
Squarcijs (de)
Stella
Stenetis
Stopaceria
Stravolti

Stupa, a Stupa
Tabernellis, a Tabernellis
Tabūla (a), a Tabula de Verona
Targonibus (a)
Taussignano, de Tausignano
Terribilis
Thao (de)
Thealdi, a Thealdo
Theopolus
Thienis, de Thiennis
Thodescha, de la Thodesca
Thomasino (de)
Tonso (del)
Traversis, de Traversis, De Traversis de Barbarano
Trentini
Tridento (de)
Trintinatij, de Trintinatio
Trissino (de), de Drissino, de Tressino
Turrino (de) vel Taurino
Tussis (de)
Ubertelli, de Ubertellis
Uberti ex Florentia
Ubriachi, dicti sunt postea de Butirone.
Uliverijs (de)
Ungarati
Vagnoli
Vaiente (de)
Valdagno (de), prius de Ferrarijs dicebatur
Valentibus (de)
Valle (de), de Valle de Brendulis, de Valle de Mediolano, de Vallibus
Valmarana, de Valmarana
Valsassina (de)
Varij, de Varijs
Vedellis, De Vedellis

Vello (de)
Verchia (de la)
Verlatus, de Verlatis
Verme
Vinello
Vineto (de), Vineti de Burgo Sancti Petri
Vitaclino
Vitali (de)
Vitalusca, de Vitalusca
Vita secunda
Vitreis
Vitriana (de), de Vitrianis
Vivanello
Vivario (de)
Volandis
Vulpe (a)
Xandro, de Xandro
Xoyno (de)
Yzza, de Yzza
Zacane, de Zacane
Zago
Zanade
Zanardo (de)
Zanè
Zanechino (de, de Zanechino de Porta Nova
Zanitis (de)
Zatoalis
Zelemia (de)
Zenoensis
Zenarij
Zeno, de Zeno
Ziliotis (de)
Zino, de Zino
Zoaltis
Zoga (a)
Zucheti, de Zuchetis
Zuffatus.
Zuglano (de)
Zupis, Zuppae

ADDENDA

Acqua (dall'). Carlo V. Imperatore con diploma 10 Marzo 1530 conferì ad Aurelio Dall'Acqua il titolo di Conte Palatino e Cavaliere Aurato *ad personam.*

Arnaldi. Delle famiglie Vicentine ascritte al Patriziato Veneto oggi vive soltanto quella degli Arnaldi, che risiede a Firenze, dove ha Casa in Piazza Pitti.

Calderari. Bernardino Calderari il 7 Aprile 1688 ottenne da Federico dei Conti Sforza Principe del Sacro Romano Impero il titolo di Conte trasmissibile ai discendenti. Lo stesso il 1 Agosto 1689 veniva creato cittadino e Senatore Romano, e nel 30 Maggio 1692 cittadino Milanese.

Garzadori. Rodolfo II. Imperatore con diploma 23 Maggio 1580 conferiva a Girolamo di Giambattista Garzadori il titolo di Conte Palatino, trasmissibile ai discendenti.

Guzan. Originaria di S. Vito di Leguzzano. Arricchì col commercio dei panni lani in piazza nel secolo scorso. Bortolo di Filippo, educato a Parigi e versato nella lingua francese, cosa singolare pe' suoi tempi, fu nel 1797 tra i primi Municipalisti. Si estinse l'11 Marzo 1886 con Andrea di Gaetano, che lasciò quattro figlie passate in Fasolo, Hendel, Rossi e Vianello. Avea case in Riale, già dei Trissino Pajelle, e in Carpagnon il palazzo già dei Ghellini.

Un altro ramo dei Guzan professò farmaceutica al Casino sul Corso, e si estinse il 19 Gennaio 1836 con Antonio di Francesco. I beni passarono ai Lampertico, nei quali era entrata, sposa a Fedele, Elisabetta di Francesco.

Stemma: D'azzurro, alla sbarra di rosso, accostata da sei stelle di cinque raggi d'oro, tre in capo e tre in punta. *Da Diploma e sigilli del secolo XVIII.*

Lampertico. Il Generale Consiglio Principe Sovrano e i Capitani Reggenti della Repubblica di S. Marino « desiderando di offrire una solenne attestazione di stima all'Eccellentissimo Signor Commendatore dottor Fedele Lampertico Senatore del Regno d'Italia, e volendo corrispondere con animo grato ai sentimenti benevoli mostrati verso la Repubblica », con Senato Consulto

21 Agosto 1897 gli conferivano « il titolò di Nobile Patrizio. Sammarinese trasmissibile ai suoi discendenti d'ambo i sessi per continuata linea retta mascolina con tutti gli onori, diritti e privilegi della nostra cittadinanza »..

Il Lampertico è Grande Ufficiale Mauriziano, Grande Ufficiale della Corona d'Italia, e Cavaliere dell'Ordine al merito Civile di Savoia.

Lino (dal) Questa famiglia fioriva a Vicenza nel secolo XVI. Migliorino dal Lino preparava a se e ai posteri il sepolcro in Santa Chiara,

Stemma: Di . . . . , alla croce di S. Andrea di cinque losanghe di . . . . alla prima e alla quinta al baccello di lino, alla seconda e alla quarta al giglio di . . . . . , alla terza al giglio delle Convalli, *Cod. Schio.*

Maganza. Venne a Vicenza da Este con Marcantonio nel 1510. Allora *Giambattista*, pittore e poeta vivacissimo, era affatto bambino. Egli ad ogni modo fu il ceppo di questa insigne famiglia di artisti che per un secolo e più tennero a Vicenza posto d'onore fra i nostri pittori. Tiziano Vecelio e Giangiorgio Trissino ispirarono al Giambattista l'amore alla pittura e alla poesia, la sua passione per l'una e per l'altra fecero il resto. Uno de' suoi quadri più belli è il ritratto d'Ippolito Porto nel patrio Museo, dove il guerriero illustre vive in tutto lo splendore della sua forte virilità. I suoi versi sono limpidi, armoniosi e adorni di una semplicità aurea. Morì vecchio a' 25 di Agosto del 1529. *Alessandro*, nato nel 1556 e morto nel 1640, poeta, pittore e Accademico Olimpico anche lui emulò le glorie paterne. I Maganza aveano sepolcro a San Pietro, casa a S. Domenico.

Stemma: Partito; nel 1.º d'azzurro a tre stelle di otto raggi d'oro ordinate in palo; nel 2.º di rosso alla fascia d'argento. *Franceschetti. Famiglie Nobili della Città di Este. — Bari, 1894, pag. 26.*

Mocenigo. Un ramo di questa famiglia, una delle più grandi ed illustri dell'aristocrazia Veneziana per aver dato alla Repubblica sette Dogi e venticinque Procuratori di S. Marco, si trapiantò a Vicenza nel 1814 in seguito al matrimonio di Giovanni Alvise I, con la marchesa Cornelia Sale, ultima della sua famiglia ed erede di grande fortuna. Visse lungo tempo a Vicenza, soltanto da pochi anni prese stanza a Romano presso Bassano.

Stemma: Spaccato d'azzurro e d'argento, a due rose di quattro foglie dall'uno all'altro, bottonate d'oro. — Cimiero: Una branca di leone di rosso posta in palo, tenente una rosa d'argento, bottonata d'azzurro. — Divisa: Pulcherrima Virtus. *Dizionario Blasonico del Crollalanza*

Pojana. Pietro, Gregorio e Guglielmo fu Odorico Paltinieri Pojana con diploma 5 Gennaio 1510 ottenevano da Massimiliano Imperatore il titolo di Conti Palatini trasmissibile ai discendenti.

Podestà di Vicenza furono oltre Giangiacomo di Thiene, Lodovico Carcano Volpe, Luigi Piovene, Luigi Revese, Andrea e Gaetano Valmarana ricordati a proprio luogo: il nob. barone Francesco Anguissola, dal 10 Dicembre 1807 al 5 Marzo 1814; il nob. cav. Giulio Cesare Barbaran dal 6 Marzo 1814 al 15 Maggio 1816; il conte Antonio Porto Barbaran dal 16 Giugno 1816 al 18 Aprile 1819; il nob Lelio Bonin Longare dal 9 Giugno 1841 al 6 Gennaio 1845 e dal 25 Aprile 1863 al 29 Maggio 1866.

Come complemento del presente lavoro aggiungiamo qui le discendenze delle famiglie vicentine quali figurano confermate nobili nell' *Elenco Uffi_ ciale definitivo delle famiglie Nobili e Titolate del Veneto* approvato con Decreto Reale 19 Dicembre 1897. — Roma, Civelli, 1898.

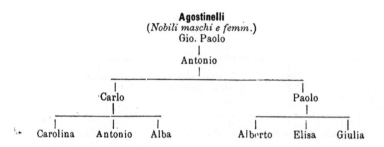

Agostinelli
(*Nobili maschi e femm.*)
Gio. Paolo — Antonio — Carlo / Paolo — Carolina, Antonio, Alba / Alberto, Elisa, Giulia

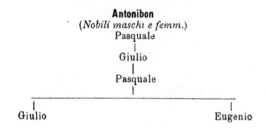

Antonibon
(*Nobili maschi e femm.*)
Pasquale — Giulio — Pasquale — Giulio / Eugenio

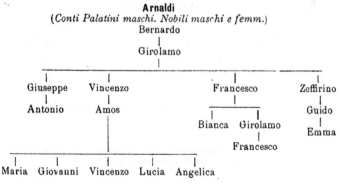

Arnaldi
(*Conti Palatini maschi. Nobili maschi e femm.*)
Bernardo — Girolamo — Giuseppe, Vincenzo, Francesco, Zeffirino — Antonio, Amos — Bianca, Girolamo, Guido — Francesco, Emma — Maria, Giovanni, Vincenzo, Lucia, Angelica

15

Arrigoni
(Conti e Nobili maschi e femm.)

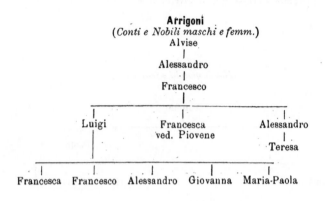

Alvise
|
Alessandro
|
Francesco
|

Luigi — Francesca ved. Piovene — Alessandro
|
Teresa

Francesca — Francesco — Alessandro — Giovanna — Maria-Paola

Banca (dalla)
(Nobili maschi e femm.)
Pietro Giuseppe

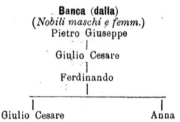

|
Giulio Cesare
|
Ferdinando
|

Giulio Cesare — Anna

Barbaran Capra
(Nobili maschi e femm.)
Ubertino

|
Ottaviano Maria
|

Ubertino — Antonio

Fiorenza — Francesco — Ottaviano — Giulio Cesare — Ercole

Gaetano — Maria — Giuseppina — Augusto — Teresa

Barbaran Capra Garzadori
(Nobili maschi e femm. Conti Maschi)
Alessandro

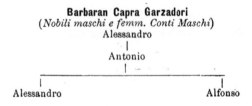

|
Antonio
|

Alessandro — Alfonso

Barbieri

(Conti maschi. Nobili maschi e femm.)

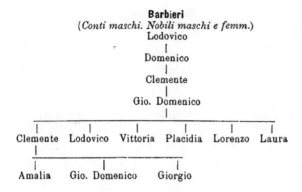

Lodovico

Domenico

Clemente

Gio. Domenico

Clemente Lodovico Vittoria Placidia Lorenzo Laura

Amalia Gio. Domenico Giorgio

Bellavitis

(Conti e Nobili maschi e femm)

Ernesto

Giusto

Ernesto

Bertagnoni

(Nobili maschi e femm.)

Nicolò

Giàcomo. (1841) (1)   Gio. Pietro (1841) (I)

Bonagente

(Nobili maschi e femm.)

Claudio

Francesco

Augusto

(1) È la data dell'ultimo riconoscimento.

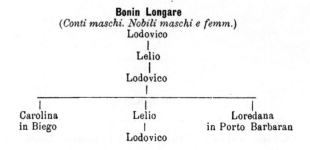

Bonin Longare
(*Conti maschi. Nobili maschi e femm.*)
Lodovico

Lelio

Lodovico

| Carolina
in Biego | Lelio | Loredana
in Porto Barbaran |

Lodovico

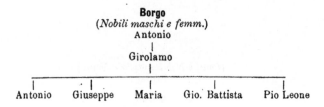

Borgo
(*Nobili maschi e femm.*)
Antonio

Girolamo

Antonio   Giuseppe   Maria   Gio. Battista   Pio Leone

Bortolazzi
(*Nobili maschi e femm.*)
Francesco

Diego

Francesco

Gio. Battista

Antonio   Raffaello

Antonio   Augusta   Raffaello   Gino   Gisella   Teresa

Breganze (di)
(*Nobili maschi e femm.*)
Gio. Battista

Giovanni

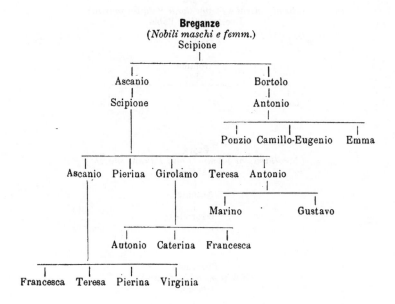

Breganze
(*Nobili maschi e femm.*)
Scipione

- Ascanio
  - Scipione
    - Ascanio — Pierina — Girolamo — Teresa — Antonio
      - Francesca — Teresa — Pierina — Virginia
      - Autonio — Caterina — Francesca
- Bortolo
  - Antonio
    - Ponzio — Camillo-Eugenio — Emma
    - Marino — Gustavo

Brocchi
(*Nobili maschi e femm.*)
Virgilio

Bernardino Giuseppe (1841)

Brocchi-Colonna
(*Nobili maschi e femm.*)
Giovanni

Virgilio (1841)

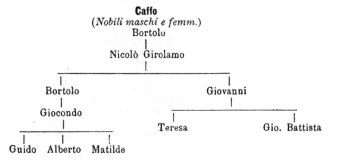

Caffo
(*Nobili maschi e femm.*)
Bortolo

Nicolò Girolamo

- Bortolo
  - Giocondo
    - Guido — Alberto — Matilde
- Giovanni
  - Teresa — Gio. Battista

Capra
(*Nobili maschi e femm. Conti Palatini maschi*)
Girolamo Gio. Paolo
|
Luigi
|
Girolamo
|

Luigi   Enrico

Capra
(*Nobili maschi e femm. Conti Palatini maschi*)
Gabriele
|
Antonio
|
Gabriele

Cavazzola
(*Nobili maschi e femm.*)
Giacomo
|
Antonio
|
Vitaliano (1841)

Cerati (di Bassano)
(*Nobili maschi e femm.*)
Angelo
|
Giacomo Andrea (1841)

Chiericati Salvioni
(*Nobili maschi e femm.*)
Francesco
|
Giovanni (1841)

Cisotti
(*Nobili maschi e femm.*)
Prospero
|
Francesco (1841)

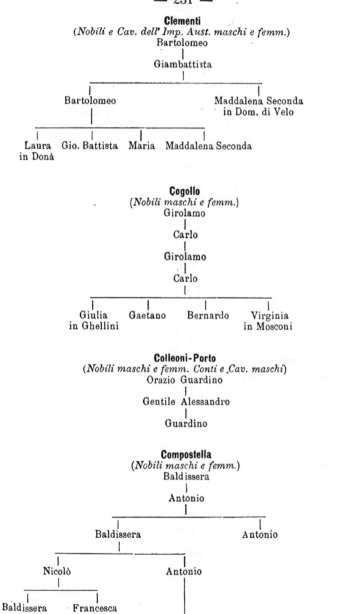

Clementi
(Nobili e Cav. dell' Imp. Aust. maschi e femm.)
Bartolomeo
|
Giambattista
|

Bartolomeo   Maddalena Seconda
| in Dom. di Velo

Laura   Gio. Battista   Maria   Maddalena Seconda
in Donà

Cogollo
(Nobili maschi e femm.)
Girolamo
|
Carlo
|
Girolamo
|
Carlo
|

Giulia   Gaetano   Bernardo   Virginia
in Ghellini   in Mosconi

Colleoni-Porto
(Nobili maschi e femm. Conti e Cav. maschi)
Orazio Guardino
|
Gentile Alessandro
|
Guardino

Compostella
(Nobili maschi e femm.)
Baldissera
|
Antonio
|

Baldissera   Antonio
|

Nicolò   Antonio
|

Baldissera   Francesca

Isabella Marcella Maria Manfredina Antonia Giorgio Francesco

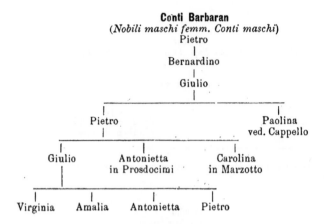

Conti Barbaran
(*Nobili maschi femm. Conti maschi*)
Pietro

Bernardino

Giulio

Pietro — Paolina ved. Cappello

Giulio — Antonietta in Prosdocimi — Carolina in Marzotto

Virginia — Amalia — Antonietta — Pietro

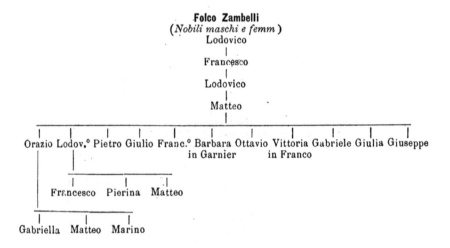

Folco Zambelli
(*Nobili maschi e femm*)
Lodovico

Francesco

Lodovico

Matteo

Orazio — Lodov.° — Pietro — Giulio — Franc.° — Barbara in Garnier — Ottavio — Vittoria in Franco — Gabriele — Giulia — Giuseppe

Francesco — Pierina — Matteo

Gabriella — Matteo — Marino

Fontana
(*Nobili maschi e femm.*)
Bernardino

Gaetano Domenico (1841)

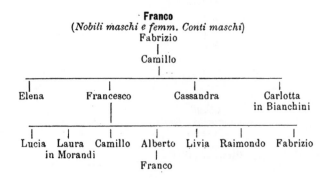

Franco

(*Nobili maschi e femm. Conti maschi*)

Fabrizio

|

Camillo

|

Elena   Francesco   Cassandra   Carlotta in Bianchini

Lucia   Laura   Camillo   Alberto   Livia   Raimondo   Fabrizio
in Morandi

Franco

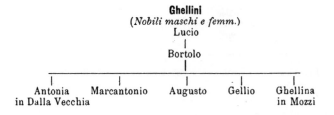

Ghellini

(*Nobili maschi e femm.*)

Lucio

|

Bortolo

|

Antonia   Marcantonio   Augusto   Gellio   Ghellina
in Dalla Vecchia   in Mozzi

Giacomazzi

(*Nobili maschi e femm. Conti maschi*)

Antonio

|

Camillo Silvestro

|

Laura   Antonio   Elisa
in Monza   in Paganelli Zicavo

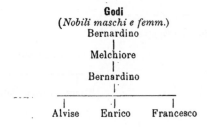

Godi

(*Nobili maschi e femm.*)

Bernardino

|

Melchiore

|

Bernardino

|

Alvise   Enrico   Francesco

Gorgo (dal)
(*Nobili maschi e femm.*)
Lodovicò
|
Pietro
|
Maria

Gosetti
(*Nobili maschi e femm.*)
Lorenzo
|
Girolamo (1841)

Gualdo
(*Nobili e Conti maschi e femm.*)
Aicardo

```
                    Aicardo
                       |
     ┌─────────────────┼─────────────────┐
  Federico          Nicolò            Girolamo
     |
  Aicardo
     |
 ┌───────┼────────┐
Bianca Federico Adriano
```


Locatelli
(*Nobili maschi e femm.*)
Bartolomeo
|
Marcantonio

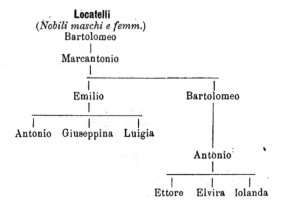

```
                  Marcantonio
                       |
        ┌──────────────┴──────────────┐
      Emilio                      Bartolomeo
        |                             |
 ┌──────┼──────┐                      |
Antonio Giuseppina Luigia         Antònio
                                      |
                              ┌───────┼───────┐
                            Ettore Elvira Iolanda
```

Lugo
(*Nobili maschi e femm.*)
Orazio
|
Ambrogio
|

| Orazio | Caterina | Roberto | Margherita | Barberina | Antonia | Eugenio |

Maello
(*Nobili maschi e femm.*)
Domenico
|
Giuseppe (1841)

Malaspina
(*Nobili è Marchesi maschi e femm.*)
Francesco
|
Gabriele
|
Fortunato Alberto
|

| Flavia | Azzolino | Maria | Matilde | Gabriele | Eleonora |

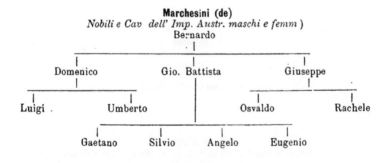

Marchesini (de)
Nobili e Cav dell' Imp. Austr. maschi e femm)
Bernardo

| Domenico | Gio. Battista | Giuseppe |

Luigi · Umberto Osvaldo Rachele

Gaetano Silvio Angelo Eugenio

Marzari
(*Nobili maschi e femm.*)
Gregorio

| Sigismonda
in Donà | Elena
in Donà |

Massaria
(*Nobili maschi e femm.*)
Giovanni
|
Alvise
|
Francesco
|
_____
| | |
Luigi   Giovanni   Alessandro

Mazzoleni
(*Nobili maschi e femm.*)
Angelo
|
Girolamo (1841)
(Estinta quanto ai maschi)

Michleli
(*Nobili maschi e femm.*)
Nicolò
|
Gabriele Gaetano (1841)

Mimiola
(*Nobili maschi e femm.*)
Giovanni
|
Giacomo Maria (1841)

Mocenigo
(*Patrizi Veneti e Conti dell' Imp. Austr. maschi e femm.*)
Alvise I°
|
Alvise
|
Alvise V. Giovanni
|
_____
| | |
Vittoria Maria   Giovanni Pietro   Pietro Giulio
in Giusti

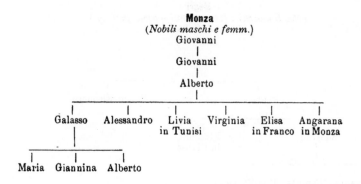

Monza
(*Nobili maschi e femm.*)
Giovanni

Giovanni

Alberto

Galasso Alessandro Livia Virginia Elisa Angarana
in Tunisi in Franco in Monza

Maria Giannina Alberto

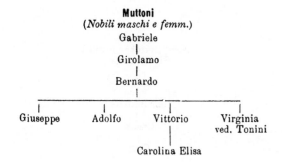

Muttoni
(*Nobili maschi e femm.*)
Gabriele

Girolamo

Bernardo

Giuseppe Adolfo Vittorio Virginia
ved. Tonini

Carolina Elisa

Muzan
(*Nobili maschi e femm.*)
Antonio

Gio. Battista (1841)
(Estinta quanto ai maschi)

Muzani
(*Nobili maschi e femm. Conti maschi*)
Licinio Giacomo

Cristoforo

Licinio Eleonora

Negri
(Nobili maschi e femm. Conti maschi primog.)
Linea di S. Stefano
Muzio
|
Marcello

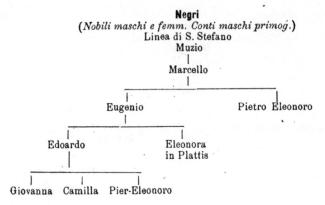

Eugenio   Pietro Eleonoro

Edoardo   Eleonora
in Plattis

Giovanna   Camilla   Pier-Eleonoro

Nievo
(Nobili maschi e femm.)
Gio. Battista
|
Luigi
|
Gio. Battista
|
Cesare
|
Gino

Paiello (o Pagello)
(Nobili maschi e femm) (1)
Luigi Lorenzo
|
Pagello Maria
|
Ascanio

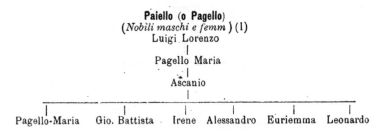

Pagello-Maria   Gio. Battista   Irene   Alessandro   Euriemma   Leonardo

(1) I Pagello hanno chiesto al Governo del Re il riconoscimento del titolo comitale, mostrando con atti pubblici che, almeno da cinque generazioni, come è richiesto dalla legge, ne godono l'uso

Palazzi
(*Nobili maschi e femm.*)
Gio. Battista Mario

Gregorio

Gio. Battista Mario

Gregorio   Faustino   Pietro   Giulia

Pietro Luigi Pierina   Mario Pierina Alessandro

Gio Battista Maria Elisabetta Luigi Girolamo Anna Antonio

Piovene
(*Nobili maschi e femm.*)
Felice

Antonio

Felice

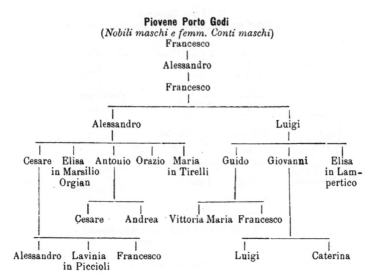

Piovene Porto Godi
(*Nobili maschi e femm. Conti maschi*)
Francesco

Alessandro

Francesco

Alessandro   Luigi

Cesare Elisa Antonio Orazio Maria   Guido Giovanni Elisa
       in Marsilio   in Tirelli   in Lam-
        Orgian   pertico

Cesare   Andrea   Vittoria Maria Francesco

Alessandro Lavinia Francesco   Luigi   Caterina
          in Piccioli

Porta (dalla)
(*Nobili maschi e femm.*)
Nicolò
|
Zerbino Gio. Maria (1841)

Portò
(*Nobili maschi e femm. Conti Palatini maschi*)

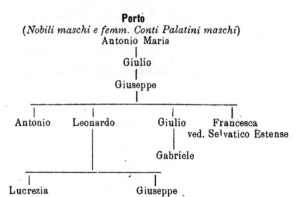

Antonio Maria
|
Giulio
|
Giuseppe

Antonio   Leonardo   Giulio   Francesca
                             ved. Selvatico Estense

Gabriele

Lucrezia   Giuseppe

Porto Barbaran
(*Nobili maschi femm. Conti Palatini maschi*)

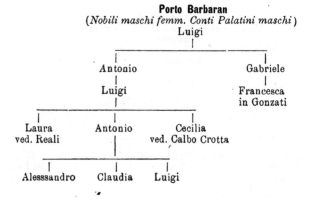

Luigi

Antonio   Gabriele
|
Luigi   Francesca
                in Gonzati

Laura   Antonio   Cecilia
ved. Reali   ved. Calbo Crotta

Alesssandro   Claudia   Luigi

Quirini
(*Nobili Patrizi Veneti maschi e femm.*)

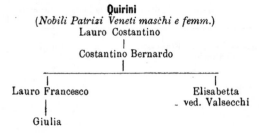

Lauro Costantino
|
Costantino Bernardo

Lauro Francesco   Elisabetta
| ved. Valsecchi
Giulia

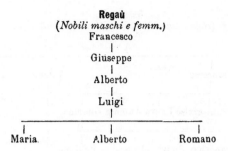

Regaù
(Nobili maschi e femm.)
Francesco
|
Giuseppe
|
Alberto
|
Luigi
|
| | |
Maria.   Alberto   Romano

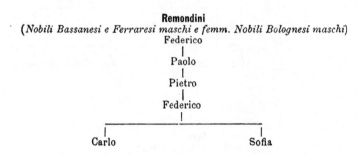

Remondini
(Nobili Bassanesi e Ferraresi maschi e femm. Nobili Bolognesi maschi)
Federico
|
Paolo
|
Pietro
|
Federico
|
| |
Carlo   Sofia

Riva (dalla)
(Nobili maschi e femm.)
Vettor Giuseppe
|
Giovanni
|
Luigi
|
Umberto

16

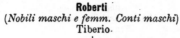

Roberti
(*Nobili maschi e femm. Conti maschi*)
Tiberio.

Giambattista   Francesco   Antonio   Roberto

Tiberio   Giovanni

Giuseppe   Giovanni-Alvise   Laura   Antonia   Guerino

Ippolita   Francesco   Pietro   Alessandro   Paolina

Giuseppe   Roberto

Maria   Francesco

Roberto   Ettore

Aldo   Orazio   Elisa   Carlo   Michelina

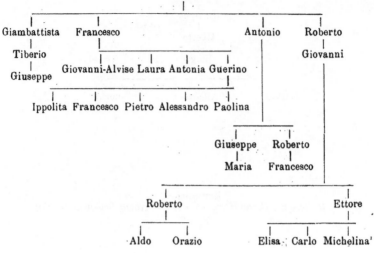

Sale
(*Nobili Maschi e femm.*)
Nicolò

Antonio Maria Costantino (1841)

Sartori
(*Nobili maschi e femm.*)
Girolamo

Giacomo Sartorio

Giulio

Giacomo

Giulio

Schio (da)
(*Nobili maschi e femm. Conti Palatini maschi*)

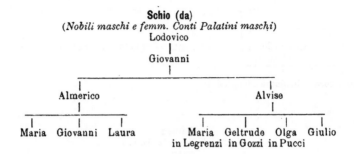

Lodovico
|
Giovanni
|

Almerico — Alvise

Maria Giovanni Laura

Maria Geltrude Olga Giulio
in Legrenzi in Gozzi in Pucci

Scola
(*Baroni maschi primogeniti*)

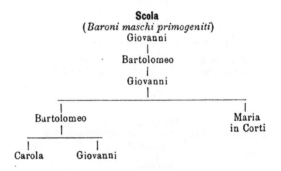

Giovanni
|
Bartolomeo
|
Giovanni
|

Bartolomeo — Maria
in Corti

Carola Giovanni

Segala
(*Nobili maschi e femm.*)
Angelo
|
Pietro (1841)

Sesso o Sessi
(*Nobili maschi e femm. Conti maschi*)
Carlo
|
Alessandro Carlo (1841)

Stecchini
(*Nobili maschi e femm.*)
Leonardo

Girolamo   Elisabetta

Pietro   Leonardo   Elisa   Antonietta   Guglielmina   Teresa   Guglielmo

Eleonora   Girolamo   Guglielmo

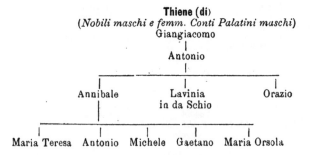

Tattara
(*Nobili maschi e femm.*)
Valerio

Vittore

Valerio

Vittore

Francesca   Maria
in Chemin   in Grigolati

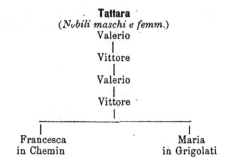

Thiene (di)
(*Nobili maschi e femm. Conti Palatini maschi*)
Giangiacomo

Antonio

Annibale   Lavinia   Orazio
            in da Schio

Maria Teresa   Antonio   Michele   Gaetano   Maria Orsola

Tornieri
(*Nobili maschi e femm*)
Francesco

Alessandro (1841)
(Estinta quanto ai maschi)

Tretti
(*Nobili maschi e femm.*)

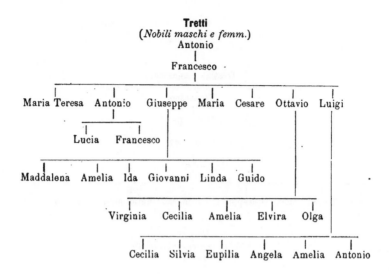

Antonio — Francesco — Maria Teresa, Antonio, Giuseppe, Maria, Cesare, Ottavio, Luigi — Lucia, Francesco — Maddalena, Amelia, Ida, Giovanni, Linda, Guido — Virginia, Cecilia, Amelia, Elvira, Olga

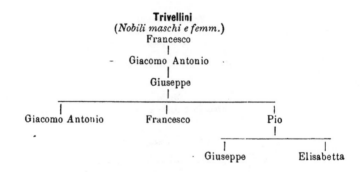

Cecilia, Silvia, Eupilia, Angela, Amelia, Antonio

Trivellini
(*Nobili maschi e femm.*)

Francesco — Giacomo Antonio — Giuseppe — Giacomo Antonio, Francesco, Pio — Giuseppe, Elisabetta

Trissino dal Vello d'oro
(*Nobili maschi e femm. Conti Palatini maschi*)

Teodoro — Giangiorgio — Giangiorgio — Gabriela, Giangiorgio

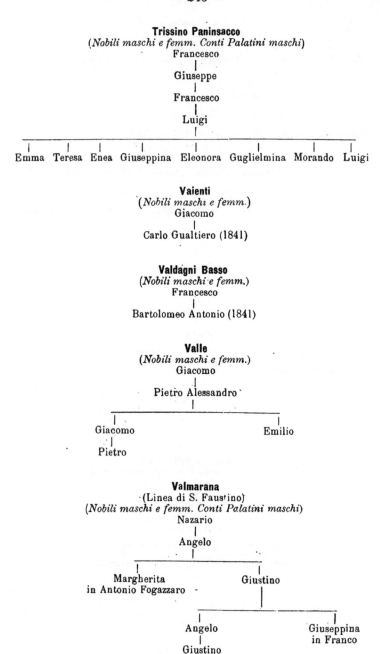

Trissino Paninsacco
(*Nobili maschi e femm. Conti Palatini maschi*)
Francesco
|
Giuseppe
|
Francesco
|
Luigi

Emma Teresa Enea Giuseppina Eleonora Guglielmina Morando Luigi

Vaienti
(*Nobili maschi e femm.*)
Giacomo
|
Carlo Gualtiero (1841)

Valdagni Basso
(*Nobili maschi e femm.*)
Francesco
|
Bartolomeo Antonio (1841)

Valle
(*Nobili maschi e femm.*)
Giacomo
|
Pietro Alessandro
|

Giacomo   Emilio
|
Pietro

Valmarana
(Linea di S. Faustino)
(*Nobili maschi e femm. Conti Palatini maschi*)
Nazario
|
Angelo
|

Margherita   Giustino
in Antonio Fogazzaro
                          |

Angelo   Giuseppina
| in Franco
Giustino

Valmarana
(Linea di S. Lorenzo)
(*Nobili maschi e femm. Conti Palatini maschi*)

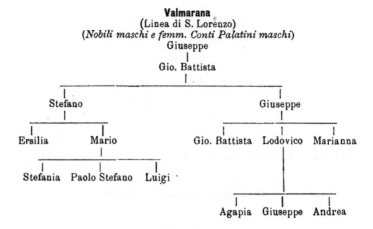

Velo (di)
(*Nobili maschi e femm. Conti maschi*)

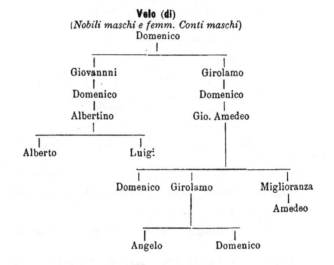

Velo (di)
(*Nobili maschi e femm. Conti maschi*)
Leone
|
Antonio
|
Giuseppe
|
Clelia
in Zabeo

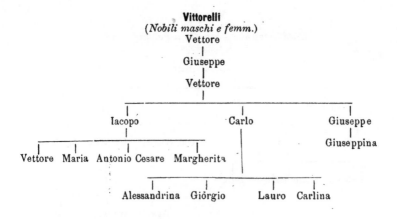

Vittorelli
(*Nobili maschi e femm.*)
Vettore

Giuseppe

Vettore

Iacopo Carlo Giuseppe

Giuseppina

Vettore Maria Antonio Cesare Margherita

Alessandrina Giörgio Lauro Carlina

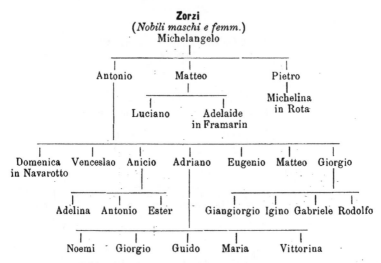

Zorzi
(*Nobili maschi e femm.*)
Michelangelo

Antonio Matteo Pietro

Michelina
in Rota

Luciano Adelaide
in Framarin

Domenica Venceslao Anicio Adriano Eugenio Matteo Giorgio
in Navarotto

Adelina Antonio Ester Giangiorgio Igino Gabriele Rodolfo

Noemi Giorgio Guido Maria Vittorina

N. B. Mancano le famiglie **Lioy** e **Zileri Dal Verme** perchè figurano nei Bollettini delle rispettive Provincie donde sono originarie.

Non figurano ancora la famiglia **Dalla Negra, Orgian** e **Romanelli**, le quali hanno però presentati i loro documenti alla Consulta e aspettano il riconoscimento ufficiale.

Rendo grazie al cav. Giuseppe Giomo di Venezia che, con rara cortesia, dall'Archivio di Stato fornivami alquanti stemmi vicentini presentati all'I. R. Commissione Araldica nella prima metà del secolo, al momento della revisione e riconoscimento dei titoli nobiliari nelle nostre Provincie.

DOCUMENTI

RACCOLTA VICENTINA [1]

DI

STATUTO, PARTI, DUCALI, DECRETI E PROVISIONI
IN MATERIA DI CITTADINANZA, CIVILTÀ, CONSIGLI, E CARICHE

Ex Libro Primo Statuti Vicentini Novi pag. 74.

*Qualiter, et quando Æstimum generale Communis Vincentiae, et Districtus.
fieri debeat. Titulus 43.*

Ommissis etc.

CAP. XI.

Item quod omnes personae, quae venient ad habitandum cum massari-
tiis, et familia, et habitaverint per decem annos continuos in Civitate Vincentiae vel Burgis Muratis, ac Burgo Pusterlae, faciendo se aestimari in
Æstimo Communis Vincentiae, et pro dicto Æstimo sustinendo universa onera,
et factiones cum Communi Vincentiae, pro Civibus habeantur, et Cives sint,
et reputentur quod ad honores, et etiam factiones Communis Vincentiae, ipsis
habitantibus cum famjlia in Civitate, et Burgis praedictis, ut faciunt alii
Cives. Et praedictum Statutum intelligatur in Forensibus dumtaxat, qui non
sint, neque fuerint ipsi, aut eorum progenitores Cives, vel Districtuales Vincentiae, neque sustineant, vel sustinuerint onera, et factiones cum dicta Civitate, vel ejus Districtu, Caeteris omissis etc.

---

(1) Credo opportuno di aggiungere come documenti al presente lavoro
questa preziosa Raccolta Vicentina per la luce che può dare intorno al modo e
ai criteri con cui i nostri Padri si regolavano nell'accettare gli estranei nel
novero dei cittadini, e di render capaci i cittadini a sedere fra coloro ch'erano
destinati a reggere la pubblica cosa, cioè nel Consiglio Nobile della Città.

Ex Libro Quarto Statuti Vicentini Novi pag. 245.

Ne quis habeat aliquem Forensem pro Cive, nisi steterit decem annis
in Civitate Vincentiae. Titulus quintus.

Statuimus, et ordinamus, quod nullus Forensis habeatur, vel reputetur
pro Cive Vicentiae, nec Civis sit; nisi steterit, et habitaverit per decem annos
continuos in Civitate Vicentiae, vel Suburbiis, sive Culturis Civitatis praedi-
ctae, sustinendo onera, et factiones cum Communi Vicentiae, quod Statutum
praecisum sit, et inviolabiliter observandum, quod nullatenus proficiat Di-
strictualibus Comunis Vicentiae, qui, vel quorum patres, et progenitores fuerint aestimati, et sustinuerint onera, collectas, et factiones cum aliqua Vil-
larum, sive Castrorum Vicentini Districtus, quo minus eas, vel ea solvant, et
contribuant etiam cum dictis Villis, vel Castris, sicut dictum est supra in
titula de Officio Exactoris Collectarum, et de ipsis Collectis, solvendis suo
tempore, in Statuto incipiente: Item quod quilibet qui fuerit aestimatus:
et quod nec Rector, nec aliquis Officialis, nec aliqua persona possit vel debeat concionari in Consiliis Civitatis Vicentiae, vel operam dare aliquo modo,
vel ingenio contra praedictum Statutum, sub poena quingentarum librarum
parvorum, quae exigi, et nullo modo remitti debeat.

1567, 17 Gennaro.

Nel Consiglio della Magnifica Città di Vicenza
fu proposta la Parte infrascritta.

Di quanta importanza sia il Collegio de' Magnifici Deputati, il Consiglio
di Cento, il fiscolo de' Consoli, e quello de' Vicari, ad ogni uno è manifesto;
poichè per li Deputati, e Consiglio si governa la Città, si creano gli Officj,
e si espediscono tutt' i maneggi, che occorrono: Per li Consoli si giudica la
vita degli Uomini: materia sopra ogni altra importantissima; e per li Vicarj
si amministra ragione in tutto il Territorio; oltrecchè in detti Collegio e
Consiglio e Fiscoli si abbracciano li più Nobili, e notabili Cittadini per ele-
zion di Scrutinio, non per altro, se non a fine, che sia questo così eseguito,
ed óss rvato. Però aggiungendo alle altre Provisioni, è parso conveniente far
da nuovo ancora altra speciale Dichiarazione, per cui ad alcun modo esser
non possano date queste Dignitade in confuso; ma dar si debbano a quelli,
che per onestà, e ragione si conviene: Onde
L' andarà Parte, che non possa alcun de caetero essere ballottato al Collegio de' Magnifici Deputati, al Consiglio de Cento, ed a' Fiscoli, così de' Consoli, come de' Vicarj, il quale non sia stato Cittadino almeno per anni cento
passati avanti tale elezione, e non abbia egli, ed il Padre mai esercitato arte

alcuna meccanica: anzi in quanto fosse eletto, o ballotato, s'intenda esser ipso jure nullo ogni atto fatto in tal materia; nonostantecchè etiam per avanti sia stato ammesso in tali Officij. E per le suddette ragioni, essendo ancora il Consiglio nostro de Cinquecento Membro importante di questa Città,

L'anderà similmente Parte, che non possa esser ascritto alcuno a'luoghi di detto Consiglio, il quale prima non sia stato Cittadino almeno per anni cinquanta, nè abbia mai esercitata arte alcuna mecanica. Con dichiarazione, che li Magnifici Conservatori delle Leggi siano tenuti per debito del loro Officio inquirire la verità sopra detti Deputati, Consiliarj, Consoli, e Vicarj, che vorranno mettersi a tal pruova. Aggiungendovi, che quelli, che più non saranno stati ballottati, secondo il tenor della presente Parte, siano anco tenuti al tempo delli Consiglj darsi in nota ad essi Magnifici Conservatori quindeci giorni avanti, che siano per farsi le loro ballottazioni, ne'quali fatta la debita inquisizione, come s'è detto, vadano il tutto a riferire al Collegio de'Magnifici Deputati, che in quel tempo si troveranno in Officio, e con essi loro abbiano autorità di escluderli, overo metterli alla ballottazione, secondo la verità inquirita, affinchè siano detti Consiglio, e Fiscoli ripieni, come ragionevole, de'Soggetti convenienti a così principali Officj della Città.

Cui quidem Parti cum fuisset contradictum per spectabilem Legum Doctorem D. Camillum de Camutiis, unum ex DD. Contradictoribus post posita ad partium cum bussolis, et ballotis obtinuit Pro 106. Contro 8.

Ex Libro Secundo Partium Magnificae Civitatis Vicentiae ad pag. 419.

1601, 16 Settembre.

Nel Gravissimo Consiglio etc.

Con molta prudenza volsero li nostri Maggiori, che non potesse essere concessa la Cittadinanza di questa Città nel Consiglio Maggiore di Cinquecento a chi l'avesse supplicata, se prima il Supplicante non avesse ottenuto in questo Consiglio. Aggiungendo ancora altri Ordini, acciocchè questa fosse solamente concessa a Persone degne, e che vivessero con quella onorevolezza, la quale si conviene alla Pubblica Dignità. Ma l'esperienza ha mostrato, che sè bene l'intenzione è stata ottima, non però è stato pienamente finora proveduto; onde li vostri Deputati, esortati anco da molti prestanti Cittadini gelosi del Ben Pubblico, e dell'osservanza delle Leggi: acciocchè nell'avvenire si levi maggiormente l'occasione agl'inconvenienti, che potessero nascere, hanno deliberato, e così vi propongono gli Ordini infrascritti, da essere osservati intorno alli Cittadini creati, e che si crearanno, salve nel resto tutte le Leggi, ed Ordini alli presenti non repugnanti, e

Primo. Che siano eletti trà prestanti Cittadini con titolo di Censori, il carico de'quali sia di rivedere tutte le Suppliche, o Concessioni di Cittadinanze del tempo passato, e de'Cittadini finora fatti da anni trenta in quà, e d'informarsi, se essi Cittadini, come di sopra fatti, averanno adempito quanto che fossero tenuti, in virtù degli obblighi, che essi si avessero presi, o gli fossero stati dati per le Cittadinanze, pigliando quelle informazioni, che ad essi Censori pareranno per chiarirsi del vero, così quanto alle persone di ogn' uno di essi Cittadini, come de' loro Posteri, e Discendenti, e trovando che ghe ne siano, che finora non abbiano adempito loro, o li loro Posteri, e Discendenti quanto avessero obbligo di fare, debbano con l'intervento anco delli Magnifici Signori Deputati, che saranno pro tempore, fargli intimare, che nel termine, che ad essi Signori Deputati, e Sig. Censori parerà, adempiscano, ò facciano adempiere quanto fussero tenuti, o restassero a fare, il qual termine passato, e non adempito per essi creati Cittadini gli obblighi loro con effetto, essi Censori abbiano obbligo di farli pubblicare nelli primi Consigli di Cento, e Cinquecento per decaduti dalla Cittadinanza, esprimendo la causa; e detta pubblicazione sia registrata negli Atti della Città, e di più di quella sia fatta nota nel margine della concessione delle Cittadinanze, e del Privilegio.

Secondo. Che ogn' uno, il quale vorrà supplicare per ottener la Cittadinanza, non possi presentare Supplica alcuna alli Signori Deputati, che saranno pro tempore, se prima non sarà comparso avanti essi Signori Censori, ò almeno due di loro, e pienamente non gli averà informati delle sue condizioni, così quanto al suo nascimento, come quanto alla sua facoltà, ed al modo di viver suo, e de' suoi Maggiori, con l'appresentarli scritture, e con il farli far fede da due Testimonj degni di tutte le cose soprascritte. Dovendo anco essi Censori prender sopra di quelle altre informazioni, siccome a loro parerà, per non esser ingannati; avendo obbligo detti Censori, ò almeno due di loro, di riferire quanto che averanno trovato prima alli Signori Deputati avanti l'ammessione della Supplica, quali però possino ammetter esse Suppliche, ò nò, come gli parerà, e poi in questo Consiglio avanti le ballottazioni di esse.

Terzo. Che ogn' uno, il quale supplicherà di esser Cittadino, abbia obbligo di fabbricare una Casa nuova dalli fondamenti in questa Città, o nelli Borghi dentro delle Porte, di quel valore, che gli sarà imposto dalli Signori Deputati, e Signori Censori, dovendo però il tutto esser portato a questo Consiglio, ed approbato con li due terzi delle balle; dovendosi poi per li Consultori, che saranno eletti, aggiungere quelle altre condizioni, che li pareranno convenienti, rispetto alla qualità del Soggetto, da esser portate nel Consiglio di Cinquecento, secondo l'ordinario.

Quarto. Che li detti Censori abbiano carico anco di far che siano adempite tutte le condizioni, che saranno apposte nella concessione delle Cittadinanze, che nell'avvenire saranno concesse, procedendo nel medesimo modo, che è stato detto nel primo Capitolo.

Quinto. Che l'Offizio di Censore, con l'autorità, e carichi di sopra specificati, debba durare per due anni, e passati li primi due anni, si debbano eleggere altri Censori tre con l'autorità come di sopra; e così successivamente con la medesima autorità siano eletti nell'avvenire essi tre Censori, li quali abbiano ad aver cura, che la presente Parte abbia la sua debita esecuzione, la quale se da alcuno fosse cercata d'interrompere, siano tenuti li

Signori Deputati, senz'altra deliberazione di questo Consiglio, non solo di far che sempre, ed in ogni occasione sia eseguita; ma anco di far loro soli ogni provisione, che potesse essere di beneficio per la total sua esecuzione.

1601, 15 Septembris.

Ballottata inter Magnificos DD. Deputatos ad numerum sex, obtinuit omnibus suffragiis, animo etc.

1601, 16 Septembris.

Proposita fuit ad Consilium, et ballotata obtinuit P. 87. C. 9.

Ex Libro quarto Partium ad pag. 455 tergo Magnificae Civitatis Vincentiae.

1625, 30 Marzo.

Non hanno mancato li nostri Maggiori nella materia importantissima di creare li Cittadini con Statuti, e Leggi, di provvedere acciò siano conosciuti, quelli, che per via di Supplica desiderano di ottener la Cittadinanza, se abbiano li debiti requisiti; ma non già è stato espresso quanto debbansi tansar per detta grazia, onde a questo invigilando li Deputati, propongono, èd

Andarà Parte, ferme rimanendo tutte le altre in simil materia, che ogni uno, che da qui avanti desidera esser fatto Cittadino, non possa esser tansato meno di Ducati cinquecento, da essere depositati sopra il Sacro Monte di Pietà, e di essi disposto, come parerà a' Deputati, e Gravissimo Consiglio.

1652, 17 Marzo.

Ballottata tra gl' Illustrissimi Signori Deputati al numero di sei, ottenne di tutti li Voti, con animo etc.

1652, 30 Marzo.

Ballottata in Consilio habuit.   P. 74, C. 18.

Ex Libro octavo Partium ad pag. 376 tergo Magnificae Civitatis Vincentiae.

1671, 23 Febraio M. V.

Dominicus Contareno Dei Gratia Dux Venetiarum etc.

Nob. et Sapp. Viris Petro Zane de suo Mandato Potestati, et Hieronymo Corrario Capitaneo Viucentiae, et Successoribus fidelibus, dilectis salutem, et dilectionis affectum.

Avemo osservato non solo quanto resta espresso nelle vostre Lettere de'
13 del corrente, che accompagnano l'instanze de cotesti Deputati per la confermazione della Parte presa nel Consiglio di cotesta Città fino l'anno 1567
concernente li requisiti per quelli, che devon esser ballotati nelle Cariche de'
Deputati, Consoli, Vicarj, ed al Consiglio di Cento, e di Cinquecento, ma'il
tenor della stessa, devenimo col Senato alla confirmazione in tutte le sue
parti, onde abbi in avvenire anco ad essere pontualmente all'occorrenza os-
servata, senza alterazione imaginabile, come è stato supplicato. E la presente
Deliberazione la farete registrare, ove potesse occorrere per la sua esecuzione.

Dat. in Nostro Ducali Palátio die 23 Februarii, Indict. x. 1671.

Ottavio Negri. Seg.

Tergo. Nobb. et Sapp. Viris Petro Zane Potestáti, et Hieronymo Corrario Capitaneo Vicentiae, et successoribus.

Adì 4 Marzo 1672.

Presentata per D. Matteo Moratelli Procuratore della Magnifica Città.
Refferse Savj Guardia.

1673, 15 Febraro M. V.

Dominicus Contareno Dei Gratia Dux Venetiarum etc. Nobilibus, et Sapientibus Viris Aloysio Pasqualico de suo Mandato Potestati, et Joanni Cornelio Capitaneo Vicentiae, et Successoribus fidelibus dilectis salutem, et dilectionis affectum.

Significamus vobis hodie in Consilio Nostro Rogatorum captam fuisse
Partem tenoris infrascripti, videlicet: Essendo conveniente, che restino senza
maggior dilazione terminate le differenze vertenti tra i Cittadini, e Territorio di Vicenza, con quella Città, e Collegio de'Juristi, per occasion del requisito della Cittadinanza ricercato a poter esser ballottati, ed ammessi al
Consiglio di Centocinquanta, ed alle Cariche di Deputati, Consoli, e Vicarij,
e come proprio, e ragionevole si riconosce, che resti a tutti aperto l'adito, e
viva la speranza di poter in qualche tempo aggiustato godere delle prerogative medesime; Così essendo di dovere, che il Consiglio, e Cariche stesse siano
appoggiate a Soggetti, che oltre le parti dell'attitudine, e virtù, possedano
insieme anco quella d'una Nobiltà proporzionata alla qualità, e decoro delle
medesime.

L'anderà Parte, che rimanendo sospeso il Decreto di questo Consiglio
1671, 23 Febraro, con il quale resta confirmata la Parte presa nel Consiglio
di Cento di Vicenza l'anno 1567, 17 Gennaro nel proposio sopradetto sia la
Parte stessa regolata nella seguente forma, cioè:

Che continuando nel possesso, che godono di poter esser ballottati, ed
ammessi tutti quelli, che finora sono stati ballottati, ed ammessi al Consi-

glio di Centocinquanta, ed alle Cariche di Deputati, Consoli, e Vicarj; non possa in avvenire esser ballottato, o ammesso nel Consiglio predetto alcuno, che più non fosse stato ammesso, o ballottato, se prima non saranno passati anni sessanta, che sia Cittadino; dovendo poi ogn'uno, che come sopra sarà stato ammesso ad esso Consiglio, star anni vinti, prima di potér esser capace, ed ammesso alle Cariche antedette di Deputati, Consoli, e Vicarj; Non intendendosi con ciò punto alterato l'uso fin ora sempre osservato in materia del Collegio de Juristi, per il quale doverà restar ferma la Parte del Collegio stesso 1618, 9 Marzo, ed il Decreto di confermazione di questo Consiglio 1662. 9 Giugno. In questo modo sostenuto il Decoro necessario al Consiglio, e Cariche predette, e lasciato un adito proprio a tutti quelli Sudditi, di poter godere tali prerogative, s'assicura il Senato, che restino sedati gli animi, e contento ogni Membro di quella fedelissima prediletta Città. Quare autoritate supradicti Consilii mandamus vobis, ut ita exequi debeatis. Has autem registratas praesentanti restituite.

Dat. in Nostro Ducali Palatio die 15 Februarii Indictione XII. 1673.

Gio. Franeesco Cerchieri Secretario.

Tergo. Nobb. et Sapp. Viris Aloysio Pasqualico Potestati, et Joanni Cornelio Capitaneo Vicentiae, et Successoribus, etc.

1674, 21 Febraro. Presentate all'Illustrissimo, et Eccellentissimo Signor Podestà per il Signor Vicenzo Cegan, per nome del Signor Mattio Morattello Procuratore della Magnifica Città, e registrata in Libro delle Ducali in Cancellaria Pretoria di Vicenza a carte 262:

Federicus Zonta Notar. Coadj. ordin.
Praetorius Vicentiae subscripsit.

16 Luglio 1689.

Corre gravissimo disordine, che ogni volta viene da qualche Soggetto supplicata la Cittadinanza, presenta a questa Camera le Scritture comprobanti la medesima, e li fondamenti, che stimano più proprj; ma seguito il Decreto asportano le Scritture stesse, cosicchè non resta alla Città alcun lume di ciò, che ha dato motivo per l'approvazione. Stimandosi però necessario per ogni buon rispetto, che dette Carte debbano essere perpetuamente conservate nell'Archivio della Città, sia preso, che de caetero ogn'uno, che supplicherà la Civiltà, debba anco dopo la Ballottazione lasciar in Torre copia autentica di tutte le Scritture, de' quali si sarà valso per l'effetto medesimo, ed incaricati li Rasonieri di non restituirle, ma trattenirle a Pubblica cauzione.

17

Sabbato 16 Luglio 1689.

Ballottata tra gl'Illustrissimi Signori Deputati al numero di sette, ottene di tutti li Voti.

Dal Libro 37 delle Provisioni degl'Illustrissimi Signori Deputati di Vicenza.

Adi 22 Febraro 1690.

Vedendo gli Illustrissimi Signori Deputati infrascritti, che nell'occasione di far Decreti per la Civiltà, Capacità del Consiglio di Centocinquanta, e Cariche, sogliono li Supplicanti portar anticipatamente le loro Instanze, e Scritture alli Sig. Conservatori alle Leggi, da' quali ponderata con maturatezza la causa, e fatti, con gli esami che conoscono necessarj, vengono poscia alla Camera, dove riferito lo stato delle cose colla consegna delle Scritture, si passa alla ballottazione senza intervallo di tempo, onde resta levato il modo di poter riflettere al fondamento, e certificarsi della giustizia del ricorso colla visione delle Scritture stesse. A divertimento però de' disordini, che potessero cagionarsi, hanno Sue Signorie Illustrissime unanimi e concordi con tutti li Voti decretato, che li Supplicanti debbano far capitar in mano de' Rasonieri le Scritture tutte comprobanti la loro pretesa, avanti la ballottazione quindeci giorni, dopo che saranno state sotto i riflessi de' Signori Conservatori alle Leggi, affinchè possano li Signori Deputati pro tempore far le necessarie osservazioni, e devenire con la dovuta cognizione agli effetti di Giustizia.

Nomi degl'Illustrissimi Signori Deputati.

D. Francesco Florian Dott.
D. Lodovico Tiene Dott.
D. Vicenzo Garzadore.
D. Gio. Battista Velo.
D. Gio. Battista Monza q. D. Torquato.
D. Alessandro Barbaran.

Dal Libro 37 delle Provisioni degl'Illustrissimi Signori Deputati di Vicenza.

Die 28 Martii 1692.

Gl' Illustrissimi Signori Deputati infrascritti.

Avendo osservato, che dal Sig. Anziano del Collegio vengono alcune volte portati in Consiglio di Centocinquanta nomi de' pretendenti luogo nel Consiglio di Cinquecento l'ultimo giorno dell'Anno, ancorchè questi per avanti non siano dati in nota a' Signori Conservatori alle Leggi, e da loro dopo fatta la debita inquisizione proposti al Collegio de' Deputati, ed insieme ballottati giusto la Parte 1567. Per levar tal abuso, hanno decretato, che de caetero non possa esser portato al Consiglio di Centocinquanta alcun Nome, che pretendesse luogo nel Consiglio di Cinquecento, se prima detto Nome non sarà stato, come sopra, dato in nota alli Signori Conservatori alle Leggi, e da loro proposto, e ballottato fra li Deputati, e Conservatori. Il che hanno preso con tutti li voti occultamente resi.

Nomi degl' Illustrissimi Signori Deputati.

D. Giovanni Paulo Bissari Dott.

D. Gregorio Fracanzan Dott.

D. Orazio Capra.

D. Andrea Quinto.

D. Gasparo Trissino.

D. Orazio Toso.

D. Alfonso Capra.

D. Scipion Cividale.

Dal Libro 37 delle Provisioni degl'Illustrissimi Signori Deputati di Vicenza.

PARTI

In proposito di Cittadinanza confermate da Sua Serenità

Luni 16 Luglio 1696.

Con molta prudenza, e maturatezza sono state in varj tempi da' nostri Maggiori fatte molte provisioni e Parti nella materia della Cittadinanza, le quali col corso del tempo essendo state o sinistramente interpretate, o non intieramente adempite, ne sono perciò r'sultati molti disordini, ed inconvenienze, onde considerandosi, che per dar regola migliore ad affare di tanto compenso, e gelosia, sia necessario passare ad altra Deliberazione, che dia più ferma norma, per provedere in avvenire con tutta validità, e con tutta giustizia, risolvono li vostri Deputati di proponere, ed anderà Parte.

Primo. Che ferme restando tutte le Leggi, e Parti finora prese in proposito della Cittadinanza, ed alla presente non repugnanti, resti colla deliberazione di questo Consiglio stabilito, e fermato, in ordine a quanto viene chiaramente espresso nella Parte 1601. 16. Settembre: Che ogn'uno di qualunque condizione, e stato esser si voglia, il quale in avvenire vorrà supplicare la Cittadinanza di questa Città, non possa presentare Supplica alcuna alli Signori Deputati, che saranno pro tempore, se prima non sarà comparso davanti li tre Signori Censori sopra la Civiltà, o almeno due di loro, e pienamente non gli averà informati delle sue condizioni, così quanto al suo nascimento, quanto alla sua facoltà, ed al modo del viver suo, e de' suoi maggiori, col presentargli Scritture, e con farli far fede da Testimoni degni. Dovendo anco essi Censori ex officio prender sopra di quelle altre informazioni, siccome loro parerà, per non esser ingannati; avendo obbligo detti Censori, o almeno due di loro, di riferire quanto averanno trovato prima a li Signori Deputati, avanti l'ammissione della Supplica, quali potranno però ammetter esse Suppliche, o non, come le parerà, e poi fare lo stesso in questo Consiglio avanti le ballottazioni delle Suppliche stesse, con espressa dichiarazione, che non s'intenda mai creato alcun Cittadino, se la Supplica non sarà stata presa da' Signori Deputati, come sopra, e poi da questo Consiglio o almeno con due terzi de' Voti.

Secondo. Che non s'intendi in avvenire principiata la Cittadinanza ad alcun Supplicante, se non dal tempo, che sarà stata detta Supplica ballottata, ed ammessa da questo Consiglio, per poter poi da quel giorno citra solamente principiare il tempo per la capacità a' li Consigli, e Cariche prescritte dalla Parte 1567. 17. Gennaro, decretata dalla Serenità del Prencipe 23. Febraro 1671. M. V. e susseguente regolazione dichiarativa in Ducali 15. Febraro 1673. pure M. V.

Terzo. Che in esecuzione della Parte di questo Consiglio 30. Marzo 1652. ogn'uno in avvenire sia di che condizione esser si voglia supplicante la Cittadinanza, non possa esser tassato meno de Ducati cinquecento, da esser de positati sopra il Santo Monte di Pietà, e di essi disposto a benefizio della Città, come parerà a' Signori Deputati pro tempore.

Quarto. Che essendo stato prescritto in ordine alla suddetta Parte 1567. colla sopradetta regolazione di Sua Serenità, che non possa esser ascritto alcuno a' luoghi del Consiglio di Cinquecento, se prima non sia stato Cittadino almeno anni cinquanta, nè abbi mai esercitato alcuna Arte meccanica: e così a' luoghi di questo Consiglio di 150. per anni sessanta, ed alle Cariche de' Deputati, Consoli, Vicarj, ed altre per anni ottanta; con dichiarazione, che li Signori Conservatori alle Leggi siano tenuti per debito dell'Offizio loro inquirire la verità sopra li pretendenti li suddetti luoghi del Consiglio, e Cariche, con aggiunta, che quelli, che più non saranno stati ballottati, conforme il tenore della sudetta Parte, siano tenuti anco nel tempo delli Consiglj darsi in nota ad essi Conservatori alle Leggi 15. giorni avanti che siano per farsi le loro ballottazioni, nel qual tempo fatta la debita inquisizione, come si è detto, vadano il tutto a riferire a' Signori Deputati pro tempore, e con essi abbiano autorità di escluderli, overo ammetterli alla ballottazione, secondo la verità inquirita, affinchè siano detti Consiglj, e Fiscoli ripieni, com'è ragionevole, de' Soggetti convenienti ad Officj così principali della Città: Stando però ferme le cose sopradette, resti stabilito:

Che in avvenire dopo di esser stati li Soggetti pretendenti ammessi a quanto sopra da' vostri Deputati, e Conservatori alle Leggi, debbano esser portati a questo Consiglio, per esser approvati almeno con li due terzi dei Voti, con dichiarazione però, che l'approvazione di questo Consiglio debba intendersi solamente de' Soggetti novamente ammessi alla Cittadinanza, come sopra, e che li loro Maggiori non abbiano mai avuto luogo nelli predetti.

Consiglj e Cariche; mentre quanto alli Soggetti d'antica Cittadinanza, e che hanno, o averanno avuto i loro Maggiori in altri tempi luoghi, come sopra, bastar debba, che l'approvazione suddetta sia fatta solamente da Signori Deputati, e Conservatori alle Leggi, come resta esposto nella sudetta Parte 1567.

Quinto. Ad effetto che ogn'uno de'Consiliarj possi restar pienamente informato di quanto risulterà dal Processo, e Scritture de'Supplicanti, come sopra, debba cadaun Nome de'Supplicanti stessi, dopo che sarà stato ammesso alla Camera de'Signori Deputati, essere stridato in Consiglio un mese avanti di passare alla ballottazione del Consiglio medesimo; dovendo frattanto essere il Processo, e le Scritture esposte in Camera, ed appresso li Rasonieri, per essere fatto vedere a soddisfazione de'Consigliarj, per gli effetti di Giustizia; salvo l'arbitrio della grazia d'esse Cittadinanze, da esser presa colle strettezze de cinque di sesti di questo Consiglio.

Dovendo la presente essere trasmessa a piè di Sua Serenità per la sua approbazione.

Domenica a dì 31. Decembre 1702.

La Parte presa in questo Consiglio 16. Luglio 1696. in proposito di Cittadinanze merita qualche regolazione, ed esplicazione maggiore, avvegnachè col corso del tempo, si trova repugnante allo Statuto, ed al Giusto. Però li vostri Deputati, desiderosi che le cose caminino in questa Parte con buon ordine, e senza veruna opposizione, risolvono di proporvi, ed

Anderà Parte. Che non siano compresi per vigor della Parte medesima 16. Luglio circa la Tassa delli Ducati cinquecento li Forastieri, che fossero venuti, e venissero ad abitare in questa Città, e volessero conseguire la Cittadinanza in conformità delle Leggi e Statuti; come pure, che nè meno il tempo della Cittadinanza loro abbia a principiare dopo la relevazione de'Privilegj: ma solamente con quelli, che fossero venuti, o venissero ad abitare in questa Città dopo la detta Parte; e ciò in adempimento di quanto prescrive lo Statuto, e le Leggi dal tempo dell'Incolato de'Forestieri, concede il principio della Cittadinanza; Fermo rimanendo in reliquis il contenuto, e l'osservanza della Parte medesima 16. Luglio.

Salustio Salice Rasoniere Mand.

19. Novembris 1707.

Aloysius Mocenico Dei Gratia Dux Venetiarum etc. Nobili et Sapienti Viro Joanni Duodo de suo Mandato Potestati Vincentiae, fideli dilecto salutem, et dilectionis affectum.

Unite alle vostre Lettere de' 30 Giugno ultimo scorso si sono ricevute le due Parti prese in cotesto Consiglio de' dì 16. Luglio 1696. e 31. Decembre 1702. concernent. la Cittadinanza, e delle quali viene da cotesta fedelissima Città supplicata l'approvazione. Essendosi però fatto riflesso dalla pubblica prudenza al loro contenuto, e trovandosi li Capitoli in esse Parti estesi,

appoggiati a Leggi antiche, cadute in dimenticanza, e sinistramente interpretate, e che tutto tenda a dar la miglior regola ad un affare di tanto peso,
proprio e giusto si conosce, con il motivo anco di concorrere a dar testimonj della Nostra Paterna predilezione a cotesta fidelissima Città di devenire
alla loro approvazione, con il lume di che potete significarlo a cotesti Deputati, affinchè sian nell'avvenire pontualmente eseguite.

Dat. in Nostro Ducali Palatio die 19. Novembris, Indictione prima, 1707.

Gasparo Maria Segretario.

1707. 17. Decembre.

Gl' Illustrissimi Signori Deputati infrascritti.

Considerando, che le relazioni vengono fatte a questa Camera da' Signori
Giudici degli Anziani nel giorno legale di S. Silvestro per l'ammissione alla
ballottazione e nel Consiglio di Centocinquanta de' Soggetti, che supplicano
esser descritti, ed infiscolati nel Consiglio di Cinquecento, non caminano con
buon ordine: mentre per la ristrettezza del tempo non viene ben esaminata
la capacità de' Supplicanti stessi. E perciò Sue Signorie Illustrissime, per
dar miglior regola ad affare di tanto compenso, risolvono Decretare, come
Decretano: Che il Giudice degli anziani presente, e quelli che saranno pro
tempore, abbiano ad effettuare le relazioni suddette a questa Camera trè giorni
avanti S. Silvestro almeno, ed in questo fratempo lasciar li Processi de' Supplicanti all'Archivio di Torre, acciocchè ognuno possa vederli, e poi passare
alle ballottazioni. Il che hanno preso con tutti li Voti.

Nomi degl' Illustrissimi Signori Deputati.

D. Sertorio Sangiovanni Dott.
D. Alessandro Ghellin Dott.
D. Alfonso Capra.
D. Giuseppe Caldogno.
D. Carlo Pojana.
D. Gaetano Trissino.
D. Paul' Antonio Valmarana, e
D. Marc' Antonio Volpe Borsello.

Dal Libro 40. delle Provisioni degl' Illustrissimi Signori Deputati di Vicenza.

Domenica 27. Marzo 1735.

In Consiglio Centocinquanta.

Ebbero li nostri Maggiori tutta l'attenzione nell'importante materia della
Civiltà, e secondo la varietà de' tempi promulgarono quelle Leggi, che potessero riuscir di decoro alla Patria, e d'ornamento a' Cittadini; sopradichè

versando al presente le zelanti applicazioni de' vostri Deputati, trovano proprio col parere anco de' Signori Conservatori alle Leggi, di spiegare la Parte
1696 16. Luglio ne' seguenti particolari, affinchè possano essi Sig. Conservatori alle Leggi, e Signori Censori sopra la Civiltà, secondo i loro sottopo-
sti, versare con sodo fondamento nelle loro incombenze, e perciò vi propongono, ed

Anderà Parte, Che ferme rimanendo nel suo intiero vigore tutte le Leggi e Parti - in tal proposito alla presente non repugnanti, ed in particolare
il Decreto dell'Eccellentiss Pien Collegio 1673. 15. Febraro M. V. sia in
primo luogo stabilito, e fermato, che in avvenire quelli, che supplicheranno
la Cittadinanza Civile di questa Magnifica Città, e susseguentemente la Cittadinanza Nobile per la capacità delli Consigli di Cinquecento, e Centocinquanta, siano tenuti stabilir con carte probanti un'annua entrata viva de
Ducati ottocento, della quale un terzo almeno sia descritta, e contenuta nel-
l'Estimo della predetta Magnifica Città.

Secondo, Che cadaun Supplicante, tanto per conseguire la Cittadinanza
Civile, quanto per esser ammesso alla Capacità de' Consiglj suddetti, debba
far constar coll'ordine delle Leggi non solo di non aver esercitata alcun'Arte
mecanica : ma nè meno funzioni servili, nè impieghi mercenarj ; dovendo la
presente esser trasmessa a' piedi di Sua Serenità per la sua approbazione.

A dì 15. Marzo 1735. Ballottata tra gl'Illustrissimi Signori Deputati al
numero di 7. ottenne P. 6. C. 1. e così restò ammessa, con animo 'etc.

A dì 27. detto mandata al Sig. Contradicente.

A dì 17. Marzo 1735. Ballottata in Gravissimo Consiglio obtinuit P. 51. C. 5.

Et sic capta remansit, et pubblicata fuit.

Ex Libro 14. Partium ad pag. 244. Magnificae Civitatis Vincentiae.

1735. 18. Febraro M. V.

Aloysius Pisani Dei Gratia Dux Venetiarum etc. Nobili, et Sap. Viro
Marco Contareno, de suo Mandato Potestati, et V. Capitaneo Vincentiae, Fideli dilecto salutem, et dilectionis affectum.

Con le vostre Lettere 11. corrente venimo di ricevere Parte presa nel
Consiglio di cotesta fedelissima Città, relativa a precedenti Leggi, in proposito dell'aggregazione del medesimo, e della Cittadinanza alle Case, che l'hanno
supplicata e supplicassero. Propenso però il Senato nel compiacere all'instanze di codesti Deputati, viene in deliberazione d'approvare la Parte stessa,
onde a riportar abbia l'intiera sua esecuzione.

Dat. in nostro Ducali Palatio die 18. Februarii ; Indict. XIV. 1735.

Ottavio Negri Seg.

Adì 29. Febraro 1736.

Presentata in mano di S. E. Podestà, V. Capitanio per il Sig. Paris Bo- nazoli Procuratore della Magnifica Città, Instando etc. Quibus visis etc.

Registrate a carte 13.

Tratta dal Libro Registro secondo Albo della Magnifica Città di Vicenza, esistente in suo Archivio di Torre, questo dì 28. Aprile 1736.

Giuseppe Caltran Rasoniero della Magnifica
Città di Vicenza.

Domenica 15. Aprile 1742.

Nella Sala della solita ridduzzione del Gravissimo Consiglio di 150. more solito convocate, ove intervennero:

L' Illustrissimo, et Eccellentissimo Sig. Antonio da Mula Podestà, V. Ca- pitanio,

Et gl' Illustrissimi Signori Deputati infrascritti:

D. Alvise Ragona Dottor
D. Gelio Ghellin
D. Gio: Battista Monza
D. Guido Bissaro
D. Almerico Schio
D. Angelo Scroffa
D. Giacomo Fabio Thiene
D. Alvise Sale
D. Francesco Franco,

Sig. Conservatori alle leggi.

D. Nicolò Losco

Signor Avvocato di Comun.

D. Paltinerio Pojana Dottor

Et altri Signori Consiliarii in tutti N. 98.
Caeteris Ommissis etc.
In quarto loco fu proposta Parte in proposito di Cittadinanza.

Tenor partis.

Intenti li Vostri Deputati nel zelante impegno, che tutte le Parti con- cernenti la Civiltà, ch'è la base del decoro di questo Gravissimo Consiglio, sortiscano la più esatta osservanza, et particolarmente quella del 1693. 16 Lu-

glio fondata su le anteriori 1567. 17. Genaro, regolata nel 1673. 15. Febraro
M. V. et 1601. 16. Settembre, li di cui essami prescritti per comprobare il
vivere civile, mà con troppa dilazione solo effettuati al terminar degl'anni
cinquanta per il Consiglio di Cinquecento, e delli sessanta per quello di
Cento Cinquanta, riescono quasi impossibili, stante la lunghezza del tempo,
o almeno inutili per la mancanza di sicure prove, onde si conosce necessario
di proporvi le seguenti provigioni che migliorino la pratica, e impedischino
gli abusi che tentano di pregiudicarla, e cosi

Andarà Parte.

Primo. Che ferme restando tutte le Leggi fin'ora prese in proposito
della Cittadinanza, e tutto il contenuto della sudetta Parte 1696. alla presente non repugnanti, sarà stabilito dalli Voti di questo Consiglio, che nel-
l'avvenire con miglior metodo siano rinovati ogni Decennio, da principiarsi
nell'anno presente 1742. da Sig. Conservatori alle Leggi pro tempore gli
Essami, e perquisizioni più diligenti ex Offitio per rilevare con fondamento,
se quelli che hanno ottenuto, et otterranno il Privilegio della Cittadinanza
Civile adempiano tutti gli obblighi ingiontili dalle Leggi, e da loro assunti
nel conseguimento del proprio Decreto. In quanto ritrovasseio diffetti, o man-
canze saranno tenuti a rifferirle alli Sig. Deputati, che uniti almeno al numero di Nove tra Deputati, et Conservatori alle Leggi potranno con li due
terzi de Voti sospendere il Privilegio, e dichiarare quello che fosse man-
cante decaduto dalla Cittadinanza Civile, per esser poi nel primo Consiglio
publicato, e ballottato coll'istessa formalità de Voti. Ad oggetto poi d'assi-
curarne la più pronta et regolata essecuzzione siano incaricati li Sig. Primi
Rasonieri compito ogni Decennio di avvisare li Sig. Conservatori alle Leggi
del contenuto di questa Parte, e di conservare in loco separato assieme colla
nota de Nomi di quelli promossi alla medesima Cittadinanza tutti li Processi
già formati per la Concessione del Privilegio, sopra quali con distinzione dovranno di tempo in tempo esser registrati tali Essami, perchè servino di fondamento alle successive indagini.

Secondo. Resterà pure confermato di nuovo l'inveterata consuetudine,
che qual si voglia Decreto di Cittadinanza Nobile, o della Capacità delle Cariche, debba esser preso con li due terzi de Voti delli Sig. Deputati, e
Conservatori alle Leggi pro tempore, che non potranno mai esser meno di
nove trà Deputati, e Conservatori alle Leggi. In oltre a vera intelligenza del
Quarto Capitolo della medesima Parte 1696. resterà respettivamente confermato, e dichiarito che tutti li sudetti Decreti coll'espressa formalità dalli
Sig. Deputati, e Conservatori alle Leggi concessi alli Soggetti ammessi di
nuovo alla Cittadinanza Nobile venghino dopo portati a questo Consiglio
per la loro approvazione, da esser fatta con li due terzi de Voti, eccettuati
però sempre li Decreti fatti à soggetti di antica Cittadinanza, e che li loro
Maggiori avessero avuto loco nelli predetti Consigli, e Cariche, quando però
non abbiano alcuna minima mancanza delli requisiti voluti dalle Leggi, la

dispensa delle quali in tal caso essendo atto di Grazia, e non di Giustizia mai può aspettare alli Sig. Deputati, e Conservatori alle Leggi, e però deve essere riservata al solo arbitrio, e maggior facoltà di questo Consiglio, da esser presa con li cinque sesti, il tutto in vigor dell'istessa Parte 1696.

Adì 26. Marzo 1742.

Ballottata trà gl'Illustrissimi Sig. Deputati al numero di Nove, ottenne Voti P. 8: C. 1., cosicchè restò presa, con animo, etc.

Adì 4. Aprile 1742.

Riballottata trà gl'Illustrissimi Sig. Deputati al numero di Dieci, ottenne di tutti li Voti, con animo, etc.

9. Detto.

Mandata al Sig. Contradicente.

Letta, et Ballottata nel Gravissimo Consiglio di 150. ottenne Voti P. 89. et C. 9.

Fu presa, et publicata.

Tratta dal Libro XIV. delle Parti della Mag. Città di Vicenza essistente in suo Archivio di Torre.

Pompilio Cisotti Rasoniero della Mag.
Città di Vicenza.

Giovedì 19. Aprile 1742.

Gl' Illustrissimi Signori Deputati Infrascritti.

Volendo S.S. S.S. Illustrissime assicurar la più pronta, e regolata essecuzzione della Parte presa dal Gravissimo Consiglio di 150. sotto li 15. Aprile corrente in proposito della Cittadinanza di questa Città, anco col presente loro Decreto incaricano li Sig. Primi Rasonieri Attuale, e Successori, à dover, l'Attuale, subito, e li di lui Successori, compito ogni Decennio, far consegnar à cadauno delli Sig. Conservatori alle Leggi presenti, e futuri una copia à stampa di detta Parte, et avvisarli con Polizze pur à stampa degl'essami da assumersi in ordine alla Parte medesima, registrando poi in Libro particolare, da immediatamente institursi, la relazione della Guardia che averà dispensate le predette Stampe, acciò sempre apparisca l'adempimento pontuale di tal loro incarico: Et in tal altro Libro pur da institursi immediate, descriver tutti li Nomi, e Cognomi di quelli che hanno ottenuto et otteniranno dal prenominato Consiglio il Privilegio della Cittadinanza Civile, con l'anno, mese, e giorno del Privilegio stesso, e conservar detti Due Libri in loco separato unitamente alli Processi già fatti, e che si formeranno per la consecuzione del Privilegio medesimo, sopra quali per mano di quelli Nodari che verranno prescielti da sudetti Sig. Conservatori alle Leggi, e con quel emolumento che a medesimi parerà conveniente, doveranno di tempo in tempo registarsi con distinzione gli Essami, che in conformità dell' antedetta Parte saranno assunti ex Offitio dal zelo di essi Sig. Conservatori alle Leggi, perchè servano di fondamento alle successive indagini: In pena d'immediata privazione in perpetuo della Carica di Rasoniero, e di qualunque altro Offizio lucroso di questa Città à cadauno di detti Primi Rasonieri che pontualmente non adempisse quanto gli resta ingionto col Decreto presente, della qual pena non possa esserli fatta Grazia, se non con tutte le Tredici Balle delli Sig. Deputati, e Conservatori alle Leggi, riddotti nel suo pien numero di Tredici. Il che hanno preso di tutti li Voti.

Nomi degl' Illustrissimi Signori Deputati.

D. Alvise Ragona Dott.
D. Coriolan Garzadore
D Gelio Ghellin
D. Gio: Battista Monza
D. Guido Bissari
D. Almerico Schio
D. Angelo Scroffa
D. Giacomo Fabio Thiene
D. Luigi Sale
D. Francesco Franco.

Tratta dal Libro delle Provisioni dell' Illustrissimi Signori Deputati della Maga. Città di Vicenza, esistente in suo Archivio di Torre.

Pompilio Cisotti Rasoniero della
Mag. Città di Vicenza.

PARTE

Riguardante li Matrimonj, approbata dall'Eccellentissimo Senato.

In Christi Nomine Amen: l'Anno della sua Santissima Natività 1746., Indizione 9 giorno di Domenica 27 del mese di Marzo, in Vicenza, nella solita Sala del Gravissimo Consiglio di 150. ove si riddussero

L'Illustrissimo, et Eccellentissimo Signor Verità Zenobio Capitanio, V. Podestà.

Gl' Illustrissimi Signori Deputati infrascritti.

D. Gaetan Bissari Dottor
D. Giulio Volpe Borsello
D. Niccolò Losco
D. Alfonso Porto Pigafetta
D. Antonio Ghellin
D. Massimilian Valmarana
D. Egidio Negri
D. Lelio Gualdo.
D. Tomaso Piovene
D. Marc' Antonio Velo.

Signori Conservatori alle Leggi.

D. Francesco Cividale Dottor
D. Girolamo di Velo
D. Niccolò Ferramoscà

Signori Sindici di Comun

D Antonio Montanaro

Et altri Signori Consiliarj in tutti N. 84. Coeteris Omissis, etc.

In terzo loco fu proposta la Parte riguardante li Matrimonj del tenor infrascritto.

Segue la Parte.

La più accurata diligenza non è mai sufficiente per tutelare le saggie disposizioni dei nostri Maggiori dagli abusi introdotti dalla malizia, e dalla corruttela de costumi. Sopra tutto riesce scandalosa la troppo frequente irregolarità delli Matrimonj, per la quale posposta ogni considerazione del proprio decoro, e della vera intelligenza delle Leggi non si cerca che di soddisfare la propria passione. A riparo però di sì fatale pregiudizio, si crede necessario di dichiarire, e stabilire con l'autorità de Vostri Voti le seguenti giuste provisioni.

Primo. Che nell'avvenire dalli Vostri Deputati, e Conservatori alle Leggi non possi esser rilasciato alcun Decreto di Capacità di questo Consiglio di 150 a verun Cittadino nato e procreato dopo la presente Ordinazione, tuttocchè la di lui Casa ne sia in possesso, se non sarà munito non solo della fede del Battesimo solita a presentarsi per la legittimità de Natali, ma anco di quella, che facci constare chiaramente la Nascita Nobile della **Madre,** che li sarà rilasciata dalla Cancellaria, o sia dalli Rasonieri de Vostri Deputati. Sarà pure tolerata, e permessa la Condizione Civile della Madre col requisito sempre di buona fama e costumi, escluso qualunque altro grado meccanico, ed inferiore, quando non vi fosse qualche adequato compenso di riguardevoli profitti valevole a coonestarne il Contratto, ma tanto le circostanze del primo Accasamento Civile, quanto le Convenienze del secondo saranno soggette all'Esame, et ad esser riconosciute dalla maturità di un Collegio Estraordinario composto dal Fiscolo intiero de Vostri Deputati, Conservatori alle Leggi, Censori alla Civiltà, e Contradicenti attuali, che almeno per due terzi dovranno unirsi, e con li due terzi di Voti li resta impartita la facoltà di approvarle, e reggettarle, et altresì di concedere, o negare il supplicato Decreto de la Capacità, potendo ogn' uno ad arbitrio praticar tale esperimento del sudetto Collegio estraordinario, o alla conclusione dell'Instrumento Nuziale, o alla ricerca dell'accennato Decreto di Capacità.

Secondo. Con l'oggetto in conseguenza di disporre quanto sia possibile alla maggior facilità, e sicurezza le prove ordinate, sarà tenuto ciascheduno nell'avvenire di dare in nota alli medesimi Ragionieri di Torre il proprio Contratto di Nozze dentro il corso di tre mesi dopo la Celebrazione, per esser registrato Gratis in un Libro destinato a questo fine, per ritrarne a suo tempo le fedi prescritte per il Decreto della Capacità. Con Dichiarazione, che chi trascurasse poi tale Denonzia necessaria per gli espressi riguardi, dovrà soggiacer all'Esame dell'istesso Collegio Estraordinario, tuttochè avesse li prefissi requisiti della Nobiltà della Madre, perchè le sia rilasciato quell'attestato indispensabile al conseguimento del Decreto della Capacità, onde resti con tale regolato metodo, e meritata privazione per il corso di anni sessanta di questa più distinta prerogativa, posto freno a sì dannato disordine.

Adì 26 Marzo 1746.

Ballottata trà gl'Illustrissimi Signori Deputati al numero di Nove ottenne di tutti li Voti, con animo, etc.

Detto

Mandata al Signor Contradicente.

Adì 27 Marzo 1746.

Ballottata in Consiglio di 150, ebbe Voti P. 77, C. 7.
Onde fu presa, e pubblicata.
Registrata nel Libro XV. Parti a car. 144.

Petrus Grimani Dei Gratia Dux Venetiarum, etc. Nobili, et Sapienti Viro Veritati Zenobio de suo mandato Capitaneo, Vice Patestati Vicentiae, fideli Dilecto Salutem; et dilectionis affectum.

La Parte, che fu presa nel Consiglio di cotesta Magnifica Città a riparo dell'invalso frequente abuso nell'ordine Nobile di Matrimonj alla condizion disdicevoli, e che accompagnàste al Senato con vostre Lettere 10 Giugno decorso: Com'ella tende all'esposto salutare oggetto, resta dalla Pubblica Autorità approvata, onde abbia esecuzione.

Dat. in Nostro Ducali Palatio die 22 Septembris. Inditione x. 1746.

Marc' Antonio Busenello Segretario.

Tergo. Nobili et Sapienti Viro Veritati Zenobio Capitaneo, V. Potestati Vicentiae.

1746, 26 Settembre. Presentata a S. E. il Signor Capitanio, V. Podestà per il Signor Paris Bonazoli Procurator della Magnifica Città.

Refferse Pozza Guardia.

Registrata in Cancelleria Pretoria, ed in Archivio di Torre della Magnifica Città di Vicenza nel Libro Terzo Albo alle carte 63 tergo.

Giuseppe Caltran
Ras. della M. Città di Vicenza.

CASO

Fratelli dalle Chiavi Regetti

Franciscus Foscari Dei Gratia Dux Venetiarum etc. Nobb., et Sapp. Viris Vectori Barbaro de suo Mandato Potestati, et Andreae Gritti Capitaneo Vincentiae, et Successoribus suis, fidelibus dilectis Salutem, et dilectionis affectum.

Ut intelligatur quod nunc, et in futurum servari intendimus circa creationem fiendam de aliquo Cive Vincentino Vobis dicimus, quod quotiescumque ad Vos scribimus, ut aliquis fiat Civis Vincentinus, aut quod respondeatis super aliqua petitione per quemquam talis Civilitas a quopiam exquireretur à Vobis, volumus, et Vobis expressè mandamus, ut prius antequam Nobis aliquid respondeatis, aut rescribatis, audire, et sentire debeatis parerem illorum Nostrorum Civium, quia non intendimus ullo modo praeter eorum velle aliam talem Civilitatem impartiri. Et sic nunc, et in futurum penitus, et cum effectu observetis, inviolabiliterque observari faciatis.

Dat. in Nostro Ducali Palatio die 5 Mensi Martii Indict. tertia 1440.

Ex Membrano Libro in Pergamena ad pagina 88 existente in Archivio Turris Magn. Civitatis Vincentiae die prima Julii 1748.

Antonio Montanari Ras.

Illustrissimi Signori Deputati, e Gravissimo Consiglio.

Il dolce soggiorno, e retto Governo di questa Illust. Città di Vicenza ha talmente rapito il cuore degl' Antenati di noi Pietro, e Fratello delle Chiavi, che fin da un secolo, e mezzo abbandonando il patrio cielo di Bormio ne' Svizzeri scielsero di vivere, e morire in questa Città, lasciando così più degna Patria a' suoi Posteri. Questa benchè giusta stima a Domicilio così felice passato sempre di età in età nella nostra Famiglia sin a che abbandonando l'origine di straniera, conseguì la bella sorte sino nell' anno 1653 d'ottenere in questa Nobilissima Città il privileggio di Cittadinanza. Ma come ad una Madre amorosa, la riverenza de' Figli dà grado a concepir nuove brame, così incoraggiti noi Supplicanti abbiamo in altro vicino tempo umiliate le nostre preghiere per conseguire la capacità ai Gravissimi Consigli de' 500, e 150. Ma un' estimo al Traffico in nome del qu. Nostro Avo per negligenza lasciato correre sin l' anno 1684, sebbene avesse molto prima tralasciato il Negozio ci ha sospesa la consecuzion della Grazia, avendosi preteso [per questo solo motivo] non adempito il tempo delli anni 60 di Vita Civile, e però doversi attendere altri anni 5 per compir il Periodo del Requisito legale conceduto dal Decreto dell'Eccellentissimo Senato 1673.

Ora, che cessa il difetto del tempo esponiamo novamente a questo Savio Consesso con ogni riverenza l'onesto desiderio nostro d' essere abilitati alla capacità de' sudetti Consigli di questa Felicissima Città, onde così poter aver l'onorifica occasione di servire all'adorata Patria insigniti di questa distinta prerogativa, e con ciò poter dar più vivi Testimonj di nostra divota gratitudine, e fede a Città tanto benefica. Grazie, etc.

Adì 23 Giugno 1746.

Presentata per il Signor Pietro dalle Chiavi per nome suo, e del Signor Vicenzo suo Fratello, assieme con numero tre processi, supplicando, etc.

Adì 14 Settembre 1746.

Letta la presente Supplica trà gl' Illustrissimi Signori Deputati, e Conservatori alle Leggi infrascritti, et intesa la Relazione fatta sopra la stessa col fondamento dell'esibite Scritture, e degl'Esami assonti da D. Gio. Battistà Valmarana Dottor Capo de detti Illustrissimi Signori Conservatori, e dopo d' esser stato il tutto maturamente discusso, e pesato, mandatene la Ballottazione ebbe prò 6 contro 5, onde non fù admessa.

Nomi degl' Illustrissimi Signori Deputati.

D. Fabio Arnaldi Dottor
D. Gelio Ghellin
D. Gio. Battista Monza

D. Leoneda Bissaro
D. Almerico Schio
D. Antonio Pigafetta
D. Antonio Trento, e
D. Alessandro Piovene.

Nomi degl' Illustrissimi Signori Conservatori alle Leggi.

D. Gio. Battista Valmarana Dottor
D. Orazio Trento, e
D. Enrico Bissaro.

Tratta dal Libro Provisioni di questa Magnifica Città di Vicenza stente nel suo Archivio di Torre questo giorno 16 Settembre 1746.

Guido Maria Mainenti Ras.

Adì 12 Decembre 1746.

Letta nuovamente trà gl'Illustrissimi Signori Deputati, e Conserv alle Leggi infrascritti l'antedetta Supplica, et intesa la nuova Relazione sopra la stessa dal sudetto D. Gio. Battista Valmarana Dottor, dopo d'e stato il tutto maturamente discusso, e pesato, mandatane la Ballotta ebbe Prò 7, C. 3, onde restò admessa, con animo, etc.

Nomi degl' Illustrissimi Signori Deputati.

D. Francesco Cividale Dottor
D. Roberto Trissino Dottor
D. Leoneda Bissaro
D. Massimilian Muzan
D. Almerico Schio
D. Alessandro Piovene, e
D. Girolamo Scipion di Velo.

Nomi degl' Illustrissimi Signori Conservatori alle Leggi.

D. Gio. Battista Valmarana Dottor
D. Orazio Trento, e
D. Enrico Bissaro.

Adì 18 Detto.

Fù stridata nel Gravissimo Consiglio di 150 giusto alle Leggi.

Adì ·15 Febraro 1747.

Mandata al Signor Contradicente.

Domenica 19 Febraro 1747.

Nella solita Sala del Gravissimo Consiglio di 150 ove intervennero,
L'Illustrissimo et Eccellentissimo Signor Francesco Antonio Pasqualigo
Podestà V. Capitanio, e gl'Illustrissimi Signori Deputati, e Conservatori alle
Leggi, et altri Consiliarj, in tutti al n. 120.
In quinto loco è stata proposta da D. Gio. Battista Valmarana Dottor,
Consérvator alle Leggi la soprascritta Supplica dalle Chiavi per la capacità
de' Consigli, a cui fu contradetto da D. Fabio Arnaldi Dottor, e poi Ballottata.
ottenne . . . . : . . . . P. 71, C. 48.
Onde fù regetta.

Domenica 26 Marzo 1747.

Nella solita Sala del Gravissimo Consiglio di 150 ove intervennero.
L'Illustrissimo et Eccellentissimo Signor Francesco Antonio Pasqualigo
Podestà V. Capitanio, e gl'Illustrissimi Signori Deputati, e Conservatori alle
Leggi, et altri Consiliarj, in tutti al n. 108.
In ottavo loco fù proposta da D. Gio. Battista Valmarana Dottor, Conservátor alle Leggi alla Ballottazione la Supplica soprascritta dalle Chiavi
avendo perorato prima a favor della medesima, a lui essendo stato contraddetto da D. Fabio Arnaldi Dottor, fu da S. S. S. S. Illustrissime sull'eccezioni
fatte dal suddetto D. Arnaldi alla presentazione di nuove Carte, fù mandata
l'infrascritta Parte.
Andando in dubbio, se il quarto Processo trovato unito agl'altri, ne' già
presentati dal Signor Pietro e Vicenzo q. Santo dalle Chiavi per ottenere
il Decreto di Cittadinanza esser possa d'impedimento alla seconda Ballottatione del Decreto stesso, già preso da Vostri Deputati, non essendo seguita
la presentazione del medesimo, perciò và Parte Declaratoria, se ciò seguir
possa senza pregiudizio delle Leggi: e però chi vuole, che segua la seconda
Ballottazione per conferma del Decreto medesimo ponga il Voto nel Bossolo
Bianco, e chi non vuole lo ponga nel Rosso.
Qual Ballottata ottenne . . . . P. 46, C. 60.
Cioè nel Bossolo Bianco 46, e nel Rosso 60 onde restò Preso, che non abbia
a seguir la Ballottazione del detto Decreto.

Tratta del Libro Parti XV esistente in Archivio di Torre della Magnifica Città di Vicenza questo giorno 27 Marzo 1747.

Spect, et Gener. Vir. De opportuno requisiti Suffragio parte, et nomine
Petri et Vincentii Fratrum a Clavibus, Vest. Req. Spect. ut Ordine, et Mandato Nostro praecipi, commitique faciat. D D. Conservatoribus Legum istius

18

Civitatis Vincentiae, quod debeant exequi Decretum Excellentiss. Senatus diei 19 Novembris 1707 quo approbatum extat Capitulum primum Partis 1696 16 Luglio captae in Consilio 150, istius Civitatis, ita ut expediatur Supplicatio dictorum Fratrum a Clavibus porecta usque de Anno 1746, 23 Junii ad tenorem ipsius Decreti, et Partis supradictae, et hoc pro effectibus Justitiae, et B. V.

Venetiis die 27 Septembris 1747.

Troylus Malipetro Advoc. Com.

Tergo. Sp., et Egr. Viro D. Pot, et V. Capitaneo Vincentiae Hon., etc.

Receptae die 30 Septembris 1747, visae, etc. Reffer. Zambon Guardia, ac praesentatae per Excell. D. Hieronymum Becega nomine, etc.

23 Gennaro 1748.

Ha rifferto Gio. Maria Sigismondi, etc.

Domenica 23 Giugno 1748.

Nella Sala del Gravissimo Consiglio di 150, ove intervennero l'Illust. et Eccell. Sig. Podestà V. Cap., gl'Illust. Sig. Deputati infrascritti, con li Signori Conservatori alle Leggi pur infrascritti, et altri Signori Consiliarj in tutti al n. 95.

Nomi di Sue Signorie Illustrissime.

D. Gaetan Bissaro Dottor
D. Gelio Ghellin
D. Giacomo Fabio Thiene
D. Bortolamio Squarzo
D. Alessandro Piovene
D. Girolamo Scipion di Velo, e
D. Costantin Sesso.

Nomi degl' Illustrissimi Conservatori alle Leggi.

D. Gio. Maria Trissino Dottor
D. Niccolò Losco.

Signor Sindico di Comun.

D. Vincenzo Montanaro.

In settimo loco fu letta la Supplica presentata dalli Signori Pietro e Vicenzo fratelli dalle Chiavi per la loro capacità alli Consigli di 500, e 150, che fu portata a questo Consiglio di 150 da D. Gio. Maria Trissino Dottor uno delli Signori Conservatori alle Leggi.

Qual Ballottata ottenne . . . . P. 41, C. 47.

Onde la Supplica stessa non fù presa.
Il che fu pubblicato in forma.

Tratta dal Libro XV, delle Parti della Magnifica Città di Vicenza esistente nel suo Archivio di Torre.

Francesco Malucelli
Ras. della Magn. Città di Vicenza.

1748, 18 Luglio.

Excell. D. Sebastianus Nodari parte, et nomine D. D. Petri, et Vincentii Fratrum a Clavibus se aggravat, et appellat a talibus qualibus Partibus captis in Consilio 150. Magnificae Civitatis Vincentiae dei 19 Februarii 1747, et 23 Junii proximi praeteriti, simul cum omnibus antecedentibus annexis, connexis, dependentibus, et praejuditialibus, tamquam a Partibus simul cum omnibus ut supra male, indebite, et cum disordine secutis ad grave damnum, et praejuditium dictorum Appellantium, rationibus, etc., et juxta formam Scripturae hodie productae.

Illico. Illust. D. D. Capita de 40 C. N. ordinaverunt quod nil innovetur super supradicta Appellatione, nisi citata parte.

Scriptum fuit Vincentiae de Citatione per Menses duos in forma, et de intimatione supradictis Ordinis, et Scripturae, Scripturarum, Typis, et Arboris, etc.

1748, 18 Luglio.

Allettati li Maggiori di noi Pietro, e Vicenzo Fratelli dalle Chiavi dalle provide Leggi della Magnifica Città di Vicenza abbandonato il Patrio cielo, hanno trapiantata sù la fede delle medesime, la loro abitazione e Famiglia sin dall'Anno 1590 e in detta Città, da cui furono ritrovati degni nell'anno 1653 del Decreto di Cittadinanza, e nutrendo un vivo desiderio di conseguire coll'adempimento legale la capacità de' Consigli de' 500, e 150 di detta Città, hanno li nostri Padre, e Zii, e noi in seguito voluto compire il corso d'anni 60 d'una vita intieramente civile, che per Decreto 1673 dell' Eccell. Senato adempisce il requisito per la capacità dei Cousigli medesimi.

Sopra tal giustissima base fu porretta la nostra Supplica agl'Illustrissimi Deputati 23 Giugno 1746, quale finalmente conosciuta giusta, e legale fù admessa 12 Decembre 1746, e stridata poscia, e portata al Consiglio de' 150, li 19 Febraro 1747, restò ingiustamente regetta, non ostante li voti 71 a Nostro favore, e contro 48. Fù dopo non solo cavillata, e divertita la seconda Ballottazione come dalle Carti rissulta, ma studiati nuovi ripieghi, perchè mai seguisse da chi doveva promoverla. Ciò diede motivo al nostro riccorso al Magistrato Eccellentissimo Avogaresco, ove dopo quanto si vede per il corso di mesi 5 pratticato di struscio terminò con volontaria Rimozione, et impegno di portarla. Il che finalmente hanno dovuto sforzatamente adempiere in obbedienza de' nostri riccorsi, e portata la Parte stessa non ottene che Voti 41, e c. 47.'

Come però nell'una, e nell'altra Ballottazione altro obbietto non vi fu, se non che nostro Padre sia stato Cassier dell'anno 1703 sino 1712, del Dazio Macina del Territorio Vicentino; poi Riscottitor del Dazio stesso con novo titolo di Scrivan sin dell'Anno 1718 inclusive, Titolo con tal nome voluto dalla Pressidenza del Conseglio serenissimo di 40 al Criminal per vantaggio Pubblico, così sia stata detta Carica, o col nome di Cassier, o di Scrivan, altra mai non fù, che aver esatto il qu. Nostro Padre in propria Casa da Comuni le summe, che per gl'accordi fatti dal Pubblico Rappresentante venivano esborsate, et eran dovute al Prencipe Serenissimo; nè mai era credibile, che l'esercizio di detta Carica intrapresa in obbedienza de un'elezione fatta ex Offizio dal Pubblico Rappresentante fosse obbiettata come macchia alla Nobiltà di detti Consigli, e che detto Esercizio per Pubblico Comando potesse mai offuscar lo splendor de' medesimi.

Non dovendo perciò passar in esempio un'offesa tanto gravosa alla ragione, et all'onorata memoria Paterna, siamo costretti ricorrere alla Maestà del presente Serenissimo Consiglio vindice costante dell'ingiustizie de' Corpi Sudditi, et appellate dette Parti 1747, 19 Febraro, e 23 Giugno 1748, con tutte le cose annesse, e dipendenti, ne imploriamo pienissimo Taglio, con cui sarà fermato, che compito il corso del tempo per la capacità a' Consigli sopraddetti siano esequite le Leggi in tal materia disponenti, col far a noi Fratelli dalle Chiavi il Decreto di capacità a' Consigli sopraddetti, non potendo denegarci col vano pretesto che il qu. Nostro Padre abbia esercitata la Carica sopra espressa, essendo ciò troppo offensivo a' Sovrani Decreti, all'elezione ex Offitio della Pubblica Rappresentanza, Ducali dell'Eccellentissimo Senato, e pratica della stessa Città di Vicenza, con quel più, che sarà opportunemente considerato, salvis, etc.

1748, 20 Settembre.

Quando realmente accordano, e confessano li Signori Fratelli dalle Chiavi doversi esequir le Leggi in tal materia disponenti per ottener il Decreto di Capacità al Consiglio della Magnifica Città di Vicenza non potevano poi se non con aperta contraddizione, et ingiustizia appellarsi dalle parti prese nel Consiglio de' 150 de dì 19 Febraro 1747, et 23 Giugno passato, mentre queste appunto hanno per base, e fondamento le Leggi medesime. Lo stesso studio con cui si vorrebbe nella loro Scrittura nascondere, o inorpellare la verità de' fatti, ben dimostra conoscersi da' loro medesimi legittimo il motivo, per cui non furono admessi in alcuno delli due esperimenti fatti, e però sopra la loro Appellazione malamente interposta dalle suddette due Parti 19 Febraro 1747, e 23 Giugno passato; seguirà per Giustizia il Laudo come

. Parti esecutive delle Leggi della Città stessa approvate dal Principe Serenissimo, e precisamente disponenti de' requisiti necessarj per la Capacità al di lei Consiglio per tutto ciò, che in ragione, et in fatto, e col confronto delle Leggi stesse sarà considerato, salvis, etc.

Petrus Grimani Dei Gratia Dux Venetiarum, etc. Nobilibus, et Sapientibus Viris de suo Mandato Potestati Vincentiae, et successoribus suis Fidelibus Salutem, et dilectionis affectum. Significamus vobis, qualiter sub die 26 Novembris labentis in Consilio Nostro de 40. C. Novo posita fuit Pars tenoris infrascripti Videlicet; Quod istae Partes captae in Consilio 150 Magnificae Civitatis Vincentiae diei 19 Februarii 1747 et 23 Junii 1748., et appellatae per D. D. Petrum, et Vincentium Fratres a Clavibus tenoris, et continentiae ut in eis, auctoritate hujus Consilii incidantur, cassentur, revocentur, et adnullentur cum secutis suis omnibus annexis, connexis, et dependentibus, ita quod de caetero sint nullius valoris roboris, efficaciae, vel momenti, ac si minime secutae fuissent partibus in pristinum revertentibus, in omnibus, et per omnia juxta formam appellationis in praesenti Consilio interpositae sub die 18 Julii 1748, et Captum fuit quod l'artes supradictae Bonae, et Laudatae remaneant; Quare V. Requirimus Spectabilitatem ut Partem, ut supra captam exequatur, et exequi faciat in omnibus suis partibus prout stat, et jacet; Has autem in Cancellaria Vestra Registratas praestanti restituantur, et B. V.

Dat. in Ducali Nostro Palatio sub die 27 Novembris, 1748.

Excell. Cons. de 40 C. N.
Petrus Paulus Nimpha
Notarius.

Tergo: Nobb. et Sapp. Viris D. D. Potestati Vincentiae, et Successoribus suis Hon.

28 Novembre 1748.

Presentate dal Sig. Paris Bonazzoli Proc. di questa Magnifica Città, instando, etc. quibus, etc.

Reff. Pozza Guardia.

Adì 29 Novembre 1748.

Hà riff. Antonio Biancato Comand. aver il giorno presente intimate le suddette Ducali alli Signori Pietro, e Vicenzo dalle Chiavi alla Casa del Sig. Pietro uno di detti Fratelli audiente Serva in tutto, etc. et L. C.

Gio. Batt. Curti Coad. Ord. Pret.

A di 30 Novembre, 1748.

Hà riff. Antonio Biancato Comand. aver li 30 suddetto intimate le presenti Ducali al Sig. Vicenzo dalle Chiavi alla Casa audiente Donna di Casa, in tutto, etc. et L. C.

Il Sud. Coad. Ord. Pret.

A dì 1. Settembre 1755.

Gl' Illustriss. Signori Deputati Infrascritti.

Sopra le rimostranze fatte dal benemerito zelo delli presenti Signori Censori sopra la Civiltà toccanti la scoperta da essi fatta, che da' Loro Precessori sia stato ommesso di Tansare li Ducati cinquecento tutti quelli che hanno Supplicato, e furono ammessi alla Cittadinanza Civile, facendo cadere tale esborso sopra quelli soli d' origine Territoriale, il che fu in aperta contravenzione alle moltiplici Leggi del Gravissimo Consiglio, approvate dall' Autorità Suprema del Principe Serenissimo, e specialmente alle Parti 1601. 16. Settembre, 1652. 30. Marzo, e 1696. 16. Luglio, quali inter caetera prescrivono ch' ognuno in avvenire, sia di che condizione esser si voglia, Supplicante la Cittadinanza Civile, non possa essere Tansato meno di Ducati 500. esclusi unicamente da tale Contribuzione li Forastieri, che fossero venuti e venissero ad abitare in questa Città in conformità alla Parte 1702. 31. Decembre. Presa da Sue Signorie Illustrissime in maturo esame l' importante materia, con li prudenti sentimenti anco delli Signori Conservatori delle Leggi, hanno pur troppo con ammirazione, e dispiacere trovato essere seguita tale arbitraria, e per ogni riguardo pregiudiziale Contravenzione.

Applicando però Sue Signorie Illustrissime a togliere per sempre all'avvenire un tanto abuso, e provvedere alla pontuale esecuzione delle Leggi, in ordine al Capitolo Quinto della Parte 1601. 16. Settembre, hanno tutti unanimi e concordi Decretato, che oltre le altre condizioni tutte dalle Leggi ordinate, non possa all' avvenire senza l' esborso di Ducati cinquecento esser ammesso alla Cittadinanza Civile qualunque Supplicante di che condizione esser si voglia, esclusi unicamente li Forastieri, che fossero venuti, e che venissero ad abitare in questa Città, in tutto, e per tutto in conformità, et esecuzione delle Leggi, e Parti di sopra enunziate, confirmate da Sua Serenità. Con l' espressa dichiarazione ; che qualunque Decreto, e respettiva admissione, che fosse in progresso fatta senza tali tutte pienamente eseguite condizioni s' intenderà nulla, e di niun valore, perchè fatto contro le Leggi.

E perchè sia levato ogni pretesto alla continuazione dell' abuso, sarà debito del Signor secondo Rasoniere consegnare copia del presente Decreto a cadauno de' Signori Censori sopra la Civiltà in ogni tempo al loro Ingresso all' Officio stesso. Il che fu preso con tutti li Voti.

Nomi di Sue Signorie Illustrissime.

D. Gio: Maria Trissino Dott.
D. Alessandro Negri
D. Leoneda Bissari
D. Almerico Schio
D. Antonio Repeta
D. Antonio Ghellin
D. Tomaso Piovene di D. Francesco
D. Massimilian Porto Godi Pigafetta
D. Alfonso Capra.

Tratta dal Libro Provisioni dell'Illustrissimi Signori Deputati esistente nell'Archivio di Torre della Magnifica Città di Vicenza questo dì 29. Marzo 1756. in fede, etc.

Antonio Montanaro Rasoniero.

Giovedì 15. Gennaro 1761.

Fatto riflesso dagl'Illustriss. Signori Deputati infrascritti all'abuso, che corre di non esibirsi da Concorrenti al Consiglio, e Cariche per i loro personali Decreti, se non le fedi de' loro Battesimi, che sole non stabiliscono la loro procreazione in legittimo Matrimonio a tenor delle Leggi, rendendosi a tal'oggetto necessarie anco quelle del Matrimonio contratto da' Padri, e richiedendo il decoro, e la dignità di detto Consiglio, e Cariche, che sia proveduto coll'intiera legale circospezione nell'ammettervi i soggetti, che vi aspirano, Hanno perciò Decretato, che oltre le fedi de' Battesimi abbiano ad essere da detti Concorrenti esibite anco quelle del Matrimonio de' Padri loro, onde possi dall'Illustrissimi Signori Deputati, e Conservatori alle Leggi pro tempore devenirsi coll'intiero fondamento della loro legittima Procreazione in Matrimonio alla loro admissione a' detti Consigli, e Cariche. Il che hanno preso di tutti li Voti.

Nomi di Sue Signorie Illustrissime.

D. Cristoforo Muzan Dott.
D. Leoneda Bissaro
D. Achille Pagello
D. Simandio Chieregato
D. Francesco Monza
D. Pietro Coati, e
D. Gabriel Capra Pigafetta.

Guido Maria Mainenti
Ras. della M. Città.

A dì 15. Decembre 1781.

Gl' Illustrissimi Signori Deputati Infrascritti.

Per maggior chiarezza, e per levar ogni equivoco nelli Decreti da farsi a quelli che aspirassero al Consiglio di 500. Sue Signorie Illustrissime inteso anco il parere de' Signori Conservatori alle Leggi, del Priore, e Consiglieri del Collegio degl'Illustriss. Sigg. Giuristi, dell'attuale Giudice degli Anziani, ed altri del Collegio medesimo; hanno decretato, che tutti quelli, che desiderassero essere ascritti al Consiglio di 500. dovranno per li 8. Decembre in ogni anno portare le loro Carte comprobanti la loro capacità al Consiglio stesso, alla Camera degl'Illustrissimi Signori Deputati in mano del secondo Rasoniero, dal quale saranno fatte tenere, alli Signori Conservatori alle Leggi, perchè in ordine alla Parte 1696. relativa ad altra 1567. a cadauno abbia ad esser fatto il personale Decreto di capacità dagl'Illustriss. Sigg. Deputati e Conservatorj alle Leggi, a riserva di quelli soli soggetti, che avessero avuto il Decreto per la capacità al Gravissimo Consiglio di 150. e Cariche, per esser sì degli uni, che degli altri, il Decreto stesso rassegnato al Sig. Giudice degli Anziani unitamente alle altre Carte comprobanti gli altri necessarj requisiti, dal quale poi saranno portati li nomi alli Signori Deputati, e Conservatori alle Leggi per farne la relazione tre giorni avanti l'ultimo di Dicembre, in ordine a Decreto de' Precessori 1707.

Ed il presente perchè sia reso ad universale cognizione, sarà letto, e pubblicato nella prima Riduzione del Consiglio di 500, ed indi stampato, ed unito al Libro Civiltà.

Nomi di S. S. Illustrissime.

D. Alvise Squarzo Dott.
D. Gabriel Capra Pigafetta
D. Alvise Monza
D. Francesco Maria di Tiene
D. Nicola Fracanzan
D. Scipion Schio.

Giuseppe M. Coletti Ras. Mand.

PARTE CAPITOLATA

Riguardante la Cittadinanza Nobile, approbata da lo Eccellentissimo Senato.

Adì 17. Marzo 1782. In Vicenza.

Nella solita Sala del Gravissimo Consiglio di 150. ove si ridussero

L'Illustrissimo et Eccellentissimo Sig. Zaccaria Morosini Podestà V. Capitanio.

Gl' Illustrissimi Signori Deputati infrascritti.

D. Alvise Squarzo Dott.
D. Biaggio Ghellini Saraceno Dott.
D. Vincenzo Giustiniani
D. Francesco Maria di Tiene
D. Ugolino Sesso
D. Niccola Fracanzani
D. Luigi Porto Barbarano
D. Girolamo Giuseppe di Velo
D. Carlo Uberto Verlato

Signori Conservatori alle Leggi infrascritti.

D. Francesco Sangiovanni Dott.
D. Bernardo Arnaldi
D. Antonio Maria Porto.

Signori Sindici di Comun.

D. Giambattista Mainenti
D. Vincenzo Vajenti.

Et altri Consiliarj, in tutti al Num. di 81.

Caeteris ommissis.

In quarto loco fu proposta la Parte con Capitoli riguardante la Cittadinanza Nobile del tenor infrascritto.

Segue la Parte.

Quanto li benemeriti nostri Maggiori abbiano riguardate con particolar premura le prerogative della Cittadinanza Nobile e la progressione della medesima, lo dimostrano chiaramente le moltiplici Leggi nel proposito, da questo Consiglio in varietà de' tempi, e di circostanze emanate. Seguendo pertanto li vostri Deputati sì ragionevoli traccie col riflesso degli assai diversi rapporti delli passati tempi alli presenti, vi propongono, et l' anderà Parte:

Capitolo Primo.

Che salve, e riservate tutte le Leggi alla presente non ripugnanti, riflettendo alle notabili differenze dell' aumento del valor numerario, sia stabilito, che in avvenire quelli che aspirassero alla Cittadinanza Civile, e col tratto del tempo dalle Leggi prescritto alla Cittadinanza Nobile, per la capacità dei Consigli di 500. e di 150. non pòssano esservi abilitati, se non sarà provato che possedono l'annua entrata in fondi Stabili, e Livelli, di Ducati duemille correnti valuta di Piazza, depurati da privati aggravj ; dichiarando che all' obbligo di tal summa, non sieno comprese quelle famiglie, che fossero attualmente in coricolo ; qual ballotato ebbe P. 76, C. 5.

Capitolo Secondo.

All' oggetto di levare al possibile le delusioni, salvo quanto viene prescritto dalle Leggi, e in particolare dalla Parte di questo Consiglio 1696. 16. Luglio : in ciò che riguarda lo speciale incarico delli Censori alla Civiltà, sia preso che in avvenire a tutti li Supplicanti la capacità alli predetti Consigli, sia formato diligente processo dalli Conservatori alle Leggi, o almeno da due di Loro, col dover préndere tutte le più esatte informazioni, farsi trar copia d'Estimi, esaminar Testimonj, far osservar le Notificazioni, e cavarne le Fedi, prender esame sopra la condotta del viver Civile de' Supplicanti stessi, e in fine procurare tutti quei lumi che fossero i più confacenti per rilevare la verità, dovendo portarsi sopra luogo, ove li Supplicanti avessero Beni, o relazioni, ed il tutto a spese de' Supplicanti medesimi, per dover poi riferire il risultato al Collegio dei Deputati, unitamente a quali segnare l' admissione del relativo Statutario Decreto, da esser rassegnato per la sua approvazione al Consiglio di 150. a norma delle Leggi ; qual ballottato ebbe P. 69. C. 12.

Capitolo Terzo.

Per non incorrer in disordini, e verificare con facilità le discendenze legittime delle Famiglie Nobili, sia stabilito che in avvenire tutti li figliuoli maschj che nasceranno dai Matrimonj riconosciuti, e registrati a metodo della Parte di questo Consiglio 1746. 27. Marzo, approvata dal Serenissimo Prencipe, nel termine di mesi quattro da computarsi dal giorno della loro nascita, abbiano ad esser dati in nota alla Camera de' Deputati, colle fedi legalizzate de' loro Battesimi, che dovranno restare in filza numerata, e il nome, e la nascita di detti figliuoli, abbiano ad essere registrati di volta in volta, di riscontro al registro del Matrimonio stesso, perilchè dovrà essere instituito un Libro, con quei metodi che dalli Deputati, e Conservatori alle Leggi verranno prescritti. Mancando poi li Genitori, o li Propinqui di presentare nel termine sopradichiarito, possano sempre in qualunque tempo implorarne la abilitazione dal Collegio extraordinario, ordinato dalla suddetta Parte che all' occorrenze potrà riconoscerli, abilitarli, ed ordinarne il Registro, con li due terzi de' Voti, radunato al numero legale ; qual ballottato ebbe P. 72. C. 9.

Capitolo Quarto.

Quelle Famiglie, e Persone poi delle quali non fossero registrati successivamente li Matrimonj, perchè non conformi alle Leggi, ed in conseguenza la nascita de' loro figliuoli, o che andassero ad abitar fuori-di Città, ovvero anche nella Città stessa esercitassero arti, o mestieri, o facessero le fazioni colla villa, e vivessero in modi non decenti e proprj d'una condotta di vita Nobile e Civile, e perciò in tal modo derogassero alla Nobiltà; venendo col tratto del tempo in circostanze di supplicare il loro repristino, questo non potrà esser loro accordato, se non cogli ordini soliti di chi principia il coricolo della Cittadinanza Civile e Nobile, a norma di quanto viene prescritto dalle Leggi, e particolarmente della presente, salva sempre la facoltà a questo Consiglio tanto in questo, quanto in ogni e qualunque altro caso, di potergli far grazia con li cinque sesti de' voti; e la presente Parte presa che sia sarà trasmessa al Principe Serenissimo per implorare la Sovrana approvazione; qual ballotato ebbe P. 75. C. 6. sicchè furono presi tutti, e pubblicati in forma.

A dì 14. Marzo 1782.

Ballottata tra gl'Illustrissimi Signori Deputati al numero di nove, restò admessa di tutti li voti con animo etc.

Adì detto.

Mandata al Sig. Contradicente.

Registrata nel Libro XVII. Parti a c. 333. usque 334 tergo.

Segue la Ducale.

Paulus Raynerius Dei Gratia Dux Venetiarum etc. Nobili, et Sapienti Viro Zaccheriae Mauroceno de suo Mandato Potestati Vice Capitaneo Vicentiae Fideli dilecto salutem, et dilectionis affectum.

Nel riconoscersi dal Senato la Parte presa da cotesto Consiglio di 150, ed accompagn-ta con vostre Lettere primo del corrente, tendente a restringere in avvenire l'introduzione nel Ceto di codesta Nobile Cittadinanza nuovi individui, viene dall'autorità di questo Consiglio ad approvarsi in ogni articolo, perchè abbia ad ottenere la pontual sua osservanza.

Dat. in Nostro Ducali Palatio 1782. 22. Agosto.

Angelo Zon Segr.

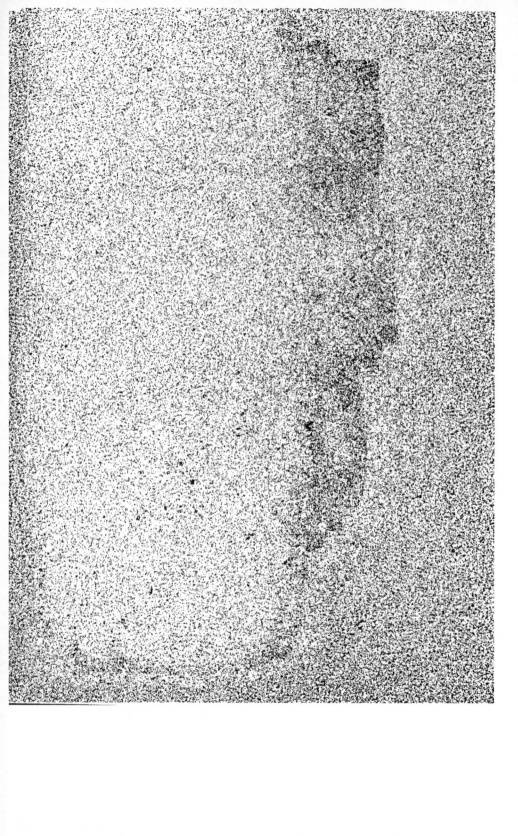

LIBER CONSILIORUM

Magnificae Civitatis Vicentiae

ANNO MDX

Il 18 Giugno 1509 i banditi, sperando di distruggere i libri dei bandi e delle raspe, e di togliere così le prove dei loro delitti, diedero fuoco alla Torre del Tormento, dove erano invece conservati i libri del Comune: scritture, feudi, antichi privilegi, cronache e registri. Le fiamme distrussero in breve tempo ogni cosa, tranne poche carte rimaste in mano degli Oratori presso l'Imperatore Massimiliano (1).

Periti in tal guisa anche i libri del Gravissimo Consiglio della Città, fu presa deliberazione di scegliere quattro cittadini che deponessero con giuramento quali fossero coloro che avean diritto di sedere in Consiglio. Sulle loro testimonianze e sui documenti presentati dai singoli individui venne compilato il nuovo registro in pergamena. L'incarico di scriverne i nomi fu dato il 28 Gennaio 1510 a Giambattista Folco mediante il compenso di mezzo marchetto al nome, per cui trovo che gli furono sborsate Lire 11, 13. 3.

E questo è il libro che qui, per la storia, si riproduce integralmente.

---

(1) Del grande infortunio è così fatta memoria nella fine del libro M appartenente all'Archivio di Torre:

« Ad aeternam rei memoriam. Nota quod die lune in nocte veniente versus diem, eratque hora sexta que fuit decimaoctava junii anni millesimi quingentesimi noni interpositum fuit incendium in turri comunitatis in qua erant nedum quidam libri bannitorum et universa jura et scripture civitatis nostre Vincentie exceptis quibusdam paucis qui erant penes nos Oratores trasmissos ad sacram Majestatem Cesaream et ibi omnia incendio consumpta, et ut publice dicebatur fuerant banniti qui ea incedio consumpserunt, ne eorum banna reperirentur ».

Franciscus q. Michaelis de Soyno
Bernardinus q. Baptistae de Brazoduris
Bracius q. Nicolai de Brazoduris
Benedictus q. Dominici de Magrade
Bernardinus q. Bartholomæi de Mol-
 vena
Petrusantonius q. Ugonis de Aliánis
Ludovicus Bartholomaei de Aviano
Isepus Bernardini de Brazoduris
Nicolaus q. Delaidi de Valdagno
Gregorius q. Laurentii de Vello
Zampaulus q. Ludovici de Bissariis
D. Franciscus q. Petri de Nigris *Doctor*
Petrus q. Stephani de Nigris
Bernardus q. Marci de Clivone
Bernardinus q. Petriantonii de Abriano.
D. Simon q. D. Baptistae de Portis *Eques*
Io. Baptista q. D. Baptistae de Portis
Io. Franciscus q. D. Guidonis de Portis
Tomas q. Blanchi a Tabula
D. Antonius de Feramuschis *Doctor*
Alexander q. Alberti a Gurgo
Galeatius q. Alberti a Gurgo *Doctor*
Ludovicus q. Gerardi a Gurgo.
Petrus q. Gerardi a Gurgo
D. Georgius de S. Ioanne *Doctor*
Gaspar D. Hieronymi de S. Joanne
D. Hieronymus de S. Joanne *Doctor*
D. Hieronymus q. D. Francisci de Mal-
 clavellis *Doctor*
Nicola Benedicti de Trecio
Benedictus q. Jacobi de Trecio
Franciscus q. Alexandri de Zanchanis
Antoniusmaria Bartholom. de Squarciis
Baldesar q. Nicolae de racanzanis

Laurentius Gregorii de Vello
Hieronymus q. Ioannis de Traversis
Paulus q. Blasii de Vajentibus
Joannes q. Ioannis de Modoetia
Bartholomaeus q. Francisci de Aymerico
Joannesbaptista Hieronymi de Tra-
 versis.
Franciscus q. Petri de Ceratis
Christoforus q. Ioannis de Traversis
Petrus q. Ioannis Antonii de Luschis
Baptista q. Christophori de Zanechinis
Bernardinus q. Nicolai de Aleardo
Leonardus D. Hieronymi de S. Ioanne
Baptista q. Stephani de Nigris
Hannibal q. Gratoni de Manentibus
Bartholomaeus q. Zanjacobi de Aviano
Franciscus q. Baptistae de Sorio
Jo. Antonius q. Federici de Manentibus
D. Jo. Franciscus q. Antonii de Colzade
 Doctor
Antonius q. Simonis de Aurificibus
Ludovicus Baptistae de Zanichino
Antonius q. Francisci de Valmarana
Alovisius q. Benedicti de Merzariis
Zampetrus q. Dominici de Magrade
Antonius q. Ioannis de Bertesinella
Dominicus q. Bernardini de Soardis
Franciscus Baldesaris Fracanzani
Jo. Martinus q. Jacobi de Zanchanis
Franciscus q. Nicolai de S. Augustino
Philippus q. Jacobi de Billis
Bernardinus q. Francisci a Setta
Raymundus q. Georgii de Caprellis
Jacobus q. Antonij Nicolai de Colzade
Petrusbonus Joannis Matthei de Scledo

D. Leonardus q. Leonardi de Portis
Doctor
Franciscus Gulielmi de Pojana
Thomas q. Gasparis de Arnaldo
Zanfranciscus Petri del Tonso
Franciscus q.Joannis Antonii de Luschis
Andreas q. Gasparis de Arnaldo
Ludovicus q. Zanjacobi de Roma
Baptista q. Valerii de Gratianis
Alovisius q. Marci de Magrade
Iacobus q. Baptistae de Magrade
Hieronymus Iacobi de Magrade
Jo. Maria q. Antonii de Anzolellis
Alexander q. Antonii de Anzolellis
Vajens q. Gualterii de Vajentibus
Bernardinus q. Baptistae de Valle
Petrus q. Thomae de Provincialibus a
Setta
D. Augustinus Hieronymi de Colzade
Doctor
Zanjacobus q. Dominici de Squarciis
Marcus q. Leontii a Seraturis
Io. Augustinus q Antonii de Musto
Bonadomanus Thomae de Orglano
Martinus Juliani a Setta
Thomas Bernardini de Leonico
Marcus q. Baptistae de Stopazeriis
Ludovicus q. Caruli de Traversis
Alexander q. Bonaventurae de Melio-
rantiis
D. Iacobus de Tridento *Eques*
Sanctinus q. Centurionis de Clivone
Andreas q. D. Belpetri a Bancha
D. Franciscus D. Iacobi de Tridento
Doctor

D. Antonius D. Iacobi de Tridenti
Doctor
Franciscus q. Antonii de Lugo
D. Ludovicus de Portis *Eques et Doctor*
Andreas q. Pauli de Seratico
Jo. Baptista q. Gasparis de Liveria
Hieronymus q. Bartholomei Cisotti
Antonius q. Bartholomei Zufatti
Baptista Jacobi de Pulcastris
Baynaldinus q. Vincentii de Raynal-
dino
Jacobus q. Baptistae de Pulcastris
Zampetrus q. Ludovici de Squarciis
Caesar q. Jo Alberti de Plegafetis
Vincentius q. Cardini de Feramuschis
Petrus Thome de Orglano
Romaeus q. Antonii de Cividado
Franciscus Zanandreae de Brusominis
Nicolaus q. Antonii de Colzade
Franciscus q. Jo Donati de Modoetia
Baptista q. Antonii de Pajarinis
Joannes q. Beltrami de Modoetia
Joannes q. Vincentii de Magrade
D. Zanantonius q. Alvisii de Luschis
Doctor
Ludovicus q. Alovisii de Luschis
Nicolaus Hieronymi de Pajarinis
Hieronymus q. Nicolai de Pajarinis
Melchior q. Zenonis de Fracanzanis
Georgius q. Bartholomaei de Marola
Lionellus q. Nicolai a Somaleo (1)
Io. Jacobus q. Michaelis de Petrobellis
Carolus q. Petri a Vulpe
D. Jo. Georgius de Branditiis *Doctor*
D. Joannes q. Francisci de Caprellis

---

(1) Die Martis 20 Martii 1510 praesentibus Ioanne Antonio de Plovenis et
Peregrino de Cereda testibus in Camera sp. D. Deputatis: coram D. T. a Scropha; Bernardino de Sexo: Carolo A..., Christophoro de Traversis, Valerio
de..... et Raymundo de Capreolis Deputatis ad utilia Reipublicae Vicenti-
nae, ac D. Ioanne de Vello judice ancianorum cancellatus fuit contrascriptus
Georgius et eius loco positus Leonellus q. Nicolai a Somaleo de consensu et
voluntate contrascripti Georgii qui Leonellus aquisivit a suprascripto Georgius ut constat instrumento scripto per Antonium Saracinum notarium. Franciscus Æmilianus notarius Sigilli mandato.

Franciscus q. Domini Antonii de Tri-
dento
Henricus q. Marci de Caprellis
Jo Petrus Baldessaris de Rubeis
Philippus q. Michaelis de la Venetiana
Antonius q. Laurentii de Gislardis
D. Vincentius q. D. Hieronymi de Fe-
ramuschis *Doctor*
Jacobus q. D. Hierony. de Feramuschis
Troylus q. Camilli de Garzatoribus
Hieronymus Troyli de Garzatoribus
Galeatius Troyli de Garzatoribus
Antonius q. Traversii de Travers.s
Galeatius q. Bartholomei de Clericatis
Domitius q. Bartholomei de Clericatis
Franciscus q. Georgii de Francescinis
Thadaeus q. Philippi de Pevejanis
D. Alexander q. Bartholomei de l'le-
gafetis *Doctor*
Jo. Donatus q. Francisci a Pace
Petrus q. Bartholomaei de Pajarinis
Antonius q. Marci de Mascarellis
Andreas q. Simonis de Aurificibus
Hieronymus q. Antonii de Campilia
Alexander q. Matthaei de Valmarana
Silvester q. Andreae de Arnaldo
Andreas Silvestri de Arnaldo
Valerius q. D. Nicolae de Clericatis
Bartholomaeus q. Dominici de Soardis
D. Aurelius q. D. Danielis ab Aqua
Doctor
D. Joannes q. Paulifranci de Gualdo
Doctor
Stephanus q. Augustini de Roma .
D. Nicolausde Clericatis *Eques et Doctor*
Augustinus Io. Michaelis de Pajarinis
D. Ludovicus q. Matthei de Aymerico
Doctor
D. Joannes de Trissino *Doctor*
Jacobusantonius q. Beltrami de Gar-
zatoribus
Hieronymus q. Vincentii de Caprellis
Paulus q. Fregnani de Valmarana
Joannes q. Laurentii de Malclavellis
Franciscus q. Stephani de Gualdo

D. Nicolaus q. D. Christophori de Tris-
sino *Eques*
Antonius Joannis de Mainente
Stephanus q. Benedicti de Valmarana
Ugolinus q. Nicolai de Raviciis
Bernardinus q. Pauli de Seratico
Zanantonius Baldessaris ab Urceis ,
Ioannes Jacobus q. Baptistae de Mal-
clavellis
D. Ludovicus de Scledo *Doctor*
Antonius q. Trivisani a Vulpe .
Sebastianus q. Iacobi de Malclavellis
Vincentius Bartholomei de Malclavellis
D. Hieronymus del Nevo *Physicus*
Bartholomaeus q. Vincentii de Mal-
clavellis
Jo. Baptista Jo. Michaelis de Pajarinis
Bonzilius q. Jacobi de Vello
Antonius q. Francisci ab Aqua
Jacobus q. Vincentii ab Aqua
Petrus q. Bernardini de Verlatis
Dominicus q. Bernardini de Verlatis
Christophorus q. D. Bartholomaei de
Valmarana
Paulus q. Nicolae de Valmarana
Christophorus q. Nicolai de Caprellis
Bernardinus q. Antonii de Braschis
D. Henricus Antonius q. Xphori de
Godis *Doctor*
Vincentius Petri de Caprellis . .
Petrus Floramontis de Prioratis
D. Georgius q. Sylvestri de Aymerico
Doctor
Vincentius Bernardini de Braschis
Io. Petrus q. Francisci de Abriano
Iacobus q. Gasparis de Modoetia
D. Leonellus q. Jacobi de Godis *Doctor*
Octavianus q. Andreae del Tonso
Jo. Baptista Citadini q. Gregorii de
Calderariis
Augustinus q. Baldesaris de Fera-
muschis
Bartholomaeus q. Pauli de Scledo
Paulus q. Nicolai de Riciis dictus Tor-
resin

Tibaldus q. Marcabruni de Colzade
Franciscus q. Marci de Angarano
Marcus Francisci de Angarano
Bartholomaeus q. Antonii de Gellino
Hieronymus q. Antonii a Scropha
Benedictus q. Francisci a Scropha
Andreas q. Marci de Barbarano
Petrus q Vincentii de Caprellis
Petrus q. Marci de Barbarano
Franciscus Alovisii de Valmarana
Bernardus q. Dni Vincentii de Scledo
Julius q. Francisci de Lucianis
Franciscus q. Antonii de Mascarellis
Bernardinus q. Gabrielis de Litolphis
Alexander D. Antonii de Tridento
Franciscus Ambrosii a Ferro
Paulus q. Antonelli de Chiapino
Hieronymus q. Bartholom. de Thienis
Joannes Francisci de Valle
D. Jacobus q. Domini Joannis de Thie-
    nis *Eques*
Andreas q. Ioannis Dominici del Nevo
Gregorius q. Jo Dominici del Nevo
Bompetrus q. Marci de Caprellis
Paganus q. Gregorii de Pojana
Paulus q. Raynerii a Canovis
Octavianus q. Justi de Garzatoribus
Petrus Benedicti de Trissino
D. Hieronymus q. Nicolai a Vulpe *Doctor*
D. Frignanus de Sexo *Eques*
Bartholomaeus q. Francisci de Zuglano
Colatinus q. Francisci de Verlatis
D. Ludovicus q. D. Jo. Philippi de Au-
    reliano
D. Petrus q. Francisci de Capasanctis
    Doctor
Valerius q. D. Joannis de Malclavellis
Hieronymus q. Jo. Francisci del Tonso
D. Adoardus q. Bartholomaei de Thie -
    -nis *Doctor*
Gaspar q. Silvestri de Aymerico
Augustinus q. Jacobi ab Aqua
Bartholomeus q. Bartholom. de Fabris
Laurentius de Bregantiis
Jo. Petrus de Baldanutiis

Antonius Nicolaus q. Alovisii Antonii
    de Luschis
Nicolaus q. Jacobi de Gualdo
Antonius q. Jacobi de Gualdo
Jsepus Pagani de Pojana
Franciscus Bernardinus de Caprellis
Valeranus de Thienis
Benedictus q. Luschi de Caldogno
Jo. Baptista q. Bernardini de Saracenis
Antonius q. D. Xphori de Trissino
Jacobus q. Francisci de Altavilla
Ludovicus q. Bartholomaei de Castellino
Marcus q. Jo. Guglielmi de Gellino
Benedictus q. Thomasini de Thomasino
Augustinus q. Jo. Gulielmi de Gellino
Petrus q. Paxini
Matthaeus Benedicti de Caldogno
Hieronymus q. Michaelis de Caldogno
D. Bartholomaeus q. Jacobi de Bis-
    sariis *Eques*
Franciscus q. Iacobi de Bissariis
Valerius q. Alexandri de Zuglano
Marcus Antonius q. Joannis de Bissariis
Jo. Alovisius q. Gualdinelli de Calzade
Zampetrus Alberti de Pulcastris
D. Hieronymus D. Francisci a Scro-
    pha *Doctor*
D. Bernardinus q. D. Palmerii de Sexo
    Eques
Franciscus D. Joannis a Scropha
Philippus q. Franc. Zenonis de Thienis
Bartholomaeus q. Leonardi de Porto
Jo. Petrus q. Joannis Pacis de Cereda
Hieronymus q. Galeoti de Cereda
Gregorius q. Boni a Ferro
D. Carpophorus de Poveglanis *Doctor*
Nicolaus a Gurgo
Jo. Baptista q. Petri de Valdagno
D. Franciscus D. Antonii de Luschis
    Doctor
Alovisius D. Antonii de Luschis
Bernardinus Brancii de Luschis
Gulielmus Francisci de Bissariis
Antonius q. Jo. Mariae a Gurgo
Franciscus q. Andreae de Vello

19

Jo. Nicolaus q. Petri de Valentibus

Petrus q. Bonjoannis a Costa

Jo. Baptista q. D. Petri de Feramuschis

Franciscus q. Zanichini de Zanichinis

Jo. Antonius de Beltraminis

Andreas q. Marci de Clivone

D. Matthaeus de Scledo

Franciscus q. Jo. Iacobi de Gasparo

Bernardinus q. Petri de Carpo

Franciscus q. Andreae de Branciis

Tibertus q. Baptistae de Fracanzanis

D. Leontius Bartholomaei de Aviano
Doctor

Augustinus q. Ioannis de Zuglano

Nicolaus q. D. Benedicti de Portis

Vincentius q. Ferreti de Ferreto

Sebastianus q. Simonis de Aurificibus

Zanichinus Francisci de Zanichino

Alovisius Antonius q. Georgii de Franceschinis

Franciscus q. Pacis de Trissino

Franciscus q. Antonii de Cartulariis

Alovisius q. Melchioris de Godis

Franciscus q. Melchioris de Godis

Baptista q. Benedicti de Merzariis

Galassius Nicolai a Somagio

Jo. Petrus q. Simonis de Laude

Hieronymus q. Leonardi de Verlatis

Joannes q. Nicolai de Verlatis

Jo. Julius Jo. Donati a Pace

Jo. Maria q. Antonii de Valmarana

Hieronymus q. Antonii de Vitrianis

Beltraminus de Beltramino

Jo. Baptista q. Jo. Marci a Zoga

Joannes q. Tonini de Plegafetis

Jo. Maria q. Georgii ab Oretis

Thadaeus Jo. Mariae ab Oretis

Octavianus q Baptistae de Garzatoribus

D. Vincentius q. Francisci de Garzatoribus Doctor

Hieronymus q. Franc. de Garzactoribus

Francus q. Zampetri de Custogia

Philippus q. Zampetri de Custogia

Jo. Antonius q. Baptistae a Gallo

D. Antonius q. D. Alovisii de Luschis
. . Eques

Baptista q. Bartholomaei de Zelemia

Silvester q. Guidi de Godis

Thomas q. Gabrielis de Busionibus

Bartholomeus q. Zampetri de Squarciis

Ludovicus Jo. Baptistae de Bissariis

Franciscus q. Benedicti de Malclavellis

Paulus q. Christophori de Sorio

Ludovicus q. Xphori de Sorio

Jacobus q. Andreae de Pajellis

Cardinus q. Nicolai de Malado

Hieronymus Pauli de Caltrano

Jo. Baptista Alovisii de Brazoduris

Stephanus q. Hieronymi de Nigris

Jo. Baptista q. Gualdinelli de Colzade

Franciscus Jo. Mariae ab Oretis

Bernardinus de Castellino

Sebastianus q. Gasparis de Vello

Franciscus q. Costantini de Bissariis

Albertus Henrici a Zoga

Baptista q. Damiani a Burgo

Vincentius D. Bartholomaei del Nevo

D. Antonius q. Joannis de Campilia

D. Albertus q. Hierony. de Valmarana

D. Ludovicus q. Hierony. de Valmarana

Jo. Gulielmus q. Bartholom. de la Meza

Hieronymus Andreae de Aurificibus

Henricus q. Jo. Antonii a Zoga

Hieronymus Bonavent. de Meliorantis

Franciscus Bernardini a Scropha (I)

D. Vincentius a Scropha Doctor

(I) 1510. Inditione decima tertia,, die vigesimo tertio, mensis januarii, praesentibus sp. Iuris doctore D. Hieronymo de Pagellis et nobile viro Petro de Ports civibus Vincentiae testibus loco suprascripti Hieronymi positus Franciscus filius nobilis Viri Bernardini a Scroffa de mandato sp. D. Deputatorum et cum decreto sp. D. Hieronymi a Scroffa iudicis ancianorum et hoc vigore

Jo. Antonius Francisci de Valmarana
Petrus q. Michaelis de Caldogno
Bernardinus q. Antonii a Scropha
Bernardinus q. Jo. Jacobi de Arzignano
Hieronymus q. Gerardi de Cogollo
Alovisius q. Gregorii de Saracenis
Citadinus q. Jo. Antonii de Calderariis
Antonius q. Zanichini de Zanichinis
D. Thomas q, Antonii a Scropha *Doctor*
Hioronymus q. Melchioris de Godis
Marcus q. Joannis de Campilia
Hieronymus q. Xphori de Uliverio
Nicolaus q. Francisci de Pluvenis
Baptista Gelfi de Caldogno
Jacobus q. Galiani de Augarano
Marcus q. Francisci de Caprellis
Bartholomaeus q. Ludovici de Aurificibus
Sebastianus de Pajellis
Leonardus Mantegna
Baptista q. Petri de Valmarana
Franciscus q. Jacobi de Muzano
Marcus q. Jacobi de Muzano
Jacobus q. Marci de Muzano
Hieronymus q. Xphori de Muzano
Bartholomaeus Marci de Muzano
Franciscus q. Jo. Baptistae de Valle
Vincentius Renaldini de Ingeloto
Jo. Antonius Jacobi de Pajellis
Joannes D. Iacobi de Tridento
Antonius Bernardini a Scropha
Franciscus Nicolai de Luschis
Jacobus q. Bartholomaei a Scropha
Franciscus q. Bartholom. de Zuffatis
Jo. Maria q. Jacobi Brogia
D. Augustinus q. Joannis de Magrade
    Doctor
Jacobus q. Antonii de Valmarana

Antonius Jacobi de Valmarana
Jo. Michael de Pajarinis
Dominicus q. Nicolai de Castellinis
Bartholomaeus Gelsi de Caldogno
Jo. Baptista Alovisii de Saracenis
Antonius q. Ambrosii de Saracenis
Joannes q. Ambrosii de Saracenis
Joannes q. Francisci de Montanariis
Antonius q. Thomae a Setta
Falzanus q. Joannis de Orglano
Nicolaus q. Marcelli de Luschis
Camillus q Juliani de Clapino
Raphael q. Bonagentis de Scledo
Perotius D. Petri de Pojana
D. Petrus de Pojana *Eques*
Franciscus q. Matthei de Scolaribus
Franciscus q. Gregorii de Pojana
Hieronymus q. Antonini de Muzano
Jo. Baptista Francisci de Zanichinis
Antonius q. Andreae a Scaletis
D. Cardinus q. Gregorii de Pojana *Doctor*
Franciscus q. Antonii de Gellino
Felix q. Marci del Nevo
Bernardus q. Petri de Valmarana
Marcus Antonius D. Cardini de Pojana
Nicolaus D. Alovisii de Plovenis
Manfredinus D. Alovisii de Plovenis
Thomas D. Alovisii de Plovenis
Bernardinus Broja de Persico
Vincentius q. Jacobi de Vello
Antonius q. Bonzilii de Vello
Franciscus Smeregi a Scaletis
Marcus Antonius Hieronymi de Muzano
Ioannes q. D. Benedicti de Porto
Gregorius q. D. magistri Hieronymi
    de Saracenis
D. Jacobus de Zuglano *Doctor*
Hieronymus q. D. Antonii de Zuglano

---

aquisitionis factae per ipsum Bernardinum a Sebastiano fratre suprascripti Hieronymi demortui, scripto instrumento aquisitionis per Iacobum de Malado notarium publicum et civem Vincentiae sub die nono mensis instantis viso et lecto per me notarium infrascriptum. Et ego Hieronymus q. Ioannis de Musto notarius Sigilli de mandato ut supra scripsi.

Galassius Jacobi de Modoetia

Zenus de Uliverio

Mons q. Francisci Montis de Clivone

D. Angelus Benedicti de Caldogno
Doctor

D. Bartholomaeus de Pajellis *Eques*

Petrus q. Galeotii de Aviano

D. Hieronymus D. Bertholomaei de
Pajellis *Doctor*

D. Franciscus de Thienis *Eques*

Jo. Baptista de Gualdo

Georgius Corbeta

Bonifacius Bonifacii de Scledo

Romanus q. Baptistae de Longare

Hieronymus Borsellus

Gabriel q. Francisci de Modoetia

D. Antonius de Leonico *Doctor*

Hieronymus Danielis de Ferreto

Bernardinus de Plovenis

Antonius Francisci de Mauerbis

Alovisius q. Angeli de Scolaribus

Vincentius q. Jo. Marci a Zoga

Hieronymus q Pauli Zeni de Cartulariis

Jo. Petrus q. Francisci de Modoetia

Baptista q. Joannis Mariae a Gurgo

Franciscus q. Antonii a Salle

Nicolaus Iacobi de Ferreto

Benedictus q. Andreae Murro

Nicola q. Manphredi de Repetis

D. Joannes D. Montani de Barbarano
Doctor

Carolus D. Montani de Barbarano

D. Fridericus de Portis *Doctor*

Hieronymus D. Joannis de Porto

Jo. Xphorus q. Juliani

Jo. Baptista q. Joannis de Thienis

Ludovicus q. Francisci ab Aqua

D. Ferdinandus de Thienis *Doctor*

Hieronymus q. Gratoni de Manentibus

D. Joannes q. D. Hieronymi de Porto
Eques

D. Galeatius q Ioannis Jacobi de Roma
Doctor.

Paulus Romani de Roma.

Jo. Baptista D. Innocentis *Physici*

D. Baptista de Thienis *Doctor*

Hieronymus q. Joannis q. Alovisii de
Trissino

D. Jo. Galeatius de Thienis *Eques*

Jo. Alovisius q. Alberti Fulci

D. Antonius q. D. Alovisii de Thienis
Doctor

Franciscus Vincentii de Brandicio

Carolus q. D. Manphredi de Brusolinis

D. Hieronymus de Barbarano *Doctor*

Jacobus q. Xphori de Leonico

Petrus q. Bernardi de Ceratis

D. Hieronymus de Modoetia *Doctor*

D. Baptista q. Centurionis de Clivone
Doctor

D. Nicola Petri del Tonso *Doctor*

Thaddaeus q. Philippi de Poveglanis

Bonifacius q. Tornalbeni de Luschis

Valentinus q. Virgilii de Clivone

Vincentius q. Gregorii de Perlo

Jo. Raphael q. Raphaelis de Arserio

Fridericus Jo. Raphaelis de Arserio

Onofrius Beltrami de Rubeis

Nicolaus q. Lapucii de Clivone

Antonius q. Nicolai de Cechino

Zanantonius q. Marci de Merzariis

Alovisius q. Virgilii de Clivone

Jacobus q. Montis Francisci de Clivone

Gabriel q. Francisci de Porto

Galvanus q. Bonjacobi de Trissino

Bernardinus q. Jacobi de Thao

Jacobus q. Melchioris de Godis

Hieronymus q. Joannis de Stopazeriis

Joannes q. Xphori de Trissino

Hieronymus q. Valerii de Clericatis -

Jacobus q. Marcelli de Luschis

Sebastianus q. Jo. Boni de Ovetariis

Ludovicus Leonardi de S. Joanne

Petrus Antonius de Navara q. Ioannis

Hieronymus q Baptistae de Flocardis

Franciscus q. Zampetri a Tabula

Xphorus q. Xphori de Nigris

Alovisius q. Jo. Mariae a Gurgo

Antonius q. Nicolai de Nigris

Bernardinus q. Francisci de Leonico

Gregorius q. Jacobi de Fracanzanis.
D. Bartholomaeus q. Alovisii de Tris-
sino *Eques*
D. Nicolaus q. Francisci a Salle *Doctor*
Vincentius D. Nicolai a Salle
Alovisius D. Nicolai a Salle
Ludovicus q. Francisci a Salle
Bartholomaeus q. Pauli Francisci de
Gualdo
Benedictus q. Xphori de Bassiano
Jo. Marcus q. Bartholomaei de Cogolo
Citadinus q. Gregorii de Calderariis
D. Hieronymus Citadini de Calderariis
·*Doctor*
Antonius q. Jo. Georgii de Aurificibus
Petrus q. Blasii de Saracenis
Gilinus Francisci de Gilino
Evangelista q. Jo. Dominici a Blado
Antonius q Anthaei de Garzatoribus
Hieronymus q. Jo Petri de Aurificibus
Melchior q. Stephani de Plegaphetis
Franciscus q. Bonifacii de Plovenis
Perlus q. Gregorii
D Jacobus Joannis de Brazoduris
Dionysius D. Frignani de Sexo
Antonius q. Petri a Palatio
Ugolinus q. Jo. Baptistae de Sexo
Jacobus q. Joannis de Angarano
Stephanus q Joannis de Angarano
Petrus q. Montis de Clivone
Bartholomaeus q. Gregorii de Saracenis
Jo. Baptista q. Hieronymi de Orglano
Albertus q. Bartholomaei de Angarano
Rubertus q. Vinciguerrae a Vulpe
Gaspar q. D. Joanni Comitis *Physici*
Jo. Mathaeus q. Dominici de Castelnovo
Galeatius q. Francisci de Trissino
Bonaugustinus q. Hieronymi de Va-
jentibus
Joannes q. Gasparis de Bregantiis
Xphorus q. Joannis a Zoga
D. Hieronymus q. Andreae de Mal-
clavellis *Doctor*
Spinella q. D. Hieronymi de Bissariis
Baptista q. Marci de Barbarano

Joantonius q. Matthei de Garzatoribus
Pasius q. Hieronymi Ragona
Matthaeus q. Zordani de Trissino
Albertus q. Nicolai de Marano
Jacobus q. Guglielmi de Leuco
D. Manphredus de Brusoninis *Doctor*
Franciscus q. Joannis de Pajellis
Franciscus q Jo. Jacobi de Gasparo
D. Galianus de Angarano *Doctor*
D. Antonius Matthaei de Trissino
Jo. Bartholomaeus q. Floriani de Cre-
datio
Ludovicus q. Nicolai de Trissino
Ambrosius q. Clementis de Luschis
Xphorus q. Gulielmi de Leuco
D. Belpetrus de Clericatis *Eques*
D. Ludovicus Ragona *Doctor*
Dominicus Petri de Porto
Silvester q. Marci de Aleardo
Bartholomaeus q. D. Xphori de Trissino
Bartholomaeus q. Bartholomaei de
Broglano
Benedictus q. Valerii de Litolphis
Bonifacius q. Alovisii de Aurificibus
Valerius q. Gabrielis de Litolphis
Baptista q. Francisci de Malado
D. Franciscus Joannis de Mainente
Doctor
Carulus q. Traversii de Traversiis
Matthaeus Camilli de Plegaphetis
Jo. Baptista q. Jacobi Perini de Val-
dagno.
D. Alexander del Nevo *Doctor*
Camillus q. Augustini de Plegaphetis
Bernardinus q. Pauli de Aurificibus
Marcus q. Ludovici de Aurificibus
Antonius q. Nicolai del Nevo
Hieronymus q. Georgii de Caprellis
Jacobus Placentinus Pellaterius
Antonius q. Antonii de Valle
Franciscus q. Petri de Camuciis
Justus q. Cardini de Justo
Hieronymus q. Nicolai de Merzariis
Antonius q. Felicis de Vello
Franciscus q. Xphori de Muciis

Bernardinus q. Juliani de Trissino

Bartholomaeus q. Marci Bertoloti

Laurentius p Francisci de Modoetia

Paulus q. Ludovici de Modoetia.

D. Hieronymus de Brognolis *Doctor*

Franciscus q. Bonjannis de Brognolis

Jo. Jacobus Francisci de Brognolis

Franciscus q. Thomae de Verlatis

Franciscus q. Pauli de Fracanzanis

Paulus Benedicti de Murris

Ludovicus q. Bernardini de Repetis

Nicolaus q. Marci ab Aqua

Ludovicus Nicolai ab Aqua

Jacobus q. Comitis de Trissino

Coratus q. Petri a Burgo

Raphael q. Jacobi de Brendulis

Philippinus D. Frignani de Sexo

Bartholomaeus q. Brancii de Luschis

Baldessar q. Iuliani de Trissino

Bartholomaeus q. Iacobi de Angarano

Marcus Antonii de Saracenis

Galeatius q. Francisci de Luschis

Bartholomaeus q. Bartholomaei de
   Bolsonibus

Baptista Delaidi de Clupano

Nicolaus q. Sebastiani de Tridento

Joannes q. Francisci de Plovenis

Hieronymus q. Guidi de Aviano

Paulus q. Alovisii Coza

D. Anton. D. Leonar. de Thienis *Doctor*

Clerichinus Hieronymi de Clericatis

Bartholomaeus q. Petri Antonii de
   Orglano

D. Alovisius de Trissino *Doctor*

Bartholomaeus q. Marci del Nevo

D. Leonardus de Thienis *Eques et
   Doctor*

Hieronymus Bartholomaei Gelsi de
   Caldogno

D. Jacobus D. Joannis de Thienis *Eques*

Jo. Antonius q Dolphini de Monte
   Vinciguerra q. Ruberti a Vulpe

ELENCO

DELLE CONCESSIONI SOVRANE

DI TITOLI NOBILIARI

1158, 16 Novembre, Federico I. Imperatore conferisce ai Thiene titolo Comitale?...

1183, 13 Dicembre. Federico I. Imperatore conferisce ai Caldogno titolo Comitale?...

1197, 23 Maggio. Enrico VI. crea i Ferro Principi del Sacro Romano Impero. Confermati nel 1330 da Lodovico Imperatore e nel 1532 da Carlo V.?..

1231, 20 Dicembre. Federico II. Imperatore conferisce ai Gualdo titolo Comitale?...

1236, 4 Aprile. Federico II. Imperatore de' Romani e Re di Sicilia conferisce ai Trissino e ai loro discendenti titolo Comitale.

1330, 7 Gennaio. Lodovico il Bavaro Imperator dei Romani crea i Caldogno Conti e Baroni del Sacro Romano Impero.

1404. La Veneta Repubblica ascrive Giampietro Proti al suo Patriziato.

1426, 22 Agosto. Sigismondo Imperatore conferisce ad Antonio Loschi e ai discendenti il titolo di Conti del Sacro Palazzo Lateranese.

1434, 10 Luglio. Sigismondo Imperatore conferisce a Cortesia Sarego e alla sua discendenza il titolo di Conti dell' Impero.

1436, 16 Novembre. Sigismondo Imperatore conferisce ai Ragona il titolo di Conti Palatini.

1437. Sigismondo Imperatore conferisce il titolo di Conti Palatini ai Cerato,

1452, 2 Giugno. Federico Imperatore conferisce il titolo di Conte Palatino a Chierighino Chiericati trasmissibile ai discendenti.

1469, 11 Febbraio. Federico III Imperatore conferisce ai Thiene il titolo di Conti Palatini trasmissibile ai discendenti.

1510, 5 Gennaio. Massimiliano Imperatore conferisce ai Poiana il titolo di Conti Palatini trasmissibile ai discendenti.

1527. I Bissari hanno titolo Comitale dal Legato Pontificio.

1530, 24 Febbraio. Carlo V. Imperatore conferisce agli Schio e loro discendenti il titolo di Conti Palatini.

1530, 10 Marzo. Carlo V. Imperatore conferisce ad Aurelio Dall'Acqua il titolo di Conte Palatino e Cavaliere Aurato *ad personam*.

1531, 1 Novembre. Carlo V. Imperatore conferisce a Bernardino Rutilio il titolo di Conte Palatino.

1532, 4 Ottobre. Carlo V Imperatore conferisce a Stefano Gualdo e ai suoi discendenti il titolo di Conti Palatini e Cavalieri Aurati.

1532, 9 Novembre. Carlo V. Imperatore conferisce a Giovanni e Girolamo Trento in una ai nipoti Alessandro e Giacomo il titolo di Conti Palatini.

1532, 2 Dicembre. Carlo V. Imperatore conferma ai Sesso il titolo di Conti di Rolo ch'era stato a loro conferito ab antico.

1532, 14 Dicembre. Carlo V. Imperatore conferisce ai Porto e loro discendenti il titolo di Conti Palatini e Cavalieri Aurati.

1532, 17 Dicembre. Carlo V. Imperatore conferisce a Giangiorgio Trissino e ai discendenti di lui il titolo di Conti Palatini e cavalieri Aurati con le insegne e predicato del Vello d'oro.

1540, 30 Aprile. Carlo V. Imperatore conferisce ai Valmarana e ai loro discendenti il titolo di Conti Palatini.

1551. 11 Settembre. La Veneta Repubblica crea i Trissino conti di Cornedo e Cavalieri.

1552, 25 Marzo. La Veneta Repubblica conferisce ai Capra il titolo di Conti di Carrè, erigendo in contea la loro possessione.

1552, 7 Maggio. La Veneta Repubblica concede il titolo Comitale ai Barbaran.

1565. Ottavio Thiene di Marcantonio ottiene in feudo Scandiano col titolo Marchionale.

1576, 18 Ottobre. Rodolfo II. Imperatore conferisce a Sebastiano, Giuseppe e Antonio Zorzi e discendenti la nobiltà dell'Impero.

1580, 23 Maggio. Rodolfo II. Imperatore conferisce a Girolamo Garzadori il titolo di Conte Palatino trasmissibile ai discendenti.

1613, 3 Luglio. Paolo V. conferisce a Guido Arnaldi di Vicenzo il titolo di Conte Palatino *ad personam*.

1619, 19 Marzo. Il Senato Veneto concede a Giulio Ghellini e ai suoi discendenti titolo Comitale.

1623, 15 Giugno. Gregorio XV. conferisce a Fabio Arnaldi di Vicenzo il titolo di Conte Palatino trasmissibile a' suoi discendenti.

1648, 7 Febbraio. La Veneta Repubblica ascrive la famiglia Ferramosca al suo Patriziato.

1648, 24 Febbraio. Ferdinando III. Imperatore concede a Odorico Capra il titolo di Marchese trasmissibile ai discendenti.

1649, 23 Aprile. La Veneta Repubblica ascrive. la famiglia Beregan al suo Patriziato.

1650, 17 Giugno. La Veneta Repubblica conferisce ad Alvise Valle, nipoti e discendenti l'investitura del feudo di Bolca e di Vulpiana col titolo di Conte.

1653, 11 Marzo. La Veneta Repubblica conferisce a Vincenzo Negri e a' suoi discendenti il titolo di Conte.

1655, 18 Giugno. La Veneta Repubblica ascrive la famiglia Angaran al suo Patriziato.

1658, 23 Giugno. La Veneta Repubblica ascrive la famiglia Valmarana al suo Patriziato.

1659, 20 Giugno. La Veneta Repubblica concede titolo Comitale ai Barbieri.

1660, 14 Marzo. La Veneta Repubblica ascrive la famiglia Lazari al suo Patrizito.

1661, 20 Agosto. La Veneta Repubblica conferisce a Domenico Franzani il titolo di Conte di Meduna trasmissibile ai discendenti.

1665, 17 Maggio. La Veneta Repubblica ascrive la famiglia Mora al suo Patriziato.

1665, 20 Maggio. La Veneta Repubblica ascrive la famiglia Barbaran al suo Patriziato.

1669, 19 Settembre. La Veneta Repubblica conferma ai Dal Toso il titolo di Conte che godevano per l'investitura della decima di Lupia.

1674, 2 Ottobre. Ferdinando Maria Elettore di Baviera conferisce il titolo di Conte a Stefano e Marco Arrigoni trasmissibile a tutti i suoi discendenti.

1680, 26 Aprile. Leopoldo Imperatore conferisce il titolo di Conte del Sacro Romano Impero a Gio. Maria Bertolo, trasmissibile ai suoi discendenti.

1684, 25 Maggio. Ferdinando Gonzaga Principe di Castiglione conferisce il titolo di Conte a Bernardino Calderari.

1685, 10 Febbraio. La Veneta Repubblica ascrive la famiglia Arnaldi al suo Patriziato.

1688, 7 Aprile. Federico dei conti Sforza, Principe del Sacro Romano Impero conferisce a Bernardino Calderari il titolo di Conte trasmissibile ai discendenti.

1691. Massimiliano Emanuele, Elettore di Baviera conferisce a Biagio Saraceno e ai suoi discendenti tutti il titolo di Marchese.

1693, 8 Marzo. Giovanni Guglielmo Duca di Baviera conferisce a Stefano Romanelli e ai suoi discendenti tutti il titolo di Barone.

1693, 28 Maggio. Giovanni III. Re di Polonia conferisce ai fratelli Giovanni, Cristoforo e Leone Leoni Montanari e loro discendenti il titolo di Conte.

1694, 14 Ottobre. Antonio dei conti Sforza Principe del Sacro Romano Impero conferisce a Michelangelo Zorzi il titolo di Conte del Sacro Palazzo Lateranese.

1698, 3 Agosto. La Veneta Repubblica ascrive la famiglia Scroffa al suo Patriziato.

1699, 10 Aprile. Francesco Farnese Duca di Parma e Piacenza conferisce ai Garzadori il titolo di Conte trasmissibile ai discendenti maschi.

1699, 15 Maggio. Ferdinando Carlo Duca di Mantova conferisce a Livio, Filippo ed Ottaviano Sale il titolo di Marchesi col predicato di San Damiano.

1711, 10 Dicembre. Francesco Farnese Duca di Parma conferisce ai Fontana titolo Comitale.

1716, 11 Agosto. Augusto II. Re di Polonia conferisce a Gio. Battista e cugini Muttoni e a tutta la loro discendenza d'ambo i sessi il titolo di Conte.

1717, 15 Giugno. Massimiliano Emanuele Elettore di Baviera conferisce ai cugini Giovanni e Bonifacio Gonzati il titolo ereditario di Marchese.

1723, 17 Febbraio. Carlo VI. Imperatore conferisce a Giovanni Camillo Gorgo e a suoi discendenti maschi primogeniti il titolo di Conte.

1730. La Veneta Repubblica riconosce ai Muzani il titolo Comitale, che godevano da tempo remoto.

1730, 6 Marzo. La Veneta Repubblica conferma ai Braschi il titolo di Conte, che provarono di aver posseduto prima ancora della dedizione di Vicenza al Dominio Veneto.

1743, 18 Settembre. Maria Teresa Imperatrice conferisce ad Angelo e ad Alberto dalla Vecchia il titolo di Conti di Mantova trasmissibile ai primogeniti.

1748, 18 Aprile. La Veneta Repubblica concede ai fratelli Domenicò e Pietro Colonnese il titolo di Conte trasmissibile ai discendenti.

1748, 15 Novembre. Massimiliano Giuseppe, Duca ed Elettore di Baviera con ferisce ai fratelli Filippo, Francesco, Leonardo e Cesare Tornieri e loro discendenti il titolo di Conte.

1750, 12 Dicembre. La Repubblica Veneta conferisce ai Salvi e a tutta la loro discendenza maschile il titolo di Conti.

1762, 20 Settembre. La Veneta Repubblica conferma ai Gislanzoni il titolo di Conti di Barco, che godevano per l' investitura di quel feudo.

1767, 18 Aprile. Il Senato Veneto conferisce il titolo Comitale ai fratelli Giuseppe e Demenico Caltran, trasmissibile ai discendenti.

1768, 7 Luglio. Federico il Grande Re di Prussia crea Giulio Ferrari e i suoi discendenti d'ambo i sessi Baroni del Regno.

1777, 28 Settembre. La Veneta Repubblica ascrive la famiglia Trento al suo Patriziato.

1784, 2 Aprile La Repubblica Veneta conferma ai Bonin il titolo di Conte che godevano per l' investitura del feudo di Barche ottenuta dal Vescovo di Vicenza.

1795, La Veneta Repubblica conferisce titolo Comitale ai Giacomazzi in seguito all' investitura di un carato del feudo e Contea di Cesana.

1796, 29 Aprile. La Veneta Repubblica conferma al Branzo Loschi il titolo di Conte che godevano per l' investitura del feudo d' Isola di Malo ottenuta dai Vescovi di Vicenza.

1797, 27 Marzo. La Veneta Repubblica riconosce ai Piovene il titolo Comitale che godevano da tempo remoto.

1798, 28 Luglio. Il Governo Italico conferisce a Francesco Antonio Anguissola i titoli di Cavaliere della Corona di ferro e di Barone.

1809, 8 Ottobre. Napoleone I. conferisce a Giovanni Scola il titolo di Barone del Regno d' Italia trasmissibile nei discendenti maschi. Umberto di Savoia Re d' Italia con decreto 31 Gennaio 1892 rinnova detto titolo di Barone al nipote Giovanni Scola trasmissibile ai maschi primogeniti.

1810, 10 Ottobre. Napoleone I. conferisce il titolo di Conte al Senatore Sebastiano Bologna.

1836, 7 Aprile. Maria Luigia Arciduchessa d'Austria, Duchessa di Parma e Piacenza conferisce il titolo di Conte a Giulio Zileri e a suoi discendenti d'ambo i sessi.

1852, 14 Febbraio. Francesco Giuseppe Imperatore conferisce il titolo di Bà. rone a S. E Mons. Giovanni Antonio Farina.

1852, 13 Giugno. Francesco Giuseppe Imperatore eleva Bernardo Marchesini con tutta la sua discendenza al grado di Nobili Cavalieri dell' Impero Austriaco.

1857, 28 Febbraio. Francesco Giuseppe Imperatore conferisce a Gio. Batt. Clementi il cavalierato della Corona di ferro e la nobiltà equestre a tutta la sua discendenza d'ambo i sessi.

1857, 3 Giugno. Francesco Giuseppe Imperatore conferisce la nobiltà dell' Impero Austriaco a Gio. Battista Breganze e suoi discendenti.

1882, 9 Febbraio. Umberto di Savoia Re d' Italia conferisce a Pietro Eleonoro Negri e al nipote Edoardo il titolo di Conte trasmissibile ai discendenti maschi in linea e per ordine di primogenitura maschile.

1896, 14 Marzo. Umberto di Savoia Re d' Italia riconosce ai Franco il titolo Comitale di cui usavano.

1897, 21 Agosto. Il Generale Consiglio Principe Sovrano e i Capitani Reggenti della Repubblica di S. Marino conferiscono al Senatore Fedele Lambertico il titolo di Nobile Patrizio trasmissibile ai discendenti d' ambo i sessi.

INDICE DELLE FAMIGLIE

INDICE DELLE TAVOLE

INDICE GENERALE

Alla famiglia *Compostella* va aggiunto quésto secondo ramo:

·Compostella
(*Nobili maschi e femm.*)
Girolamo
|
Nicolò Domenico
|
Domenico
|
Baldissera
|

| Antonietta in Pesenti | Giovanni | Maria in Bonazzi | Eugenio |

L'albero *Tattara* va così rifatto:

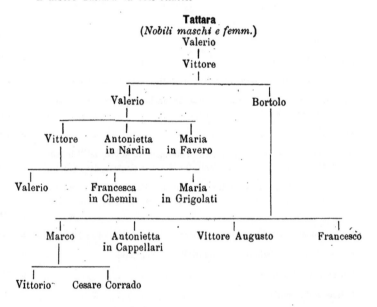

Tattara
(*Nobili maschi e femm.*)
Valerio
|
Vittore
|

Valerio — Bortolo

Vittore — Antonietta in Nardin — Maria in Favero

Valerio — Francesca in Chemiu — Maria in Grigolati

Marco — Antonietta in Cappellari — Vittore Augusto — Francesco

Vittorio — Cesare Corrado

Alla famiglia *Vittorelli* va aggiunto quest'altro ramo:

Vittorelli
(*Nobili maschi e femm.*)
Giuseppe
|
Andrea
|
Giacomo
|
Andrea

Acqua (Dall')

Angaran

Anguisola

Arnaldi

Arrigoni

Arzignano (D')

ND - #0042 - 030624 - C0 - 229/152/17 [19] - CB - 9780332758336 - Gloss Lamination